路桥设计施工
与工程项目管理

贾宏伟　黄家东　隋廷华　主编

哈尔滨出版社
HARBIN PUBLISHING HOUSE

图书在版编目（CIP）数据

路桥设计施工与工程项目管理 / 贾宏伟，黄家东，隋廷华主编． -- 哈尔滨：哈尔滨出版社，2023.1
ISBN 978-7-5484-6570-6

Ⅰ．①路… Ⅱ．①贾… ②黄… ③隋… Ⅲ．①道路工程－设计②道路施工－项目管理③桥梁工程－设计④桥梁施工－项目管理 Ⅳ．①U41②U44

中国版本图书馆CIP数据核字（2022）第100238号

书　　名：	路桥设计施工与工程项目管理

LUQIAO SHEJI SHIGONG YU GONGCHENG XIANGMU GUANLI

作　　者：	贾宏伟　黄家东　隋廷华　主编
责任编辑：	张艳鑫
封面设计：	张　华
出版发行：	哈尔滨出版社（Harbin Publishing House）
社　　址：	哈尔滨市香坊区泰山路82-9号　邮编：150090
经　　销：	全国新华书店
印　　刷：	河北创联印刷有限公司
网　　址：	www.hrbcbs.com
E－mail：	hrbcbs@yeah.net
编辑版权热线：	（0451）87900271　87900272
开　　本：	787mm×1092mm　1/16　印张：12.75　字数：280千字
版　　次：	2023年1月第1版
印　　次：	2023年1月第1次印刷
书　　号：	ISBN 978-7-5484-6570-6
定　　价：	68.00元

凡购本社图书发现印装错误，请与本社印制部联系调换。
服务热线：（0451）87900279

前言

随着国家大力发展经济,运输业变得尤为重要,特别是公路工程和公路桥梁建设这一部分占据了其中很大的比例,随着中央明确"将加快交通运输发展作为事关国民经济全局的战略性和紧迫性任务",公路工程建设便迎来了大发展的历史机遇。而在进行路桥建设的过程中,路桥设计施工是一个十分重要的步骤。路桥的设计施工不只是为了促进国家经济的发展,还要便于人们出行,那么路桥设计施工的安全是要有绝对的保证。所以我们必须要了解路桥设计施工中存在的各种安全隐患,还要找出相对应的解决方案,使得路桥设计更加完善妥当。

公路桥梁的工程与项目管理对有效提升工程质量、综合效益有重要意义。本书以"公路桥梁工程与项目管理"为课题,针对公路和桥梁工程与项目管理应用问题展开分析,采取有效的针对措施,完善项目管理模式,确保公路桥梁项目管理体系的健全和国家经济运作环境的稳定开展,有效协调促进其内部各个应用环节,促进我国路桥工程顺利进行,促进国家经济发展与进步。

编委会

主　编
贾宏伟　东营市公路勘察设计院有限公司
黄家东　山东东泰工程咨询有限公司
隋廷华　烟建集团有限公司

副主编
陈　华　山东华潍工程监理咨询有限公司
史云涛　山东华潍工程监理咨询有限公司
王福音　枣庄市市中区交通运输服务中心
王建平　山东东方路桥建设有限公司
王荣艳　山东省昌邑市公路事业发展中心
徐　波　山东华潍工程监理咨询有限公司
张明迪　山东瑞泰公路工程有限公司

编　委
丛慧敏　重庆市巴南区公路工程质量监测中心
陆明杰　上海林同炎李国豪土建工程咨询有限公司
王　昊　北京市政建设集团有限责任公司
张天卓　北京市政建设集团有限责任公司

目录

第一章 路基施工技术 … 1
- 第一节 路基施工的准备工作 … 1
- 第二节 路基施工的主要机械 … 5
- 第三节 土方路基施工技术 … 13
- 第四节 石质路基施工技术 … 22
- 第五节 特殊路基施工技术 … 26

第二章 路面施工技术 … 36
- 第一节 沥青混凝土路面施工技术 … 36
- 第二节 水泥混凝土路面施工技术 … 44

第三章 桥梁下部结构施工技术 … 48
- 第一节 明挖基础施工 … 48
- 第二节 钻孔灌注桩基础施工 … 57
- 第三节 沉井基础施工 … 62
- 第四节 桥梁墩台及盖梁施工 … 69

第四章 梁桥上部结构施工技术 … 79
- 第一节 装配式预应力混凝土梁桥施工 … 79
- 第二节 预应力混凝土连续梁桥施工 … 82

第五章 拱桥施工技术 … 88
- 第一节 现浇混凝土拱桥施工 … 88
- 第二节 装配式混凝土拱桥施工 … 91
- 第三节 钢管混凝土拱桥施工 … 97

第六章 工程项目管理的基础认知 … 100
- 第一节 项目和工程项目的概念认知 … 100

  第二节 项目管理与工程项目管理的概念 …………………………………… 102

  第三节 工程项目参与各方的管理职能解析 …………………………………… 105

  第四节 国内外工程项目管理模式综述 …………………………………… 106

第七章 公路工程项目采购与合同管理 …………………………………… 110

  第一节 公路工程项目采购管理 …………………………………… 110

  第二节 网上招投标和大宗原材料的网上采购 …………………………………… 114

  第三节 合同管理 …………………………………… 119

第八章 公路工程项目人力资源管理及优化 …………………………………… 125

  第一节 项目人力资源管理概述 …………………………………… 125

  第二节 公路施工项目人力资源组织规划 …………………………………… 129

  第三节 公路施工项目人力资源的获取 …………………………………… 132

  第四节 公路施工项目人力资源的开发 …………………………………… 136

  第五节 公路工程施工项目团队建设 …………………………………… 141

  第六节 公路工程项目人力资源成本管理 …………………………………… 147

  第七节 公路工程项目人力资源管理优化 …………………………………… 157

第九章 公路工程施工项目进度管理及优化 …………………………………… 164

  第一节 公路工程施工项目进度管理概述 …………………………………… 164

  第二节 公路施工项目进度计划的编制及实施 …………………………………… 167

  第三节 公路施工项目进度计划调整及优化 …………………………………… 172

  第四节 公路工程施工进度管理的总结 …………………………………… 178

第十章 公路工程施工项目生产要素管理 …………………………………… 180

  第一节 材料管理 …………………………………… 180

  第二节 施工机械管理 …………………………………… 184

  第三节 资金管理 …………………………………… 190

结 语 …………………………………… 195

参考文献 …………………………………… 196

第一章　路基施工技术

路基是路面结构的基础，强固而又稳定的路基是路面结构长期承受荷载的重要保证。路基的强度和稳定性不仅要通过设计予以保证，而且要通过施工得以实现。

第一节　路基施工的准备工作

一、施工测量

1. 测量内容和精度

路基施工开工前应做好施工测量工作。其内容主要包括导线、中线、水准点的复测，横断面的检查与补测，必要水准点的增设等。施工测量是整个公路工程施工的基础，是确保线路、高程、尺寸、形状正确的手段，必须认真做好这项工作。

2. 导线复测工作

（1）当原测中线的主要控制桩由导线来控制时，施工单位必须根据设计资料认真做好导线复测工作，根据地面上的控制桩做好检查复测工作。

（2）导线复测要求精度较高，应采用现代先进的测量仪器（如红外线测距仪等）进行测量，测量精度应符合有关规程的规定。在进行正式测量前，应对使用的仪器进行认真检验、校正，以确保其测量精度。

（3）当原有导线点不能满足施工要求时，应适当加密，保证在公路施工全过程中相邻导线点间能互相通视。

（4）导线起、讫点应与设计单位的测定结果进行比较，测量精度应满足设计要求。当设计未具体规定时，应满足《公路路基施工技术规范》（JTGF10—2019）中要求的内容。

（5）复测导线时，必须确保其和相邻施工段的导线闭合。

（6）对妨碍施工的导线点，在施工前应当加以固定，固定方法可采用交点法或其他固定方法。设置的护桩应牢固可靠，桩位应便于架设测量仪器，并设在施工范围以外。其他控制点也可以参照此法进行固定。

3. 中线复测工作

（1）在路基工程开工前，应全面恢复中线并固定路线的主要控制桩，如交点、转点、圆曲线和缓和曲线的起讫点等。为确保线路准确无误，对高速公路、一级公路应采用坐标法恢复主要控制桩。

（2）在恢复中线时，应特别注意与结构物中心、相邻施工段的中线进行闭合，发现问题应及时查明原因，并报现场监理工程师和业主。

（3）如果发现原设计中线长度丈量错误或需要进行局部改线时，应做断链处理，相应调整纵坡，并在设计图表的相应部位注明断链距离和桩号。出现此类错误时，应立即与设计单位联系，共同协商解决。

4. 校对及增设水准点

（1）在使用设计单位设置的水准点之前，应当进行仔细校核，并与国家水准点闭合。超出允许误差范围时，应查明原因并及时报告有关部门。大桥附近的水准点闭合差应符合《公路桥涵施工技术规范》（JTG/T F50—2020）中的有关规定。

（2）两相邻水准点的间距一般不宜大于1km，在人工结构物附近、高填深挖地段、工程量集中地段、地形复杂地段宜增设临时水准点。临时水准点必须符合精度要求，并与相邻路段的水准点闭合。

（3）如果发现个别水准点受施工影响，应将其移出影响范围之外，其标高应与原水准点闭合。

（4）增设的水准点应设在便于观测的坚硬岩石上或永久性建筑物的牢固处，也可设在埋入土中至少1m深的混凝土桩上。

5. 横断面图核对

横断面图是否准确关系着施工放样、工程量计算、施工标准、场地布置和工程结算等。在路基正式施工前，应详细检查、核对设计单位提供的横断面图。如果发现问题，应进行复测，并及时报告监理工程师和业主。如果设计单位未提供横断面图，应按照有关规定全部进行补测。

6. 路基工程放样

路基工程放样是一项非常重要的施工准备工作，是施工的标准和依据，也是确保路基工程质量的重要措施。因此，必须认真、准确地进行路基工程放样工作。

（1）在路基工程正式施工前，应根据恢复的路线中桩、设计图表、施工机械、施工工艺和有关规定，确定路基用地界桩、路堤坡脚桩、路堑堑顶桩、边沟、取土坑、护坡道、弃土堆等的具体位置。在距路中心一定安全距离处，还要设立控制桩，其间距一般不宜大于50m。在桩上应注明桩号、相对路中心的填挖高，通常用"+"表示填方，用"-"表示挖方。

（2）在放完边桩后，应进行边坡的放样。对于深挖高填地段，每挖、填5m应复测一次中线桩，测定其标高及宽度，以控制边坡角的大小。

（3）对于施工工期较长的公路工程，在路基工程施工期间，应至少每半年复测一次水准点。在季节冻融地区施工的路基，在冻融后也应对水准点进行复测。

（4）采用机械施工时，应在边桩处设立明显的填挖标志。高速公路和一级公路在施工过程中，宜在不大于200m的路段内距中心桩一定距离处埋设能够控制标高的控制桩，从而进行准确的施工控制。如果在施工中桩被碰倒或丢失，应当及时按规定将其补上，以免影响工程的正常施工。

（5）取土坑放样时，应在坑的边缘设立明显标志，注明土场供应里程桩号及挖掘深度；对于排水用的取土坑，当挖至距设计坑底0.2~0.3m时，应按照设计修整坑底纵坡。

（6）边沟、截水沟和排水沟放样时，宜先做成样板架检查，也可每隔10~20m在沟内外边缘钉上木桩并注明里程及挖深。

（7）在整个路基工程施工中，应注意保护设置的所有标志，特别注意保护一些原始控制点。

二、施工前的复查和试验

根据《公路路基施工技术规范》（JTG F10—2019）的规定，路基施工前应进行认真的复查和试验，以确保工程质量，保证工程顺利进行。

1. 在路基正式施工前，施工人员应对路基工程范围内的地质、地形、水文情况进行详细调查，通过取样、试验确定其性质和范围，并了解附近已有建筑物和对特殊土的处理方法。

2. 施工人员应根据设计文件提供的资料，对取自挖方、借土场、料场的路堤填料进行复查和取样试验。如果设计文件中提供的料场填料不足或不符合要求，施工单位应自行勘查寻找，并立即报告监理工程师和业主。

3. 挖方、借土场和料场中用作填料的土应严格进行下列试验项目。其试验方法应按照《公路土工试验规程》（JTG E40—2020）中的规定进行。

（1）液限、塑限、塑性指数、天然稠度或液体指数。

（2）颗粒大小分析试验。

（3）含水量试验。

（4）密度试验。

（5）相对密度试验。

（6）土的击实试验。

（7）土的强度试验。

（8）一级公路、高速公路应做有机质含量试验及易溶盐含量试验。

对于特殊土，除应进行以上试验外，还应结合对各种土定名的需要辅以相应的专门鉴别试验，以确定其种类及处置方法。

4. 使用新材料（如工业废渣等）填筑路堤时，除应按照相关规范、规程进行有关试验外，还应做对环卫有害成分的试验，同时提出报告，经有关部门批准后方可使用。

三、场地准备

施工场地的准备一般根据合同文件的规定由建设单位配合施工单位进行。

1. 用地划界及拆迁建筑物

路基施工前，应按设计要求进行公路用地放样，根据实际情况确定用地范围，进行公路用地测量，并绘制用地平面图及用地划界表，送交有关单位办理拆迁及占用土地手续。路基施工范围内的所有建筑物、设施等，均应会同有关部门先行拆迁或改造。路基施工影响沿线附近建筑物的稳定时，应予以适当加固。

2. 清理场地

清理场地也是路基工程施工前的一项重要准备工作。如果场地清理不符合要求，不仅不能保证公路工程的质量，而且会严重影响整个工程的施工进度。清理场地主要包括以下工作：

（1）施工前应按设计要求进行公路用地放样，由业主办理土地征用手续。施工单位可根据施工需要提出增加临时用地计划，并对增加部分进行公路用地测量，绘制出用地平面图及用地划界表，送交有关单位办理拆迁及临时占用土地手续。

（2）路基用地范围内的既有房屋、道路、河沟、通信设施、电力设施、上下水道、坟墓及其他建（构）筑物，均应会同有关部门进行事先拆迁或改造；路基附近的危险建筑应予以适当加固；文物古迹应妥善保护。

（3）路基用地范围内的树木等均应在施工前砍伐或移植清理。砍伐的树木应移至路基用地之外，进行妥善处理。对于二级及二级以上公路和填方高度小于1m的公路路堤，应将路基基底范围内的树根全部挖除，并将坑穴填平夯实；对于填方高度大于1m的二级以下公路路堤，可以保留树根，但根部不能露出地面，取土坑范围内的树根也应全部挖除。

（4）应对路副范围内取土坑的原地面表层腐殖土、表土、草皮等进行清理，同时应对填方和借方地段的原地面进行表面清理。清理深度应根据种植土的厚度确定，清出的种植土应集中堆放。填方地段在清理完地表面后，应整平压实到规定要求后方可进行填方作业，清出的表层土宜充分利用。

3. 场地排水

场地排水是指排除场地上所积的地表水，保持场地干燥，为施工提供正常条件。通常根据现场情况设置纵、横排水沟，形成排水系统，将水引入附近河渠、低洼处。在受地面积水或地下水影响的土质不良地段施工时，为了保证工程质量，减少土方挖掘、运送和夯实的困难，施工前也应切实做好场地排水工作。

四、铺筑试验路段

对于高速公路、一级公路，以及在特殊地区或采用新技术、新工艺、新设备、新材料进行路基施工时，应采用不同的施工方案铺筑试验路段。

铺筑试验路段的目的是获得施工经验，检验施工机械组合，根据压实机械情况及施工技术规范准许的压实厚度、松铺系数，确定松铺厚度、土的最佳含水量，达到设计要求密实度的碾压遍数，将其作为以后施工的经验资料，指导大面积路基施工。

试验路段要求如下：

1. 为了尽快开工及便于管理，试验路段应选在距驻地近、地形较平坦、交通方便、施工条件较好的地段。

2. 试验路段应选在填方工程量集中、施工时间较长或需尽早开工填筑完成的地段。

3. 当沿线填筑的土质变化较大时，试验路段应选在地质条件、断面形式等均具有代表性的地段，试验路段的长度不宜小于100m。

4. 当填方的原地面地基水文地质变化较大时，试验路段应避开水位较高的地基及软地基，宜选在不需要加固处理、地基承载力较高的地段。

5. 试验所用材料和机具应当与全线施工所用材料和机具相同。通过试验可确定采用不同机具压实不同填料时的最佳含水量、适宜的松铺厚度和相应的碾压遍数、最佳的机械配套和施工组织。高速公路和一级公路应按松铺厚度为30cm进行试验，以确保压实层的均匀性。

6. 试验路段施工过程中及完成试验后，应加强对有关压实指标的检测，完工后应及时写出试验报告。如发现路基在设计方面存在缺陷，应提出变更设计意见并报审。

第二节 路基施工的主要机械

公路工程施工具有工程量大、工程质量要求高、施工工艺复杂等特点，为了提高施工的经济效益，机械化施工在公路工程施工中占有越来越重要的地位，施工机械对机械化施工起着决定性作用。

一、推土机

推土机是筑路机械中最基本、用途最广泛的一类机械。其特点是所需作业面小，机动、灵活、转移方便，短距离运土效率高，干、湿地带都可以独立工作，可以配合其他机械施工。同时，推土机可以推松土壤，堆集松散材料，为铲运机助铲，清除树桩、树根、草皮、积雪，可作为拖式机械或其他机械的牵引车、松土机械、犁翻机械，还可在其后外挂铲运斗，成为拖式铲运机。因此，推土机在土方工程机械化施工中得到了广泛应用。

在道路工程施工中，推土机主要用于路堤填筑，路堑开挖，场地平整，管道、沟渠回填土，便道整修以及其他辅助作业。其运距一般不超过100m，30～50m时效率较高。运距过大或过小都会降低其生产效率，当运距大于75m时生产效率明显降低。所推土质宜为Ⅰ、Ⅱ级，如遇Ⅲ级以上土壤应预先翻松。如土壤中有少量的大块孤石，应首先对大块孤石进行破碎，再进行作业；孤石数量过多时不宜使用推土机，否则会引起推土机的剧烈振动和磨损，缩短其使用寿命。

1. 推土机的分类

（1）按基础车和行驶装置分为轮胎式和履带式

轮胎式推土机机动、灵活、转移快，不破坏路面，生产效率高，金属消耗量少，但附着性差，接地比压大，不利于作业，因此该类推土机较少使用。而履带式推土机具有附着力大，接地比压小，重心低，通过性好，爬坡能力强，恶劣环境下履带比轮胎耐磨、耐扎等特点。

（2）按操作方式分为机械操作和液压操作

机械操作系统是通过钢丝绳、滑轮和动力绞盘来控制铲刀升降的。由于铲刀不能强制入土，故只在早期采用。机械操作系统具有结构简单、制造容易等优点。液压操作系统轻便灵活，铲刀的升降均靠液压作用，能强制切入土壤且有浮动状态，作业效率高、效果好，因而得到了广泛应用。

（3）按推土装置的构造分为固定（直铲）式与回转（万能或斜铲）式

固定式推土机是铲刀与推土机行驶方向（推土机纵轴线）垂直的推土机，回转式推土机是铲刀与推土机纵轴线可以不垂直的推土机。回转式推土机的适应性好，在修筑傍山公路时性能特别优越。

（4）其他分类方法

推土机按发动机功率可分为大、中、小型，按用途可分为工业用与农业用，按施工现场性质可分为地面式、水下式、两栖式，按传动方式可分为机械传动、液力机械传动、液压传动、电传动等。

2. 推土机的工作过程

不同推土机的工作过程不同。固定式推土机是周期作业的，每个工程循环包括铲土、运土、卸土、回驶（一般倒回）四个过程。铲土过程为：调好铲土角，低速挡行进中缓慢放铲刀，使其切入土壤适当深度后前进，直到铲刀前堆满土为止；运土过程为：铲刀前堆满土后，行进中将铲刀提升到地面，视运距确定是否换挡，行驶到卸土点；卸土过程为：视需要卸土于一堆，或稍提铲刀继续行驶将土铺于地上；回驶过程为：挂倒挡返回铲土起点。固定式推土机就是如此周而复始地进行作业。

3. 推土机作业

影响推土机作业效率的主要因素是切土和运土两个环节。因此，以最短的时间和距离切满土，尽可能地减少土在推运中的散失，是衡量推土机作业方式优劣的依据。其基本作业方式有以下几种。

（1）下坡推土

其为利用下坡时推土机的重力加速切土，可增加推土量。但坡度不宜超过20%，否则空回时爬坡很困难。

（2）并列推土

其为用两台或三台推土机并列同速推进，可以减少土的流失。两铲刀间距一般为15～20cm。

（3）拉槽推土

推土机连续多次在同一处推土，形成一条浅槽，在槽内推运可以减少土的流失。槽深一般不大于铲刀的高度。

（4）接力推土

当取土场较长而土质较硬时，可自近而远分段将土推送成堆，然后由远而近将各段土堆一次推送至卸土点。这样不但可以提高推土效率，而且可以减少运土时间。

（5）波浪式推土

推土机开始切土时，铲刀应该最大限度地切入土中。当发动机出现超负荷现象时，应将铲刀缓缓提起，直至发动机恢复正常运转，再将铲刀降下切土。起刀时铲刀不应离开地面，这样多次起伏，直至铲刀前堆满土为止。这种推土方式的优点是可使发动机的功率得到充分发挥，同时可以缩短铲土时间和距离；缺点是空回时因铲土道不平容易导致推土机颠簸。

推土机进行傍山铲土和单侧弃土作业时，通常采用斜铲推土。铲刀的水平回转角一般可取为25°，将土一边切削一边移至弃土一侧。斜铲作业时，应注意保持推土机沿直线行驶，防止车身因受力不均而转动。斜铲作业的经济运距和生产率要比直铲作业低。

推土机在坡度不大的斜坡上作业时，宜采用侧铲作业，即铲刀在垂直平面内转动9°左右。这种作业方式的工作场地以纵坡坡角不大于30°、横坡坡角不大于25°为宜。

当地基松软时，可使用湿地推土机。湿地推土机与一般推土机的不同之处在于其采用了三角形加宽履带板，使接地比压由$1.3GN/m^2$降低至$0.3GN/m^2$。这种履带板随土的硬度变化而变化。若三角履带板在硬土上压入深度小，接地面积小，则接地比压高；反之，则接地比压低。三角履带板在软土中的压入深度大，接地面积大，压实效果较好。三角履带板的顶角大于90°，不易黏结泥土，可以使履带起到自洁效果。所以湿地推土机不但可以用于沼泽、泥泞地段施工，而且可以用于一般土的施工。

二、铲运机

铲运机是一种使用范围很广的土方施工机械，主要用于较大运距的土方工程施工，如填筑路堤、开挖路堑和大面积平整场地等。铲运机行进时，可做自挖、自装、自运、自卸等各项工作，并有铺平及初步压实的作用。

1. 铲运机的分类

铲运机可按铲斗几何容积、行走方式、行走装置形式、装土方法、卸土方法等进行分类。

2. 铲运机作业

铲运机作业由铲装运送、卸铺、回程四个过程组成一个循环。欲提高铲运机的工作效率，应尽量在最短的距离和时间内装满铲斗，在运送和空回时应尽量提高速度。铲运机有以下几种铲土方法。

（1）一般铲土

铲运机在Ⅰ、Ⅱ级土中施工时，开始时应使铲刀以最大深度切入土中（不超过30cm），随着行驶阻力的增加而逐渐减小铲土深度，直到铲斗装满为止。

（2）波浪式铲土

这种铲土方法适用于较硬的土。开始铲土时，铲刀以最大深度切入土中，随着负荷的逐渐增加，发动机转速降低，相应地减小切土深度，这样反复操作直至铲斗铲满为止。这种铲土方法的优点是可以充分利用发动机功率，并能改善装土条件，从而提高工作效率。

（3）跨铲铲土

这种方法适用于较坚硬的土层，铲土时按程序来布置铲土道。作业时，先在取土场第一排（1、2、3区）铲土道上取土，两相邻铲土道之间留出半个铲斗宽的土不铲。再在第二排（4、5区）铲土道上取土，其起点应在第一排铲土道起点处向后移半个铲土道长度的位置上。第三、四排铲土道依次后移，使各铲土道前、后、左、右重合。这种方法，由于铲土的后半段减小了切土宽度，故能有足够的牵引力将铲斗装满，又可以缩短铲土道的长度和铲土时间。

如果取土场比较狭窄，不能按上述施工程序布置，也可采用单排跨铲，每条铲土道间留出1.0~1.3m的宽度，在铲除这些土埂后可减小切土阻力。

（4）下坡铲土

这种方法主要是利用铲运机的重力分力来提高铲土效率。铲土下坡角一般为7°~8°，最大不超过15°。如在平地取土坑铲土，则应先将一端铲低，再保持一定的坡度向后延伸铲土道，人为地创造下坡铲土的有利地形。进行下坡铲土时，应特别注意安全。一般情况下，下坡时铲运机应低速行驶；当铲运机进入坡道地段时应立即放下铲斗，以便利用铲斗与地面之间的阻力降低铲运机的行驶速度；当铲斗铲满，但后轮未进入缓坡地段前，不应提升铲斗和关闭斗门，以利用斗前土的阻力起到制动作用。

（5）顶推铲土

铲运机在坚硬的土、冻深在20cm以内的土或松散的干砂中作业时，拖拉机的附着力不足，牵引力不能充分发挥，这时可用推土机在铲运机铲土行程中进行顶推助铲。用这种方法施工须具有一定的工程量和工作面，方可避免推土机窝工。一般要求取土场的宽度不小于20m，长度不小于80m，铲运机半周行程运距不小于250m。

3. 铲运机的工作过程

铲运Ⅰ、Ⅱ级土时，铲刀一开始即以最大切土深度（不超过300mm）铲土，随着铲运机行驶阻力的不断增加逐渐减小铲土深度，直到铲斗装满为止。波浪式铲土适用于较硬的土质。铲运机开始铲土时即以最大切土深度切入土中，随着铲运机负荷的逐渐增加，发动机转速下降，相应地减小切土深度。如此反复，直到铲斗装满为止。

4. 铲运机施工运行路线

铲运机施工运行路线的选择，要综合考虑施工效率、地形条件、机械磨损等因素，以达到运距短、坡道平缓和修筑通道的工作量小等目的。在填筑路堤和开挖路堑工程中，常用的运行路线有椭圆形、"8"字形、"之"字形、穿梭形和螺旋形等。

（1）椭圆形运行路线

它的最大优点是在不同的地形条件下布置灵活，顺、逆运行方向可以随时改变，同时运行中干扰较小。其缺点是重载上坡的转向角大，转弯半径较小。

（2）"8"字形运行路线

所谓"8"字形，实际上是由两个椭圆形连接而成的，不同的是在铲、卸土间减少了两个180°的急弯。它在一次循环运行中可以完成两次铲土和两次卸土，同时重载和空载行驶的距离都比较短、效率高，在同一运行路线中可以容纳多台铲运机同时施工。其缺点是要求较大的施工场地，而且取土场应在路线的两侧，条件限制较多，因此小型工地较少采用。

（3）"之"字形运行路线

"之"字形实际上是若干"8"字形首尾相接形成的路线。这种路线适用于较长的地段施工，并宜于机群作业，即各机列队（每机间隔20m）依次进行填挖到尽头，作180°转弯后反向运行，只是所填挖的地段应与上次错开。这种运行路线一次循环量大，施工面太长，在多雨季节很难应用。

（4）穿梭形与螺旋形运行路线

与上述几种运行路线相比，采用穿梭形运行路线时，铲运机空载行驶距离短，全程也较短，在一个循环中可以完成两次铲卸土作业，因此施工组织简单。其缺点是对一侧取土坑有局限性，运行路线中完成一个循环有四次转弯，增加了运行时间，同时拖拉机单侧磨损较严重。

螺旋形实际上是穿梭形的一种变形。铲运机纵向铲土后，转向路堤横向卸土，随后驶向路堤的另一侧取土坑再行铲装。这种运行路线的主要优点是运距小、工效高，缺点是急转弯多，拖拉机易产生偏磨。

三、平地机

平地机是一种以铲土刮刀为主，配备其他多种可换作业装置进行刮平和整型连续作业的工程机械。平地机的铲土刮刀较推土机的推土铲刀灵活；它能连续改变刮刀的平面角和倾斜角，使刮刀向一侧伸出；可以连续进行铲土、运土、大面积平地、挖沟、刮边坡等作业。此外，利用平地机还可以清除路肩上的杂草以及进行冬季道路除雪等。

1. 平地机的分类

平地机按走行方式可分为自行式和拖式两种，其中自行式应用最为普遍；按工作装置（刮刀）和走行装置的操作方式，平地机可以分为机械操作和液压操作两种，大多采用液压操作；按刮刀长度或发动机功率等，平地机可分为轻型、中型、重型。

2. 平地机作业

平地机是一种铲土、运土、卸土同时进行的连续作业机械，其主要工作装置是一把刮刀。它可以调整四种作业动作，即刮刀平面回转，刮刀左右端升降、刮刀左右引申和刮刀机外倾斜，来完成刮刀刀角铲土侧移、刮刀刮土侧移、刮刀刮土直移和机身外刮土等作业。

刮刀刀角铲土侧移适用于开挖边沟，并利用开挖出的土修整路基断面或填筑低路堤。刮刀刮土侧移适用于侧向移土修筑路堤、平整场地、回填沟壑等作业。刮刀刮土直移适用于修筑不平度较小的场地，在路基施工中可用于路拱的修整和材料的整平。机身外刮土主要用于刷路堤、路堑边坡和开挖边沟等。

四、挖掘机与装载机

1. 挖掘机

挖掘机主要用于挖土和装土，必须配备运土机械与之共同作业，一般适用于工程量大而集中的土石方挖掘。它的特点是效率高、产量大，但机动性较差。按作业特点，其可分为周期性作业式和连续性作业式。前者为单斗挖掘机，后者为多斗挖掘机。公路工程施工中以单斗挖掘机最为常见，本书仅介绍单斗挖掘机。

（1）单斗挖掘机的分类

单斗挖掘机按走行方式可分为履带式、轮胎式、步履式和轨行式；按采用的动力不同，单斗挖掘机可分为内燃式和电动式等；按传动方式，单斗挖掘机可分为机械传动和液压传动，近年来机械式逐步被液压式所取代；按适应的工作环境，单斗挖掘机可分为适于高原地区、寒冷地区、沼泽地区等的机型。

（2）单斗挖掘机的工作过程

单斗挖掘机是一种循环作业式机械，每一个工作循环均包括挖掘、回转调整、卸料、返回调整四个过程。反斗铲挖掘机的工作面可低于其停留面以下3~6m，常用于挖基坑、沟槽等，可进行沟端和沟侧开挖作业。正斗铲挖掘机主要用来挖掘高出挖掘机停留面的土堆。沟端开挖时，反斗铲挖掘机从沟的一端开始沿沟中线倒退开挖。当沟的宽度小于挖掘机回转半径的2倍时，运输车辆可停在沟侧，此时动臂只回转40°~45°即可卸料。当沟的宽度为挖掘机回转半径的2倍时，运输车辆只能停在挖掘机侧面，动臂需回转90°卸料。若所挖沟侧较宽，可分段挖掘。

利用反斗铲挖掘机进行沟侧开挖时，挖掘机停在沟侧，运输车辆停在沟端，动臂回转小于90°即可卸料。正斗铲挖掘机可采用侧向开挖或正向开挖的方式作业。

（3）挖掘机作业

1）正铲挖掘机的基本作业

①侧向开挖：运土车辆的运行路线位于挖掘机开挖路线的侧面。它的特点是：卸土时平均回转角度小于90°，而且车辆可以直线进出，不需要掉头和倒驶，缩短了循环时间，提高了效率。

②正向开挖：装车时车辆停在挖掘机后方。它的特点是：挖掘机前方挖土，回转至卸土处，其转角大于90°，从而增加了循环时间，但其开挖面较宽。此外，由于车辆不能直接开进挖掘道，而要掉头和倒驶，容易导致施工现场拥挤，挖掘机不能连续作业，效率降低。因此，这种方法只适宜于挖掘进口处。

2）反铲挖掘机的基本作业

①沟端开挖。开挖时挖掘机从沟的一端开始沿沟中线倒退开挖。运输车辆停在沟侧，此时动臂一般只需回转40°～45°即可卸料。如所挖沟宽为挖掘机最大回转半径的2倍，则车辆只能停在挖掘机的侧面，动臂要回转90°方可卸料。

如挖掘的沟渠较宽，可分段进行。当开挖到尽头时，再掉头开挖相邻的一段。采用分段开挖法时，每段的挖掘宽度不宜过大，以车辆能在沟侧行驶为原则，以达到减少作业循环时间的目的。

②沟侧开挖。它与前者不同的是：车辆停在沟端，挖掘机在沟侧，动臂回转小于90°即可卸料。由于每次循环所用的时间短，所以效率高。但挖掘机始终沿沟侧行驶，因此开挖边坡较陡。

2. 装载机

装载机是一种工作效率较高的铲土运输机械，兼有推土机和挖掘机的工作特性，可以进行铲掘、推运、整平、装卸和牵引等多种作业。其优点是适应性强，作业效率高，操作简便，它是一种发展较快的循环作业式机械。

（1）装载机的分类

按工作装置的不同，装载机可分为单斗式、挖掘装载式和斗轮式三种；按动臂形式的不同，装载机可分为全回转式、半回转式和非回转式三种；按自身结构特点的不同，装载机可分为刚性式和铰接式两种；按行走方式的不同，装载机可分为轮胎式与履带式两种。

（2）单斗装载机的工作过程

单斗装载机的工作过程由铲装、转运、卸料和返回四个过程组成一个工作循环。铲装过程为：斗口朝前平放于地面，机械前行使斗插入料堆，若遇较硬土壤，则机械前行时边收斗边升动臂，到斗满时斗口朝上为止。转运过程为：若向自卸车卸料，则在转运过程中需要调整卸料高度和对准性。卸料过程为：向前翻斗卸料于车上。返回过程为：返回途中调整铲斗位置，至铲装开始处重复上述过程。

（3）装载机作业

装载机与运输车辆配合，可采用如下作业方式。

1）I形作业

运输车辆平行于工作面，装载机垂直于工作面，前进铲土后，沿直线后退一定距离，并提升铲斗。此时，运输车辆退到装载机铲斗卸土位置，装满后驶离。采用这种方式进行作业时，装载机不需掉头，但要求运输车辆与其配合默契。

2）V形作业

运输车辆与工作面约成60°，装载机垂直于工作面，前进铲土后，在倒车驶离过程中掉头60°，使装载机与运输车辆垂直，然后驶向运输车辆卸料。这种方式循环时间较短。

3）L形作业

运输车辆和装载机均垂直于工作面，装载机铲土后，倒退并调转90°，然后驶向运输车辆卸土。

这种方式需有较宽的工作场地。

五、压路机

路基工程应采用专门的压路机压实。压路机应根据工程规模、场地大小。填料种类、压实度要求、气候条件、压实机械效率等因素综合考虑确定。

1. 压路机的分类

按压实力作用原理，压路机分为静作用碾压机械、振动碾压机械和夯实机械三种类型；按走行方式，压路机分为拖式和自行式两类；按碾轮形状，压路机分为钢轮、羊脚轮和充气轮胎三种，钢轮也有在其表面覆盖橡胶层的碾轮形式。

2. 压路机的使用范围

（1）钢轮压路机

钢轮压路机按其质量可分为特轻型、轻型、中型、重型和特重型五种。这种压路机单位线压力小，压实深度小，适用于一般的筑路工程。

（2）羊足（凸块）压路机

羊足（凸块）压路机有较大的单位压力（包括羊足的挤压力），压实深度大面均匀，并能挤碎土块，因而具有很好的压实效果和较高的生产率。

（3）轮胎压路机

轮胎压路机机动性好，便于运输，进行压实工作时土与轮胎同时变形，接触面积大，并有糅合的作用，压实效果好，适用于黏性土、非黏性土的压实及沥青混合料的复压。

（4）振动压路机

振动压路机单位线压力大，振动力影响深，因此压实深度较大，压实遍数相应减少。振动压路机种类繁多，应用广泛。

（5）夯实机械

夯实机械分为振动夯实机械和冲击夯实机械，体积及质量均较小，主要用于狭窄工作面的土层压实。

第三节 土方路基施工技术

一、路基土的分类与土石工程分级

1. 路基土的分类

土的分类方法很多，依目的的不同而方法各异，可按地质、工程等进行分类。每种分类方法只能反映土某些方面的特征，如按地质分类可突出土的成因，着重反映土的发生、变化过程，为确定其物理和化学性质服务。在工程实践中，需要的是能表达土主要工程特性的分类方法。例如，为了解决渗流问题，要突出土的渗透性；在考虑粒度成分界限值时，要注意使粒组的划分与其透水性的变化相协调。对路基土的分类要突出土的压实性和水稳定性。

我国公路路基土采用的分类方法如下。首先按有机质含量的多少划分成有机土和无机土两大类。其次，将无机土按粒组含量由粗到细划分为巨粒土、粗粒土和细粒土三类。最后，若为巨粒土和粗粒土，则按其细粒土含量和级配情况进一步细分；若为细粒土，则按其塑性指数和液限进一步细分。路基土可以归纳为如下四类。

（1）巨粒土：包括漂石、块石、卵石、碎石、卵石夹土；

（2）砾石土：包括级配良好砾与级配不良砾、含细粒土砾、粉土质砾与黏土质砾；

（3）砂类土：包括级配良好砂与级配不良砂、细粒土质砂、粉土质砂与黏土质砂；

（4）细粒土：包括高、低液限粉土和高、低液限黏土。

2. 土石工程分级

对于安排施工和确定定额来说，最有实用意义的是将土石按其开挖的难易程度进行分级。表1-1所示为土石的六级分级与十六级分级的对应关系。土石的六级分级，即将土分为松土、普通土和硬土三级，将岩石分为软石、次坚石和坚石三级。土石的十六级分级，即将土分为Ⅰ—Ⅳ四级，将岩石分为Ⅴ—ⅩⅥ十二级。我国公路土石分级通常采用六级，但有时也会用到十六级。

表1-1 土石的六级分级与十六级分级的对应关系

分级	对应关系					
六级	松土	普通土	硬土	软石	次坚石	坚石
十六级	Ⅰ~Ⅱ	Ⅲ	Ⅳ	Ⅴ~Ⅵ	Ⅶ~Ⅸ	Ⅹ~ⅩⅥ

二、路堤基底处理及填料的选择

1. 路堤基底处理

填方路段应将路基范围内的树根全部挖除并将坑穴填平夯实。填土范围内原地面表层上的种植土、草皮等应予以清除，清除深度一般不小于15cm。清除出来的含有许多植物根系的表土可以铺在路堤边坡上，以利植物生长，同时可起到边坡防护的作用。

路堤基底清理后应予以压实。在深耕（大于30cm）地段，必要时应先将土翻松、打碎，再整平、压实。路堤基底经过水田、池塘、洼地时，应根据具体情况采用排水疏干、换填水稳定性好的土、抛石挤淤等处理措施，以确保路堤基底具有足够的稳定性。

地面横坡坡度为1：5～1：2.5时，原地面应挖成台阶，台阶宽度不小于1m；地面横坡坡度大于1：2.5时，应做特殊处理，以防止路堤沿基底滑动。常用的处理措施有：

（1）经检算下滑力不大时，先清除基底表面的薄层松散土，再挖1～2m台阶。坡脚附近的台阶应宽些，通常为2～3m。

（2）经检算下滑力较大或边坡下部填筑土层太薄时，先将基底分段挖成不陡于1：2.5的缓坡，再在缓坡上挖1～2m的台阶，最下一级台阶宜宽些。

（3）若坡脚附近地面横坡比较平缓时，可在坡脚处做土质护堤或干砌片石垛护堤。护堤最好用渗水性土填筑，用与路堤相同的土填筑亦可。片石垛最好用大块的片石分层干砌，里外咬合紧密，不得只砌表面而内部任意抛填。片石垛的断面尺寸应通过稳定性检算确定。

2. 填料的选择

一般的土和石都能用作路堤的填料。用卵石、碎石、砾石、粗砂等透水性良好的填料时，只要分层填筑与压实，可不控制含水量；用黏性土等透水性不好的填料时，应在接近最佳含水量的情况下分层填筑与压实。淤泥、沼泽土、含残余树根和易腐烂物质的土，不能用作路堤填筑。液限大于50%及塑性指数大于26的土透水性很差，干时坚硬难挖。具有较强的可塑性、黏结性和膨胀性，毛细现象也很显著，浸水后能长时间保持水分，因而承载力很低，一般不作为填筑材料。如非用不可，应在接近最佳含水量的情况下充分压实，并设置完善的排水设施。

含盐量超过规定的强盐渍土和过盐渍土不能作为高等级公路的填料；膨胀土除非表层用非膨胀土封闭，一般也不宜作为高等级公路的填料。

工业废渣是良好的填料。高炉矿渣或钢渣应至少放置一年以上，必要时应予以破碎。粉煤灰属于轻质筑路材料。当路堤修筑在软弱地基或滑坡体上时，采用轻质填料有利于保持路堤的稳定。

有些矿渣在使用前应检验有害物质的含量，以免污染环境。

需要指出的是，在有多种料源可供选择时，应优先选用挖取方便、压实容易、强度高、水稳定性好的土料。路堤受水浸淹部分应尽量选用水稳定性好的填料。

三、路堤填筑方式

每侧路堤填土宽度应大于填层设计宽度,压实宽度不得小于设计宽度,最后削坡。

对于山坡路堤,当地面横坡不陡于1:5且基底符合填方路堤一般规定中的要求时,路堤可直接修筑在天然土基上。当地面横坡陡于1:5时,原地面应挖成台阶(台阶宽度不小于1m),并用小型夯实机夯实。填筑时,应由最低一层台阶填起,并分层夯实,然后逐台阶向上填筑和分层夯实,所有台阶填完之后即可按一般填土进行。

路堤填筑是把填料用一定方式运到堤上铺平、碾压密实的过程。路堤填筑方法分为分层填筑法、竖向填筑法和混合填筑法三种。

1. 分层填筑法

采用分层填筑法时,必须考虑土质的不同,从原地面逐层填起并分层压实,每层填土的厚度可根据压实机具的有效压实深度和压实度确定。分层填筑法可分为水平分层填筑法和纵向分层填筑法两种。

(1)水平分层填筑法。填筑时按照横断面全宽分成若干水平层次,逐层向上填筑。如原地面不平,应由最低处分层填起。每填一层,经过压实并符合规定要求之后再填下一层,循环进行直至达到设计标高。这是最常用的一种填筑方法。

(2)纵向分层填筑法。其宜用推土机从路堑中取土填筑近距离的路堤,依纵坡方向分层,逐层向上填筑。原地面纵坡坡度大于12%的地段常采用此法。

在稳定的斜坡上分层填筑路堤时填筑方法应注意以下几点:

(1)横坡不陡于1:5时,应清除草木杂物、淤泥、松散土后再进行填筑。

(2)横坡大于1:5时,除了清除草木杂物、淤泥、松散土外,原地面还应挖成台阶(台阶宽度不小于1m)并用小型夯实机加以夯实。

(3)对于高速公路、一级公路,必须在山坡上从填方坡脚向上挖成向内倾斜的台阶,台阶宽度不小于1m。其中,挖方一侧在行车范围之内的宽度不足一个行车道的宽度。

2. 竖向填筑法

其为从路基一端或两端同时按横断面的全部高度逐步推进填筑,仅用于无法自下而上填筑的深谷、陡坡、断岩、泥沼等运土机械无法进场的路堤。采用竖向填筑法时,因填土过厚不易压实,施工时需采取必要的技术措施:

(1)选用振动式或夯击式压实机械;

(2)选用沉陷量较小、透水性较好及颗粒粒径均匀的砂石材料或附近开挖路堑的废石方,并一次填足路堤全宽;

(3)暂时不修建较高级路面时,容许短期内自然沉落。

3. 混合填筑法

在深谷陡坡地段填筑路堤时,应尽量采用混合填筑法。即在路堤下层竖向填筑,在上层水平分层填筑,使上部填土经分层压实获得需要的压实度。混合填筑法适用于因地形限制或填筑堤身较高，不宜采用水平分层填筑法和竖向填筑法自始至终进行填筑的情况。其可以单机作业，也可多机作业。一般沿线路分段进行，每段距离以20～40m为宜，多在地势平坦或两侧有可利用山地土场的场合下采用。

对于旧路改建工程，路堤填筑方法是分层填筑、逐层压实。为使新、旧路堤紧密结合，加宽之前的旧路边坡须挖成阶梯形，然后分层填筑，层层夯实。阶梯宽一般为1m左右，阶高约0.5m。

采用不同土质填筑路堤在高等级公路施工中是十分常见的，但若将不同土质的土任意混填，将会造成路基病害，因此必须注意以下几点：

（1）不同土质的土应分层填筑，层次应尽量减少，每层总厚度最好不小于0.5m。不得混杂乱填，以免形成水囊或滑动面。

（2）将透水性差的土填筑在下层时，其表面应做成一定的横坡（一般为双向4%横坡），以保证将来自上层透水性填土的水分及时排出。

（3）为保证水分蒸发和排除，路堤不宜被透水性差的土层封闭，也不应覆盖在透水性较大的土所填筑的下层边坡上。

（4）根据强度与稳定性要求合理安排不同土质的层位。一般地，不因潮湿及冻融而发生体积变化的优良土应填在上层，强度较小的土应填在下层。

（5）为防止相邻两段用不同土质填筑的路堤在交接处发生不均匀变形，交接处应做成斜面，并将透水性差的土填在斜面的下部。

（6）若填方分几个作业段施工，两段交接处不在同一时间填筑，则先填地段应按1∶1坡度分层留台阶。若两个地段同时填筑，则应分层相互交叠衔接，其搭接长度不得小于2m。

四、桥涵等构造物处的填筑

1. 桥涵台背处路基产生沉陷的原因

桥涵台背处路基由于沉陷导致桥头跳车是高等级道路中的一种常见病害。其原因主要有：

（1）路基本身的压缩沉降。桥台台背、涵洞两侧及涵顶、挡土墙墙背的填筑是在这些构造物基本完成后进行的。由于场地狭窄，死角较多，又不能损坏构造物，故填筑压实比较困难，而且容易积水。如果填筑不良，完工后填土与构造物连接部分容易出现沉降差。

（2）地基沉降。一般情况下，台背后的地物、地貌与其他路段不同，地形起伏大，地质条件不一。

同时桥涵处路基的填筑高度较大，产生的基底应力也相对较大，因此在台背填筑地段产生的地基沉降较其他路段大。

（3）路基与台背接头处常会产生细小裂缝，雨水渗入裂缝后会使基产生病害，导致该处路基发生沉降。

综上所述，填筑施工的质量直接关系着桥涵台背处路基是否出现沉降。要解决桥涵处填料的下沉问题，必须采取正确的施工措施和适宜的施工方法。

2. 台背填土的施工与控制

（1）填料选择

桥涵及其他构造物的填料，除设计文件中另有规定外，应采用砂类土或透水性土。在下列范围内，一般应选用渗水土填筑：台背顺路线方向，上部距翼墙尾端不小于台高加2m，下部距基础内缘不小于2m；拱桥台背不小于台高的3～4倍；涵洞填土每侧不小于2倍孔径长度。挡土墙回填部分如果采用透水性材料有困难时，在冰冻地区自路堤顶面起2.5m以下，在非冰冻地区的高水位以下，可用与路堤相同的填料填筑。特别要注意不要将从构造物基础下挖出来的劣质土混入填料中。当确有困难，不得不采用非透水性土时，应在土中添加外加剂，如石灰、水泥等。

（2）填筑方式

桥梁台背后填土应与锥坡填土同时进行，涵洞、管道缺口填土时应在两侧对称均匀回填。涵顶填土的松铺厚度小于50cm时，不得通过重型车辆或施工机械；构造物1.0m范围内，不得有大型机械行驶或作业。

（3）排水措施

对于桥涵等构造物处的填土，在施工中应注意防止雨水流入。对于已有积水，应挖沟或用水泵将其排除。对于地下渗水，可设盲沟引出。当不得不用非渗水土填筑时，应在其上设置横向盲沟或用黏土等不透水材料封顶。挡土墙墙背应做好反滤层，使水能顺利地从泄水孔中流出。具体做法是：台背路基填筑前，在原地基土拱上设置泄水管或盲沟。在基底上，先对基底做必要的处理，然后填筑横坡为3%～4%的夯实黏土拱，再在黏土拱上挖一条双向坡的地沟（地沟一般宽40～60cm、深30～50cm）。最后在台背后全宽范围内满铺一层隔水材料（可用油毡，或下垫尼龙薄膜，上盖油毡）。在地沟四周铺设有小孔的硬塑料管（管径一般不小于10cm，其上小孔孔径为5mm，布成梅花形，间距控制在10cm以内）。塑料泄水管的出口应伸出路基外。然后在硬塑料管四周填筑透水性好、粒径较大的砂石材料，再分层填筑台背后透水性材料，直到路基顶面。横向盲沟的设置与上相同，取消泄水管，用渗透系数较大的透水性材料填筑地沟（如大粒径碎石）。用土工布包裹盲沟出口处，并对其做必要的处理。

（4）压实

桥涵及其他构造物处的填料应适时分层回填压实。压实时的含水量应控制在最佳含水量状态，分层松铺厚度宜小于20cm。当采用小型夯具时，对于一级以上的公路，松铺厚度不宜大于15cm，并充分压（夯）实到规定标准。

（5）填土前基底的加固处理

高速公路桥台填土路堤工后沉降量（使用期间地基的残余沉降量）一般控制在10cm以内。因此，为尽量减小路、桥衔接处的沉降差异，可采用加设钢筋混凝土搭板的形式，但对台背下的软弱地基进行加固处理是减小工后沉降量，控制桥头"跳车"的重要措施。目前，对地基的处理方法很多，如换土法、超载预压法、排水固结法、粉体搅拌法、高压喷射注浆法及振动碎石桩和矿渣桩等。

五、路堑开挖方式

应根据挖方量大小、土石质情况和施工要求确定路堑开挖方式。土质和软石路堑可采用机械开挖法，机械难以开挖的石质路堑或土石混合路堑可采取爆破方案或松土法。

1. 横向挖掘法

横向挖掘法分为单层横向全宽挖掘法和多层横向全宽挖掘法。采用单层横向全宽挖掘法时，需利用一台挖掘机，使其位于道路中心位置，左、右分别挖土，按断面全宽一次性挖掘至设计标高，边挖边沿中线移动，使路堑一次成型。这种方法适用于挖掘深度小，工程量较小，工作面较窄且较短的路堑。

多层横向全宽挖掘法和单层横向全宽挖掘法基本相同，一层挖完后再挖下层，分层挖掘至设计标高。该方法主要适用于深、短且较窄的路堑。

2. 纵向挖掘法

对于土方量比较集中的深路堑，可采用多层纵向挖掘法。先沿路堑挖一通道，然后将该通道向两侧拓宽扩大工作面，该通道可作为运土路线和场内排水的出路。该层拓宽至路堑边坡后，再开挖下层，直至挖至设计标高。该法适用于较长、较深且两端纵坡较小的路堑开挖。当路堑过长时，也可分段纵挖，即将路堑分成两段或数段，各段分别安排多个施工队伍，同时按上述方法组织纵向开挖。纵向挖掘法可以使用推土机、铲运机施工，也可使用装载机或挖掘机配合自卸汽车施工。

3. 混合式挖掘法

当路线纵向长度和挖掘深度都很大时，为扩大工作面，可以将多层横向全宽挖掘法和通道纵向挖掘法混合使用，以增加工作面，提高作业效率。

六、路基压实

填土经过挖掘、搬运，其原状结构已被破坏，土团之间留下许多孔隙。在荷载作用下，可能会出现不均匀或过大的沉陷、坍落甚至失稳滑动，所以路基填土必须进行压实。对于松土层构成的路堑表面，为改善其工作条件，也应将其压实。

土是三相体，土粒为骨架，颗粒之间的孔隙被水和气体占据。采用机械对土施以碾压能量时，土颗粒重新排列、彼此挤紧、孔隙减小，形成新的密实体，增强了粗粒土之间的摩擦和咬合以及细粒土之间的分子引力，从而可提高土的强度和稳定性。实践证明，经过压实的土，其塑性变形、渗透系数、毛细作用及隔温性能等都有明显改善。因此，压实是改善土工程性质的一种经济、合理的措施。

1. 影响压实效果的主要因素

（1）含水量

土中含水量对压实效果的影响比较显著。当含水量较小时，粒间引力（可能包括毛细管压力）使土保持比较疏松的状态或凝聚结构，土中孔隙大多互相连通，水少而气多。在一定的外部压实功能的作用下，虽然土孔隙中的气体易被排出，密度增大，但由于水膜润滑作用不明显以及外部压实功能不足以克服粒间引力，土粒相对移动并不容易，因而压实效果比较差；当含水量逐渐增大时，水膜变厚，引力减小，在水膜的润滑作用和外部压实功能的作用下，土粒相对移动比较容易，压实效果渐佳；当土中含水量过大时，孔隙中出现了自由水，压实功能不可能将气体排出，压实功能的一部分被自由水所抵消。减小了有效压力，压实效果反而降低。只有在最佳含水量的情况下，压实效果才最好。

然而，当含水量较小时，土粒间引力较大，虽然干容重较小，但其强度可能比最佳含水量时还要高。此时，因土的密实度较低、孔隙多、一经饱水，其强度会急剧下降。因此又可得出一个结论：在最佳含水量的情况下，压实土的水稳定性最好。

最佳含水量和最大干容重是两个十分重要的指标，对路基设计与施工很有用处。

（2）土类

在同一压实功能的作用下，含粗粒越多的土，其最大干容重越大，最佳含水量越小，即随着粗粒土的增多，其击实曲线的峰点向左上方移动。施工时，应根据不同土类分别确定其最大干容重和最佳含水量。

（3）压实功能

对于同一类土，其最佳含水量随压实功能的增强而减小，而最大干容重则随压实功能的增强而增加。当土偏干时，增强压实功能对提高干容重影响较大，偏湿时则收效甚微。故对偏湿的土欲借助增强压实功能的办法来提高土的密实度是不经济的；若土的含水量过大，此时增强压实功能就会出现"弹簧"现象。另外，当压实功能增强到一定程度后，最佳含水量的减小和最大干容重的提高都不明显。这就是说，单纯通过增强压实功能来提高土的密实度未必划算，压实功能过强会破坏土体结构，效果会适得其反。

2. 路基压实标准

衡量路基压实程度的指标是工地实际达到的干容重与由室内标准击实试验所得的最大干容重的比值，即压实度或压实系数。

路基受到的荷载应力随深度的增加而迅速减小，所以路基上部的压实度高一些。另外，公路等级高，其路面等级也高，对路基强度的要求相应提高，所以对路基压实度的要求也应高一些。因此，高等级公路路基的压实度标准（重型击实试验），对于路堤、路槽底面以下 0~80cm 应不小于 95%，80~150cm 应不小于 93%，150cm 以上应不小于 90%；对于零填土及路堑，路槽底面以下 0~30cm 应不小于 95%。

在平均年降水量小于 150mm 且地下水位低的特殊干旱地区（相当于潮湿系数小于等于 2.25 的地区），路基的压实度标准可降低 2%~3%。因为这些地区降水量较小，地下水位低，天然土的含水量大大低于最佳含水量，要加水到最佳含水量进行压实对施工确有很大困难，而压实度标准稍降低并不影响路基的强度和稳定性。在平均年降水量超过2000mm，潮湿系数大于2的过湿地区和不能晾晒的多雨地区，天然土的含水量超过最佳含水量5%时，要达到上述要求极为困难，应进行稳定处理后再压实。

所谓重型击实试验，是与原来的击实试验（现称轻型击实试验）相比较而言的。重型击实试验增强了击实功能，从而提高了路基的压实标准。其所得的最大干容重，对于砂性土提高6%~10%，对于黏性土提高10%~18%；而最佳含水量则有所降低，对于砂性土降低1%~3%，对于黏性土降低3%~9%。

重型击实试验的原理和基本规律与轻型击实试验类似，但击实功能提高了4.5倍。

3. 压实方法

压实土层的密实度随深度递减，表层5cm的密实度最大。填土分层压实厚度和压实遍数与压实机械类型、土的种类和压实度要求有关，应通过试验来确定。同样质量的振动压路机要比光轮静碾压路机的有效压实深度大1.5~2.5倍。如果压实遍数超过10遍仍达不到压实度要求，则继续增加遍数的效果很差，不如减小压实层厚。

碾压时，横向接头的轨迹应有一部分重叠，振动压路机一般重叠40~50cm，三轮压路机一般重叠1/2后轮宽；前后相邻两区段也宜纵向重叠1~1.5m。应做到无漏压、无死角，确保碾压均匀。压路机行驶速度过慢会影响生产率；行驶过快则压路机与土的接触时间过短，压实效果较差。一般来说，光轮静碾压路机的最佳行驶速度为2~5km/h，振动压路机的为3~6km/h。当压实度要求高，以及铺土层较厚时，行驶速度要更慢些。碾压开始时宜用慢速，随着土层的逐步密实，速度逐步提高。压实时的单位压力不应超过土的强度极限，否则土体将会遭到破坏。开始时土体较疏松，强度低，故宜先轻压；随着土体密度的增加，再逐步增大压强。所以，推运摊铺土料时，应力求机械车辆均匀分布行驶在整个路堤宽度内，以便填土能够得到均匀预压。否则，应采用轻型光轮静碾压路机（6~8t）进行预压。正式碾压时，若为振动压路机，第一遍应静压，然后由弱振至强振进行碾压。碾压时，在直线路段和大半径曲线路段，应先压边缘，后压中间；小半径曲线路段因有较大的超高，碾压顺序宜先低（内侧）后高（外侧）。

路堤边缘往往无法压实，处于松散状态，雨后容易滑塌，故两侧可多填宽度40~50cm，压实工作完成后再按设计宽度和坡度予以刷齐整平。也可以采用卷扬机牵引的小型振动压路机从坡脚向上碾压，或采用人工拍实。坡度不大于1∶1.75时，可用履带式推土机从下向上压实。

不同的填料和场地条件要选择不同的压实机械。一般来说，轻型光轮静碾压路机（6~8t）适用于各种填料的预压整平；重型光轮静碾压路机（12~15t）适用于细粒土、砂类土和砾石土；重型轮胎压路机（30t以上）适用于各种填料，尤其是细粒土，其气胎压力应根据填料种类进行调整，土颗粒越小气压越高；羊足碾（包括格式和条式）最适用于细粒土，也适用于粉土质与黏土质砂，需要有光轮静碾压路机配合对被翻松的表层进行补压；振动压路机具有滚压和振动的双重作用，适用于砂类土、砾石土和巨粒土，其效果远远优于其他压实机械，但对细粒土的压实效果不理想。

牵引式碾压机械结构质量大，爬坡能力强，生产率高，适用于广阔的工作场地，宜采用螺旋形运行路线；自行式碾压机械结构质量较小，机动灵活，适用于一般工作场地，宜采用穿梭形运行路线，在尽头回转；夯实机械在路基压实中不是主要设备，仅用于狭窄工作场地的作业。

压实质量要求高的路基宜选用压实效果较好的碾压机械，如重型轮胎压路机和振动压路机。

4. 压实质量控制与检查

土的压实应在其接近最佳含水量的条件下进行。天然土通常接近最佳含水量，因此填铺后应随即碾压。当含水量过大时，应将土摊开晾晒至要求的含水量后再整平压实。

填土接近最佳含水量的容许范围，与土的种类和压实度要求有关。在一定的压实度要求下，砂类土比细粒土的范围大；对于同一种土类，压实度要求低的土比要求高的土范围大。最佳含水量的容许范围可从该种土的击实试验曲线上查得，即在该曲线图的纵坐标上在要求的干密度处画一横线，此线与曲线相交的两点所对应的两个含水量就是它的范围。

在压实过程中，施工单位的自检人员应经常检查压实度是否符合要求。压实度试验方法有环刀法、蜡封法、水袋法、灌砂法或核子密度湿度仪法。环刀法适用于细粒土，灌砂法适用于各类土。

核子密度湿度仪应先与环刀法、灌砂法等进行对比标定后才可应用。

每一压实层均应检验压实度，合格后方可填筑上一层。

检验取样频率：当填土宽度较小时（如路堤的上部），沿路线纵向每 200m 检查 4 处，每处左、右各 1 个点；当填土宽度较大时，每 2000m² 检查 8 个点。必要时可增加检查点数，以防止压实不足处漏检。

压实度的评定以一个工班完成的路段压实层为检验评定单元比较恰当。如检验不合格能及时补压，则不会因等待过久而使含水量变化过大。检验评定段的压实度 K 按下式计算，若 K 大于等于压实度的标准值，则为合格。

$$K = K - \frac{t_0 S}{\sqrt{n}}$$

式中 K——检验评定段内各检验点压实度的算数平均值；

t_0——分布表中随自由度和保证率（置信率）而变的系数，通常保证率为 95%；

S——检验值的均方差；

n——检验点数应不少于 8～10 点，汽车专用公路取高限，一般公路取低限。

填筑碾压完成的路基，其路槽地面的回弹模量应满足路面设计的要求。然而实测土基回弹模量 E_0 比较困难。可用测试弯沉值 I_0 代替。弯沉值与回弹模量有如下关系：

$I_0 = 9308 E_0^{-0.938}$

式中 I_0——以 BZZ-100 标准轴载试验车实测的弯沉值，为 1/10mm；

E_0——土基回弹模量，MPa。

弯沉值测试在不利季节进行。若在非不利季节测定，则应乘以季节影响系数。弯沉值测试频率为每车道 50m 检查 4 个点（即左、右两后轮隙下各 1 个点）。

路槽底弯沉值反映路基上部的整体强度，而压实度反映路基每一层的密实状态。只有弯沉值和压实度两者都合格，路基的整体强度、稳定性才能符合要求。如果经过反复检查，各层压实度均合格，而表面弯沉值仍然达不到设计要求值（这种情况极少），则应考虑按实测弯沉值调整路面结构设计，以适应该压实土所能达到的强度。

第四节 石质路基施工技术

一、岩石的开挖方法

石方路堑的开挖应根据岩石的类型、风化程度、岩层产状、岩体断裂构造、施工环境等因素确定开挖方案。爆破法施工是石质路基施工最有效的方法之一。此外，爆破还可以爆松冻土、开采石料等。山区公路路基石方工程量大量集中时，采用爆破法施工不但可以提高功效、缩短工期、节约劳动力，而且可以改善线形，提高公路使用质量。

1. 炸药种类、起爆材料及起爆方法

为了爆破某一岩体，在其中或表面放置一定数量的炸药，称之为药包。按其形状或集结程度的不同，可以分为集中药包、延长药包和分集药包三种。凡药包形状接近球形或立方体，以及高度不超过直径 4 倍的近似圆柱体和最长边不超过最短边 4 倍的近似直角六面体，均属于集中药包；相反，药包的长度或高度超过上述情况者，属于延长药包。分集药包是提高炸药有效能量利用率的新型装药方式，它是将一个集中药包分为两个保持一定距离的子药包。

（1）炸药种类

炸药种类繁多，在爆破工程中常用的种类有以下两类。

1）起爆炸药。起爆炸药是一种爆炸速度极高的烈性炸药，爆速可达 2000～8000m/s，用以制造雷管。起爆炸药可分为正起爆药和副起爆药。正起爆药对热能和机械冲击能均具有强烈的敏感性；副起爆药须由正起爆药引爆，其爆速甚高，可加强雷管的起爆能量。

2）主要炸药。用以对岩石或其他介质进行爆破的炸药称为主要炸药。它的敏感性较低，要在起爆炸药的强力冲击下才能爆炸。道路工程中常用的主要炸药有TNT、黑火药、硝铵等。

（2）起爆材料及起爆方法

1）起爆材料

雷管是常用的起爆材料，黄色炸药和硝铵炸药一般用直接火花不会引起爆炸，需用雷管来引爆。按照引爆方式，雷管有火雷管和电雷管两种。火雷管也叫作普通雷管，它是用导火索来引爆的。火雷管由雷管壳、正副起炸药、加强帽三部分组成。在管壳开口的一端留有15mm长的空隙，以便插入导火索，另一端做成窝槽状。电雷管是用电流点火引爆的。电雷管的构造与火雷管的构造基本相同，不同之处在于管壳上的一段有一个电气点火装置，通电时电流通过电桥丝，灼热的电桥丝将引燃剂点燃，使起爆炸药爆炸。电雷管又可分为即发电雷管和迟发电雷管。即发电雷管用于同时点火、同时起爆的电点火线路中；迟发电雷管用于同时点火，但不同时爆炸的电点火线路中。迟发电雷管的构造与即发电雷管基本相同，只是在引火药与起爆药之间装有燃烧速度相当准确的缓燃剂。

2）起爆方法

①导火索及火花起爆法。导火索是点燃火雷管的配置材料，外形为圆形索线，索芯内装有黑火药，中间有纱导线，芯外紧缠着数层纱与防潮纸（或防潮剂）防潮，以免变质。导火索应满足的要求是燃烧完全，燃速恒定。根据使用要求，导火索的正常燃烧速度有两种规格：一种为10mm/s，另一种为5mm/s。

②电力起爆法。电雷管是用点火器，通过电爆导线通电发热起爆的。点火器即为产生电流的电源，如干电池组、蓄电池、手摇起爆机等。

③传爆线起爆法。传爆线又称导爆线，其索芯用高级烈性炸药制成，内有双层棉织物：一层为防潮层，另一层为缠绕着的纱线。为了与导火索相区别，传爆线表面涂成红色或红黄相间色等。我国制造的传爆线是以黑索金或泰安为索芯的，爆速为6800~7200m/s。

2. 综合爆破方法

（1）中、小型爆破

1）钢钎炮（眼炮）。在路基工程中，钢钎炮通常是指炮眼直径和深度分别小于70mm和5m的爆破方法。因其炮眼浅、用药少、工效低，一般情况下单独使用钢钎炮爆破石方是不太经济的，但是由于其比较灵活，所以仍不失为一种重要的炮型，在地形艰险及爆破量较小的地段（如挖水沟、开挖便道、基坑等）仍属必需，在综合爆破中是一种改造地形，为其他炮型服务的辅助炮型。

2）药壶炮（烘膛炮）。药壶炮是指在深2.5~3.0m以上的炮眼底部用少量炸药经一次或多次烘膛，使眼底呈葫芦形，将炸药集中装入药壶中以提高爆炸效果的一种炮型。它适用于Ⅺ级以下岩石，不含水分，阶梯高度（H）小于10~20m，自然地面坡角在70°左右的情形。

3）猫洞炮（蛇穴炮）。猫洞炮是指炮洞直径为0.2~0.5m，洞穴水平或略有倾斜，深度小于5m，用集中药包在炮洞中进行爆破的一种方法。其特点是充分利用岩体本身的崩塌作业，能用较浅的炮眼爆破较高的岩体，一般爆破可炸松 15～50m³。采用这种爆破方法，可以获得较好的爆破效果。

（2）大爆破

其是指采用导洞和药室装药，用药量在 1000kg 以上的爆破。它主要用于石方大量集中、地势险要或工期紧迫路段。

（3）洞室炮爆破

为使爆破设计断面内的岩体大量抛掷出路基，减少爆破后的清方工作量，确保路基的稳定性，可根据地形和路基断面形式采用以下不同性质的洞室炮爆破方法。

1）抛掷爆破。当自然地面坡角小于 15°，路基设计断面为拉沟路堑，石质大多是软石时，为将石方大量抛掷到路基两侧，通常采用稳定的加强抛掷爆破。但此法在公路工程中很少采用。当自然地面坡角为 15°～50°，岩石也较松软时，可采用斜坡地形半路堑的抛掷爆破。

2）抛坍爆破。当自然地面坡角大于 30°，地形地质条件均较复杂，临空面大时，宜采用这种爆破方法。在陡坡地段，岩石只要被充分破碎，就可以利用其自重坍滑出路基，这样既提高了爆破效果，又使爆后路堑边坡稳定，单位耗药量降低，从而降低了路基工程造价。

3）多面临空地形爆破。路线通过起伏的峡谷或鸡爪地形地段时，因地形状况的限制，会出现较多临空面，这将有利于爆破。

4）定向爆破。这是利用爆能将大量土石方按照指定的方向，搬移到一定的位置并堆积成路堤的一种爆破施工方法。它减少了挖、装、运、夯等工序，生产率极高。采用定向爆破，一次可形成百米甚至数百米路基。

5）松动爆破。大型松动爆破主要用于不宜采用抛掷爆破的次坚石而需进行机械化清方的地段。在坚石中，宜采用深孔炮。

（4）微差爆破

两相邻药包或前后排药包以毫秒的时间间隔（一般为 15～75ms）依次起爆，称为微差爆破，也称毫秒爆破。其优点是可减震 1/3～2/3，提高爆破效果，节省炸药 200%，有利于挖掘机作业。

（5）光面爆破和预裂爆破

光面爆破是指在开挖限界的周边适当排列一定间隔的炮孔，在有侧向临空面的情况下，用控制抵抗线和药量的方法进行爆破，使之形成一个光滑、平整的边坡。预裂爆破是指在开挖限界处按适当间隔排列炮孔，在没有侧向临空面和最小抵抗线的情况下，用控制药量的方法预先炸出一条裂缝，使拟爆体与山体分开，将其作为隔离减震带，起减弱开挖限界以外山体或建筑物的地震破坏作用。光面爆破与预裂爆破后，在边坡壁上通常会留下半个炮孔的痕迹。

进行光面爆破或预裂爆破时，应严格保持炮孔在同一平面内，炮孔间距和最小抵抗线之比应小于 0.8。装药量应适当，并采用合理的药包结构，通常使炮孔直径大于药卷直径的 1～2 倍，或采用间隔药包、间隔钻孔装药。

3. 爆破方法的基本选用原则

为了充分发挥各种爆破方法的优点，利用地形和地质的客观条件，在路基石方工程中采取综合爆破，选用各种爆破方法组织炮群，有计划、有步骤地爆破拟开挖的石方是十分重要的。为此，石方工程的施工方案应按全面规划，重点设计；由路基面开挖，形成高阶梯，以增加爆破效果；综合利用小炮群，以分段、分批爆破的原则进行爆破。

二、填石路堤

1. 对石料的要求

用于填石路堤的石料强度不应小于 15MPa，用于护坡的石料强度不应小于 20MPa；填料最大粒径不应大于 500mm，并不宜超过分层压实厚度的 2/3。当石料性质差异较大时，不同性质的石料应分层或分段填筑。暴露在大气中风化较快的石块不应用作填石路堤的填料。当必须用这种强风化石料或软质岩石填筑路堤时，应先检验其 CBR 值是否符合土质路堤的填土质量要求：CBR 值符合要求的按土质路堤相关技术要求进行填筑，不符合要求的不得使用。高速公路和一级公路填石路堤路床顶面以下 500mm 范围内用符合路床要求的土填筑，土的最大粒径不得超过 10mm，并分层压实。其他公路填石路堤路床顶面以下 300mm 范围内用符合路床要求的土填筑，填料粒径不大于 150mm。

2. 石质路堤填筑方案

石质路堤的填筑施工方式有倾填（含抛填）和分层填筑、分层压实两种。

由于石料从高处自然落下，石料间难免重叠交错，空隙较大，故倾填路堤的压实、稳定等问题较多。高速公路、一级公路和铺设高级路面的其他等级公路的石质路堤不宜采用倾填式施工，而应采用分层填筑、分层压实的方法。对于二级及二级以下且铺设低级路面的公路，在陡峭山坡段施工特别困难或大量爆破移挖作填时，可采用倾填方式将石料填筑于路堤下部，但倾填路堤在路床底面下小于 1.0m 范围内仍应分层填筑、分层压实。分层填筑方式施工又可分为机械作业和人工作业两种方法。机械作业分层填筑时，高速公路及一级公路分层松铺厚度一般为 500mm，其他公路为 1000mm。

3. 注意事项

填石路堤应主要考虑石料性质、石块大小、填筑高度和边坡坡度，应逐层水平填筑，并夯压密实。用风化岩石填筑路堤时，石块应摆平、放稳，空隙用小石块或石屑填满铺平，边坡坡度同土质路堤；用不易风化且粒径在 250mm 以下的石块填筑路堤时，应分层铺填，当路堤高度不超过 6m 时，边坡要码砌 1～2m 厚，大面向下，小面向上，摆平靠紧，用小碎石填缝找平；用 250mm 以上的大石块填筑路堤时，可大致分层铺填，不必严格找平，尽量靠紧密实，边坡要码砌 1～2m 厚，如边坡码砌成台阶形，则上、下层石块应错缝互相压住。当用土、石混合填筑路堤时，如土石易分清，宜分开分段填筑；如不易分清，应尽量按上述情况施工，不得乱抛乱填。

第五节　特殊路基施工技术

一、软土路基施工

淤泥、淤泥质土以及天然强度低、压缩性高、透水性小的一般黏性土统称为软土。软土路基天然含水率大于等于35%与液限；天然孔隙比大于等于1 m；十字板抗剪强度小于35 kPa；压缩系数宜大于0.5 MPa-1。

高速公路路基的软土系指：标准贯击数小于4，无侧限抗压强度小于50kPa，含水量大于50%的黏性土和标准贯击数小于10，含水量大于30%的砂性土。软土无论是按沉积成因还是按土质划分，它们都具有共同的工程性质，即颜色以深色为主，粒度成分以细颗粒为主，有机质含量高。天然含水量高，容重小，天然含水量大于液限，超过30%；相对含水量大于10；软土的饱和度高达100%，甚至更大，天然重力密度为1.5~19km³。天然孔隙比大，一般大于1m。渗透系数小，一般小于10^6cm/s数量级，沉降速度慢，固结完成所需时间较长。黏粒含量高，塑性指数大。高压缩性，压缩系数大，基础沉降量大，一般压缩系数大于0.5 MPa-1。强度指标小，软土的黏聚力小于10 kPa，快剪内摩擦角小于5°。固结快剪黏聚力小于10 kPa，快剪内摩擦角小于5°。固结快剪的强度指标略高，黏聚力小于15 kPa，内摩擦角小于10°。软土的灵敏度高，灵敏度一般在2~10，有时大于10，具有显著的流变特性。软土路基应进行路基处理并观测路堤沉降，按图纸或经监理工程师批准的处理方法进行施工。

（一）软土路基处理方法

1. 换填法：换填法是将原路基一定深度和范围内的淤泥挖除，换填符合规定要求的材料，使之达到规定压实度的方法。换填时，应选用水稳性或透水性好的材料，分层铺筑，逐层压实。

2. 抛石挤淤法：抛石挤淤法是在路基底从中部向两侧抛投一定数量的碎石，将淤泥挤出路基范围，以提高路基强度。所用碎石宜采用不易风化的大石块，尺寸一般不小于0.15 m。抛石挤淤法施工简单、迅速、方便。适用于常年积水的洼地，排水困难，泥炭呈流动状态，厚度较薄，表层无硬壳，片石能沉达底部的泥沼或厚度为3~4 m的软土；适用于在特别软的地面上施工由于机械无法进入，或是表面存在大量积水无法排出时；适用于石料丰富，运距较短的情况。

3. 排水固结法：堆载预压法、真空预压法、降水预压法、电渗排水法，适用于处理厚度较大的饱和软土和冲填土路基，但对于较厚的泥炭层要慎重选择。

4. 胶结法

（1）水泥搅拌桩：水泥搅拌桩的适用范围为淤泥、淤泥质土、含水量较高的地层、地基承载力不大于120kPa的黏性土、粉土等软土路基。在有较厚泥炭土层的软土路基上，宜通过试验确定其适用性，并可适量添加磷石膏以提高搅拌桩桩身强度。当地下水中含有大量硫酸盐时，应选用抗硫酸盐硅酸盐水泥。

（2）高压喷射注浆法：高压喷射注浆法的适用范围为淤泥、淤泥质土、黏性土、黄土、砂土、人工填土和碎石土等路基。尤其适用于软弱路基的加固。湿陷性黄土以及土中含有较多的大粒径块石、坚硬性黏性土、大量植物根茎或过多有机质时，应根据现场试验结果确定其适用程度。对地下水流速较大或涌水工程以及对水泥有严重侵蚀的路基应慎用。

（3）灌浆法：灌浆法适用于处理淤泥、淤泥质土、粉土和含水量较高，且路基承载力标准值不大于120 kPa的黏性土等地基。当用于处理泥炭土或地下水具有侵蚀性时，宜通过试验以确定其适用性。

（4）水泥土夯实桩法：水泥土夯实桩法适用于地下水位以上的素填土、淤泥质土和粉土等。

5. 加筋土法：适用范围为人工填土、砂土的路堤、挡墙、桥台等；土工织物适用于砂土、黏性土和软土的加固，或用于反滤、排水和隔离的材料；树根桩适用于各类土，主要用于既有建筑物的加固及稳定土坡、支挡结构物；锚固法能可靠地锚固土层和岩层。对软弱黏土宜通过重复高压灌浆或采用多段扩体或端头扩体以提高锚固段锚固力。对于液限大于50%的黏性土，相对密度小于0.3的松散砂土以及有机质含量较高的土层，均不得作为永久性锚固地层。

6. 振冲置换法：适用于不排水剪切强度 20 kPa ≤ CU ≤ 50 kPa 的饱和软黏土、饱和黄土及冲填土。对不排水剪切强度小于20 kPa的地基应慎重选择。此法能使天然路基承载力提高20% ~ 60%。

7. 水泥粉煤灰碎石桩（简称CFG桩）法：CFG桩法适用于淤泥、淤泥质土、杂填土、饱和及非饱和的黏性土、粉土，能使天然路基承载力提高70%以上。

8. 钢渣桩法：适用于淤泥、淤泥质土、饱和及非饱和的黏性土、粉土。

9. 石灰桩法：适用于渗透系数适中的软黏土、杂填土、膨胀土、红黏土、湿陷性黄土。不适合地下水位以下的渗透系数较大的土层。当渗透系数较小时，软土脱水加固效果不好的土层慎用。

10. 强夯置换法：适用于饱和软黏土，一般适合于3 ~ 6 m的浅层处理。

11. 砂桩法：适用于软弱黏性土，但应慎用，且需要较长的时间，对不排水剪切强度小于15kPa的软土应采用袋装砂井桩。

12. 夯坑基础法：适用于软黏土、非饱和的黏性土、夯填土、湿陷性黄土。

13. 强夯法：适用于碎石、砂土、杂填土、素填土、湿陷性黄土及低饱和度的粉土和黏性土。对于高饱和度的粉土和黏性土，需经试验论证后方可使用，且应设置竖向排水通道。该法处理深度可达10多米，但强夯的震动可能会对周围环境造成不良影响，因此，使用时要求考虑周围环境因素。

14. 振冲法：是一种不添加砂石材料的振冲挤密法，一般宜用于0.75mm以上颗粒占土体20%以上的砂土，而添加砂石材料的振冲挤密法宜用于粒径小于0.005mm的黏粒含量不超过10%的粉土和砂土。

15. 挤密碎石桩法：适用于松散的非饱和黏性土、杂填土、湿陷性黄土、疏松的砂性土，对饱和软黏土应慎重使用。

（二）软土路基施工方法

1. 抛石挤淤施工

（1）抛石挤淤应按设计要求或监理工程师的要求进行。

（2）应选用不易风化的片石，片石厚度或直径不宜小于300 mm。

（3）当软土地层平坦，软土成流动状时，填土应沿路基中线向前呈三角形方式投放片石，再渐次向两侧全宽范围扩展，使泥沼或软土向两侧挤出。当软土地层横坡陡于1∶10时应自高侧向低侧抛投，并在低侧边部多抛填，使低侧边部约有2m的平台。

（4）片石抛出软土面或抛出水面后，应用较小石块填塞垫平，用重型压路机压实。

2. 垫层施工

垫层处置施工通常用于松软过湿的表面，采用排水、铺设填料或以掺加剂加固使地表层强度增加，防止地基局部剪切变形，从而保证重型机械通行，又使填土荷载均匀分布在地基上。

垫层材料宜采用无杂物的中粗砂，含泥量应不小于5%；也可采用天然级配型砾料，其最大粒径应小于50mm，砾石强度应不低于四级。垫层应分层摊铺压实，碾压到规定的压实度。垫层宽度应宽出路基边脚500～1000mm，两侧宜用片石护砌或采用其他方式防护。垫层采用沙砾料时，应避免粒料离析。在软、湿路基上铺以0.3～0.5m厚度的排水层，有利于软湿表层的固结，并形成填土的底层排水，在一定程度上能提高地基强度，使施工机械可以通行。碎石、岩渣垫层的一般厚度为0.4 m左右，并铺设单层或双层土工织物或土工网格，有利于均匀支承填土荷载，提高地基承载力，减少地基的沉降量。掺合料垫层是利用掺合料（石灰、水泥、土、加固剂）以一定剂量混合在填料土中，可改变地基的压缩性和强度特性，从而保证施工机械的通行，垫层大部分松散，应进行大部或全部防护。

3. 袋装砂井施工

（1）袋装砂井施工工艺流程为：施工设备的准备→沉入套管→袋装砂沉入→就地填砂或井→预制砂袋沉放。

（2）袋装砂浆的成孔方法可根据机械设备条件进行比较选择，专用的施工设备一般为导管式的振动打设机械，只是在进行方式上有差异。成孔的施工方法有五种，即锤击沉入法、射水法、压入法、钻孔法及振动贯入法等。

4. 碎石柱（砂桩）施工

（1）材料要求：采用中、粗砂，大于0.6 mm颗粒含量宜占总重的50%以上，含泥量应小于3%，渗透系数大于$5×10^{-2}$mm/s。也可使用砂砾混合料，含泥量应小于5%。未风化碎石或砾石，粒径宜为19～63 mm，含泥量应小于10%。

（2）如果对砂桩质量要求较为严格或采用小直径管打大直径砂桩时，可以采用双管冲击法或单管振动重复压拨法成桩。

（3）施工前应按规定要求进行成桩试验：详细记录冲孔、清孔、制桩时间和深度、水压、冲水量、压入碎石用量及工作电流的变化等。通过试桩确定水压、工作电流等变化的副值和规律（主要指土层变化与水压、工作电流的相应变化），并验证设计参数和施工控制的有关参数，作为振冲碎石桩成桩的施工控制指标。

（4）填料方式：采用"先护壁，后制桩"的办法施工。成孔时先达到软土层上部1～2m范围内，将振冲器提出孔口加一批填料；下降振冲器使这批填料挤入孔壁，把这段孔壁加强以防塌孔；然后使振冲器下降至下一段软土中，用同样方法加料护壁。如此重复进行，直达设计深度。孔壁护好后，就可按常规步骤制桩了。

（5）桩的施工：桩的施工顺序一般采用由里向外、由一边推向另一边，或间隙跳打的方式。制桩操作步骤：先用振冲器成孔，而后借循环水清孔，最后倒入填料，再用振冲器沉至填料进行振实成型。

5. 加固土桩施工

（1）材料要求

1）生石灰粒径应小于2.36 mm，无杂质，氧化镁和氧化钙总量应不小于85%，其中氧化钙含量应不小于80%。

2）粉煤灰中二氧化硅和三氧化二铝含量应大于70%，烧失量应小于10%。

3）水泥宜用普通或矿渣水泥。

（2）成桩试验

加固土桩施工前必须进行成桩试验，桩数不宜少于5根，且满足以下要求：

1）应取得满足设计喷入量的各种技术参数，如钻进速度、提升中速度、搅拌速度喷气压力、单位时间喷入量等。

2）应确定能保证胶结料与加固软土拌和均匀性的工艺。

3）掌握下钻和提升的阻力情况，选择合理的技术措施。

4）根据地层、地质情况确定复喷范围。

（3）应根据固化剂喷入的形态（浆液或粉体），采用不同的施工机械组合。

（4）采用浆液固化剂时，制备好的浆液不得离析，不得停置过长。超过2小时的浆液应降低等级使用。浆液拌和均匀、不得有结块，供浆应连续。

（5）采用粉体固化剂时，应符合以下规定：

1）严格控制喷粉标高和停粉标高，不得中断喷粉，确保桩体长度；严格控制粉喷时间停粉时间和喷入量；应采取措施防止桩体上下喷粉不匀、下部剂量不足、上下部强度差异大等问题；应按设计要求的深度复搅。

2）当钻头提升到地面以下小于500mm时，送灰器停止送灰，用同剂量的混合土回填。钻头直径的磨损量不得大于10mm。如喷粉量不足，应整桩复打，复打的喷粉量不小于设计用量。因故喷粉中断时，必须复打，复打重叠长度应大于1m。

3）施工设备必须配有自动记录的计量系统。

（6）加固土桩施工质量，应符合相关规定。

6.CFG桩施工

（1）材料要求：

1）集料：应根据施工方法，选择合理的集料：级配和最大粒径。

2）水泥：宜选用普通硅酸盐水泥。

3）粉煤灰：宜选用袋装Ⅱ、Ⅰ级粉煤灰。

（2）成桩试验：施工前应进行成桩试验，试桩数量宜为5~7根。CFG桩试桩成功，经监理验收合格后，方可开始施工。

（3）CFG桩施工要求：

1）桩体施工应选择合理的施打顺序，一般应隔行隔桩跳打，相邻桩之间施工间隔时间应大于7天，避免对已成桩造成损害。

2）成桩过程中，应对已打桩的桩顶进行位移监测。

3）混合料应拌和均匀：在施工中，每台机械每天应做1组（3块）试块（试块为边长150mm的立方体），经标准养生，测定其立方体抗压强度，应符合图纸规定。

4）CFG桩沉管时间宜短，拔管速度控制在1.2~1.5 m/min，不允许反插，以防止桩缩颈、断桩及桩身强度不均。

5）桩顶设500mm保护桩长，CFG桩施工完成7天后，开挖至设计高程，截去保护桩长。CFG桩施工完成28天后，方可填筑路基。

6）冬季施工时混合料入孔温度不得低于5℃，对桩头和桩间土应采取保温措施。

7.铺设土工合成材料

（1）土工合成材料的质量应符合设计要求及规范要求，在采用土工合成材料加筋的路堤填筑正式开工前，应结合工程先修筑试验路段，以指导施工。

（2）铺设土工合成材料应按图纸施工，在平整的下承层上全断面铺设，铺设时，土工织物应拉直平顺，紧贴下承层，不得扭曲、折皱。在斜坡上摊铺时，应保持一定松紧度。可采用插钉等措施固定土工合成材料于填土下承层表面。

（3）土工合成材料在铺设时，应将强度高的方向置于垂直于路堤轴线方向。

（4）应保证土工合成材料的整体性，当采用搭接法连接时，搭接长度宜为300~600 mm；采用缝接法时，缝接宽度应不小于50mm；采用黏结法时，黏结宽度不应小于50mm，黏合强度应不低于土工合成材料的抗拉强度。

（5）铺设土工合成材料的土层表面应平整，表面严禁有碎、块石等坚硬凸出物；在距土工合成材料层80mm以内的路堤填料，其最大粒径不得大于60mm。

（6）土工合成材料摊铺以后，应及时填筑填料，以避免其受到阳光过长时间的暴晒，一般情况下，间隔时间不应超过48小时。填料应分层摊铺、分层碾压，所选填料及其压实度应符合规范的要求。与土工合成材料直接接触的填料中严禁含强酸性、强碱性物质。

（7）土工合成材料上的第一层填土摊铺宜采用轻型推土机或前置式装载机，一切车辆、施工机械只容许沿路堤的轴线方向行驶。

（8）对于软土地基，应采用后卸式货车沿加筋材料两侧边缘倾卸填料，以形成运土的交通便道，并将土工合成材料张紧。填料不允许直接卸在土工合成材料上面，必须卸在已摊铺完毕的土面上；卸土高度以不大于1 m为宜，以免造成局部承载能力不足。卸土后应立即摊铺，以免出现局部下陷。

（9）填成施工便道后，再由两侧向中心平行于路堤中线对称填筑，第一层填料宜采用推土机或其他轻型压实机具进行压实；只有当已填筑压实的垫层厚度大于600 mm后，才能采用重型压实机械压实。

（10）双层土工合成材料上、下层接缝应交替错开，错开长度不应小于500 mm。

（11）施工过程中土工织物不应出现任何损坏，以保证工程质量。

二、黄土地区路基施工

1. 黄土路基的特点

湿陷性黄土一般呈黄色或黄褐色，粉土含量常占60%以上，含有大量的碳酸盐、硫酸盐等可溶盐类，天然孔隙比在1左右，肉眼可见大孔隙。在自重压力或自重压力与附加压力的共同作用下，受水浸湿后土的结构迅速破坏而发生显著附加下沉。

2. 施工准备工作

黄土地区路基施工，应做好施工期排水，将水迅速引离路基。在填挖交界处引出边沟时，应做好出水口的加固，排水设施接缝处应坚固不渗漏。

3. 湿陷性黄土地基的处理方法

湿陷性黄土地基应采取拦截、排除地表水的措施，防止地表水下渗，减少地基地层湿陷下沉。其地下排水构造物与地面排水沟渠必须采取防渗措施。

若地基土层有强湿陷性或较高的压缩性，且容许承载力低于路堤自重压力时，应考虑地基在路堤自重和活载作用下所产生的压缩下沉。除采用防止地表水下渗的措施外，可根据湿陷性黄土工程特性和工程要求，因地制宜采取换填土、重锤夯实、强夯法、预浸法、挤密法、化学加固法等措施对地基进行处理。

4. 黄土填筑路堤要求

（1）路床填料不得使用老黄土，路堤填料不得含有粒径大于100 mm的块料。

（2）在填筑横跨沟堑的路基土方时，应做好纵横向界面的处理。

（3）黄土路堤边坡应拍实，并应及时予以防护，防止路表水冲刷。

（4）浸水路堤不得用黄土填筑。

5.黄土路堑施工要求

（1）路堑路床土质应符合设计要求，密实度不足时，应采取措施碾压至要求的压实度。

（2）路堑施工前，应做好堑顶地表排水导流工程，路堑施工期间，开挖作业面应保持干燥。

（3）路堑施工中，如边坡地质与设计不符，可提出修改边坡坡度。

6.地基陷穴处理方法

陷穴表面的防渗处理层厚度不宜小于300 mm，并将流向陷穴的附近地表水引离。对现有的陷穴、暗穴，可以采用灌砂、灌浆、开挖回填等措施，开挖的方法可以采用导洞、竖井和明挖等。

挖方边坡坡顶以外50m范围内、路堤坡脚以外20m范围内的黄土陷穴宜进行处理。挖方边坡坡顶以外的陷穴，若倾向路基，应做适当处理，对串珠状陷穴应彻底进行处置。

三、滑坡地段路基施工

1.对于滑坡的处置，应分析滑坡的外表地形滑动面，滑坡体的构造、滑动体的土质及饱水情况，以了解滑坡体的形式和形成的原因，根据公路路基通过滑坡体的位置、水文、地质等条件，充分考虑路基稳定的施工措施。

2.路基滑坡直接影响到公路路基稳定时，不论采用何种方法处理，都必须做好地表水及地下水的处理。

3.对于滑坡顶面的地表水，应采取截水沟等措施处理，不让地表水流入滑动面内。必须在滑动面以外修筑1~2条截水沟，对于滑坡体下部的地下水源应截断或排出。

4.在滑坡体未处置之前，禁止在滑坡体上增加荷载（如停放机械、堆放材料、弃土等）。

5.对于挖方路基上边坡发生的滑坡，应修筑一条或数条环形水沟，但最近一条必须离滑动裂缝面最小5m以外，以截断流向滑动面的水流。截水沟可采用砂浆封面浆或砌片（块）石修筑，滑坡上面出现裂缝须填土进行夯实，避免地表水继续渗入，或结合地形，修建树枝形及相互平行的渗水沟与支撑渗沟，将地表水及渗水迅速排走。

6.当挖方路基上边坡发生的滑坡不大时，可采用（台阶）减重、打桩或修建挡土墙进行处理以达到路基边坡稳定，采用打桩时，桩身必须深入到滑动面以下设计要求的深度；采用修建挡土墙时，挡土墙基础必须置于滑动面以下的硬岩层上。同时，宜修统一排水沟、暗沟（或渗沟）排出地下水。滑坡较大时，可采用修建挡土墙、钢筋混凝土锚固桩或预应力锚索等方法处理，不论采用何种方法处理，其基础都必须置于滑动面以下的硬岩层上或达到设计要求的深度，同时宜修筑渗沟、排水涵洞（管）或集水井。

7.填方路堤发生的滑坡，可采用反压土方或修建挡土墙等方法处理。

8. 沿河路基发生的滑坡，可修建河流调治构造物（堤坝、丁坝、稳定河床等）及挡土墙等处理。

9. 滑坡表面处置可采用整平夯实山坡，填筑积水坑，堵塞裂隙或进行山坡绿化固定表土。

四、岩溶地区路基施工

以地下水为主、地表水为辅，以化学过程（溶解和沉淀）为主、机械过程（流水侵蚀和沉积、重力崩塌和堆积）为辅的石灰岩等可溶性岩石的破坏和改造作用称岩溶作用。岩溶作用所造成的地表形态和地下形态称岩溶地貌，岩溶作用及其产生的特殊地貌形态和水文地质现象统称为岩溶。

我国西南地区岩溶现象分布比较普遍，在广西、贵州、云南及川东、鄂西、湘西、粤北一带连成一片，石灰岩分布面积达56万平方千米；全国石灰岩分布面积约130万平方千米，是岩溶比较发育的国家。

1. 岩溶地区公路路基工程的主要病害

（1）由于地下岩溶水的活动，或因地表水的消水洞穴阻塞，导致路基基底冒水、水淹路基、水冲路基以及隧道冒水、冒泥等病害。

（2）由于地下岩溶洞穴顶板的坍塌，引起位于其上的路基及其附属构造物发生坍陷、下沉或开裂。

（3）由于溶沟、溶槽、石芽等的存在造成地基不稳定，影响路基及其构筑物的稳定或安全问题。

（4）某些岩溶形态的利用问题，如利用天生桥跨越地表河流，利用暗河溶洞扩建隧道等。

此外，岩石地区除了石灰岩类岩溶外，分布着各类危及路基的崩坍、岩堆，这类岩石多数属于炭质泥岩、页岩、麻岩、云母岩。还有煤田、矿区、油田及地下水过量开采和利用，形成的采空区，往往引起路基沉陷、变形或开裂。这些地区修筑的路基具有相似处，把它们一并论述。

因此，在岩溶地区建造公路，应全面了解路线通过地带岩溶发育的程度和岩溶形态的空间分布规律，以便充分利用某些可以利用的岩溶形态，避让或防治影响路基稳定的岩溶病害。

2. 岩溶形态及岩溶类型

岩溶地区岩溶的形态类型很多，有石芽和溶沟（槽）、溶蚀裂隙、漏斗、溶蚀洼地、坡立谷和溶蚀平原、溶蚀残丘、孤峰和峰林、槽谷、落水洞、竖井、溶洞、暗河、天生桥、岩溶湖、岩溶泉以及土洞等。比较常见的岩溶形态有：

（1）漏斗：漏斗是常见的地表岩溶形态之一，由地表层的溶蚀和侵蚀作用伴随塌陷作用而成，呈碟状或倒锥状，平面上呈圆形或椭圆形，直径和深度一般由数米至数十米。

（2）溶蚀洼地：许多相邻的漏斗经流水溶蚀不断扩大汇合而成溶蚀洼地平面。上呈圆形或椭圆形，但规模比漏斗更大，直径由数百米至一两千米。溶蚀洼地周围有溶蚀残丘或峰丛峰林，底部常有落水洞和漏斗。

（3）坡立谷和溶蚀平原：溶蚀洼地充分发育，相邻的洼地彼此连通，发展成坡立谷。坡立谷长度、宽度从几十米至数千米不等，四周山坡陡峻，谷底宽平，覆盖着溶蚀残余的黄色、棕色或红色的黏性土，有时还有河流冲积层。常有河流纵贯坡立谷，河水从一端流入，于另一端被落水洞吸收，转入地下成暗河。有些坡立谷还耸立着孤峰。坡立谷进一步发展，即形成开阔宽广的溶蚀平原，溶蚀平原上还有许多其他岩溶形态。

（4）槽谷：槽谷是岩溶山区比较常见的一种长条形的槽状谷地，谷底平坦，谷坡陡峻，主要是由水流长期溶蚀而形成。由于河谷底部发育有一系列漏斗、落水洞等，地表水流不断漏失，使原来的河谷失去排水作用，即成干谷。槽谷在大部分时间是干涸的，但在暴雨季节和排水不畅时，则会出现暂时的水流。

（5）落水洞、竖井：落水洞和竖井多由岩石裂隙经流水长期溶蚀扩大或由岩层坍陷而成，呈垂直或稍倾斜状，下部多与溶洞或暗河连通，是地表通向地下的流水通道。在广西所见到的，直径多在10m以下，深度多在10~30m。落水洞常产生在漏斗、槽谷、溶蚀洼地和坡立谷的底部，或河床的边缘，多呈串珠状分布。在雨季，由于落水洞排水不畅，常使槽谷、溶蚀洼地和坡立谷产生暂时性的积水，甚至发生淹水现象。

（6）溶洞：溶洞是一种近于水平方向发育的岩溶形态，常由溶水对岩层的长期溶蚀和塌陷作用而形成，是早期岩溶水活动的通道。规模较大的水平溶洞系统，主要是在岩溶水的水平循环带中产生的。溶洞系统比较复杂，规模、形态变化很大，除少部分洞身比较顺直，断面比较规则外，大部分是忽高忽低，忽宽忽窄，洞身曲折起伏很大。洞内普遍分布各种堆积物，有时还有河流流痕及沙砾、卵石冲积物，支洞多，常有丰富的岩溶水。

（7）暗河、天生桥：暗河是地下岩溶水汇集、排泄的主要通道，在岩溶发育地区，地下大部分都有暗河存在。其中部分暗河常与地面的槽谷伴随存在，通过槽谷底部的一系列漏斗、落水洞使两者互相连通。因此，可以根据这些地表岩溶形态的分布位置，概略地估计暗河在地下的发展方向。地下的暗河河道或溶洞塌陷，在局部地段有时会形成横跨水流的天生桥。

（8）岩溶泉：岩溶水流出地面即成岩溶泉。它是岩溶发育地区分布最广泛的一种岩溶现象，其中以下降泉居多，上升泉较少。岩溶泉有经常性和间歇性之分。间歇性泉旱季干涸，雨季流水。

当暗河流向非岩溶地区时，在可溶岩层与非可溶岩层接触带的边缘，经常是岩溶泉最发育的地方。

（9）岩溶湖：由于槽谷、溶蚀洼地、坡立谷中的大型强斗底部的消水通道堵塞，或溶蚀平原局部洼地积水而成的湖泊。在溶洞中也常有小型的地下岩溶湖存在。

（10）土洞：在槽谷、坡立谷底部和溶蚀平原上，可溶性岩层常为第四纪的松散土层所覆盖，由于地下水位降低或水动力条件的改变，在岩溶水的淋滤、潜蚀、搬运作用下，使上部土层下落，流失或坍塌，形成大小不一、形态不同的土洞。如广西、贵州和粤北等地土层覆盖的岩溶地区（埋藏岩溶地区），由于人为抽水、排水引起地下水位的变动，常形成土洞，直接危害路基的稳定。

3. 岩溶路基施工技术要点

岩溶地区路基常见病害主要表现为地下水位高而侵蚀路基路面，导致土基软化，路面开裂；暴雨时节冲垮路基，路床地面以下潜伏洞穴而产生凹陷。一般公路受造价的制约，当地往往又缺乏路基用土，故而采用矮路堤。矮路堤所固有的排水不畅、地基强度不足等病源在此得到充分暴露。因此，岩溶地区地基处理的措施是排水、填洞、跨越、利用。

岩溶地下水应因势利导，采用疏导、排除、降低地下水位的方法，消除对路床软化的影响，保证路基处于干燥或中湿状态。所有冒水的溶洞在施工中均不能堵塞水的出路。一般的做法是在与地下水道相连的漏斗、消水洞处一律修建涵洞。疏导建筑物一般可采用明沟、泄水洞、渗沟、涵洞等。

4. 崩坍、岩堆地区路基基底处理概要

在陡峭的山坡上，由于人工开挖、自然营力、风化、爆破的作用，岩（土）体从陡峭斜坡上向下倾倒、崩落、翻滚，破坏过程急剧、短促而猛烈，这个过程称崩坍。崩坍后的岩（土）体原来结构完全被打乱，互无联系，大石块抛落较远，土体集中，堆积而成倒石堆或岩堆。崩坍、岩堆地区路基处理的关键是边坡整治。路线应尽量避免通过原有的崩坍、岩堆地段。确有必要通过时，应探明其深度、范围、工程数量，采取清挖至原状土、设支挡结构物、桩基顶面打钢筋混凝土盖板、桩基与岩堆共同组成复合地基等措施。之后，按填土或填石路基施工。

第二章 路面施工技术

第一节 沥青混凝土路面施工技术

一、沥青混合料的材料要求

(一)沥青混合料的分类

沥青混合料是由矿料与沥青结合料拌和而成的混合料的总称。按材料组成及结构,分为连续级配、间断级配混合料;按矿料级配组成及空隙率大小,分为密级配(3%~6%)、半开级配(6%~12%)、开级配(排水式18%以上);按公称最大粒径,分为砂粒式(公称最大粒径小于9.5 mm)、细粒式(公称最大粒径9.5 mm或13.2 mm)、中粒式(公称最大粒径16 mm或19 mm)、粗粒式(公称最大粒径26.5 mm)、特粗式(公称最大粒径等于或大于31.5 mm);按制造工艺,分为热拌沥青混合料冷拌沥青混合料、再生沥青混合料等。

(二)材料的基本要求

在沥青路面建设过程中,材料起着至关重要的作用。有些新建的高速公路沥青路面出现早期损坏,材料是重要的原因之一。因此,应特别强调要把好材料关,材料的选择应以试验为依据,严格控制质量,防止使用不符合要求的材料以免造成损失。沥青混合料的材料主要由沥青、粗集料、细集料、矿粉和纤维稳定剂等组成。

1.沥青材料

沥青材料有道路石油沥青、乳化沥青、液体石油沥青、煤沥青、改性沥青、改性乳化沥青等,不同品种的沥青有不同的适用范围。

(1)道路石油沥青

1)经建设单位同意,沥青的 PI 值、60℃动力黏度、10℃延度可作为选择性指标。

2)沥青路面采用的沥青标号,宜按照公路等级、气候条件、交通条件、路面类型及在结构层中的层位、受力特点和施工方法等,结合当地的使用经验,经技术论证后确定。

①对高速公路、一级公路,夏季温度高、高温持续时间长,重载交通、山区及丘陵区上坡路段,服务区、停车场等行车速度慢的路段,尤其是汽车荷载剪应力大的层次,宜采用稠度大、60℃黏度大的沥青,也可根据高温气候分区的温度水平选用沥青等级;对冬季寒冷的地区或交通量小的道路、旅游道路,宜选用稠度小、低温延度大的沥青;对温度日温差、年温差大的地区,宜注意选用针入度指数大的沥青。当高温要求与低温要求发生矛盾时,应优先考虑满足高温性能的要求。

②当缺乏所需标号的沥青时,可采用不同标号掺配的调和沥青,其掺配比例由试验决定。

3)沥青必须按品种标号分开存放。除长期不使用的沥青可放在自然温度下存储外,沥青在储罐中的储存温度不宜低于130℃,并不得高于170℃。桶装沥青应直立堆放并加盖苫布。

4)道路石油沥青在储运、使用及存放过程中应有良好的防水措施,避免雨水或加热管道蒸汽进入沥青中。

(2)乳化沥青

1)乳化沥青适用于沥青表面处治路面、沥青贯入式路面、冷拌沥青混合料路面,修补裂缝,喷洒透层、粘层与封层等。

2)在高温条件下宜采用黏度较大的乳化沥青,寒冷条件下宜使用黏度较小的乳化沥青。

3)乳化沥青类型根据集料品种及使用条件选择。阳离子乳化沥青可适用于各种集料品种,阴离子乳化沥青适用于碱性石料。乳化沥青的破乳速度、黏度宜根据用途与施工方法选择。

4)制备乳化沥青用的基质沥青,对高速公路和一级公路,宜符合道路石油沥青 A、B 级沥青的要求,其他情况可采用 C 级沥青。

5)乳化沥青宜存放在立式罐中,并保持适当搅拌,储存期以不离析、不冻结、不破乳为度。

(3)液体石油沥青

1)液体石油沥青适用于透层、粘层及拌制冷拌沥青混合料。根据使用目的与场所,可选用快凝、中凝、慢凝的液体石油沥青,其质量应符合规范规定。

2)液体石油沥青宜采用针入度较大的石油沥青,使用前按先加热沥青后加稀释剂的顺序,掺配煤油或轻柴油,经适当的搅拌稀释制成,掺配比例根据使用要求由试验确定。

3)液体石油沥青在制作、储存、使用的全过程中必须通风良好,并有专人负责,确保安全。基质沥青的加热温度严禁超过140℃,液体沥青的储存温度不得高于50℃。

(4)煤沥青

1）道路用煤沥青的标号根据气候条件、施工温度、使用目的选用，其质量应符合规范规定。

2）道路用煤沥青适用于下列情况：

①各种等级道路的各种基层上的透层，宜采用 T-1 级或 T-2 级，其他等级不符合喷洒要求时可适当稀释使用；

②三级及三级以下的公路铺筑表面处治或灌入式沥青路面，宜采用 T-5 级、T-6 级或 T-7 级；

③与道路石油沥青、乳化沥青混合使用，以改善渗透性。

3）道路用煤沥青严禁用于热拌热铺的沥青混合料，作其他用途时的储存温度宜为 70℃~90℃，且不得长时间储存。

2. 粗集料

（1）沥青层用粗集料包括碎石、破碎砾石、筛选砾石、钢渣、矿渣等，但高速公路和一级公路不得使用筛选砾石和矿渣。粗集料必须由具有生产许可证的采石场生产或施工单位自行加工。

（2）粗集料应该洁净、干燥、表面粗糙。当单一规格集料的质量指标达不到表中要求，而按照集料配比计算的质量指标符合要求时，工程上允许使用。对受热易变质的集料，宜采用经拌和机烘干后的集料进行检验。

（3）粗集料的粒径规格应符合规范的规定。

（4）采石场在生产过程中必须彻底清除覆盖层及泥土夹层。生产碎石用的原石不得含有土块、杂物，集料成品不得堆放在泥土地上。

（5）除 SMA、OGFC 路面外，允许在硬质粗集料中掺加部分较小粒径的磨光值达不到要求的粗集料，其最大掺加比例由磨光值试验确定。

（6）当使用不符合要求的粗集料时，宜掺加消石灰、水泥或用饱和石灰水处理后使用，必要时可同时在沥青中掺加耐热、耐水、长期性能好的抗剥落剂，也可采用加入改性沥青的措施，使沥青混合料的水稳定性检验达到要求。掺加外加剂的剂量由沥青混合料的水稳定性检验确定。

（7）破碎砾石应采用粒径大于 50mm、含泥量不大于 1% 的砾石轧制，破碎砾石的破碎面应符合规范的要求。

（8）筛选砾石仅适用于三级及三级以下沥青表面处治路面。

（9）经过破碎且存放期超过 6 个月以上的钢渣可作为粗集料使用，除吸水率允许适当放宽外，各项质量指标应符合规范的要求。钢渣在使用前应进行活性检验，要求钢渣中的游离氧化钙含量不大于 3%，浸水膨胀率不大于 2%。

3. 细集料

（1）沥青路面的细集料包括天然砂、机制砂、石屑。细集料必须由具有生产许可证的采石场、采砂场生产。

（2）细集料应洁净、干燥、无风化、无杂质，并有适当的颗粒级配。细集料的洁净程度，天然砂以小于 0.075 mm；含量的百分数表示，石屑和机制砂以砂当量（适用于 0～4.75 mm）或亚甲蓝值（适用于 0～2.36 mm 或 0～0.15 mm）表示。

（3）天然砂可采用河砂或海砂，通常宜采用粗、中砂，其规格应符合规范的规定，砂的含泥量超过规定时应水洗后使用，海砂中的贝壳类材料必须筛除。开采天然砂必须取得当地政府主管部门的许可，并符合水利及环境保护的要求。热拌密级配沥青混合料中，天然砂的用量通常不宜超过集料总量的 20%，SMA 和 OGFC 混合料不宜使用天然砂。

（4）石屑是采石场破碎石料时通过 4.75mm 或 2.36mm 的筛下部分。采石场在生产石屑的过程中应具备抽吸设备，高速公路和一级公路的沥青混合料宜将 S14 与 S16 组合使用，S15 可在沥青稳定碎石基层或其他等级道路中使用。

（5）机制砂宜采用专用的制砂机制造，并选用优质石料生产，其级配应符合 S16 的要求。

4. 填料

（1）沥青混合料的矿粉必须采用石灰岩或火成岩中的强基性岩石等憎水性石料经磨细得到的矿粉，原石料中的泥土杂质应除净。矿粉应干燥、洁净，能自由地从矿粉仓流出。

（2）拌和机的粉尘可作为矿粉的一部分回收使用。但每盘用量不得超过填料总量的 25%，掺有粉尘填料的塑性指数不得大于 4%。

（3）粉煤灰作为填料使用时，用量不得超过填料总量的 50%，粉煤灰的烧失量应小于 12%，与矿粉混合后的塑性指数应小于 4%，其余质量要求与矿粉相同。高速公路、一级公路的沥青面层不宜采用粉煤灰做填料。

5. 纤维稳定剂

（1）纤维应在 250℃ 的干拌温度下不变质、不发脆，使用纤维必须符合环保要求，不危害身体健康。纤维必须在混合料拌和过程中能充分分散均匀。

（2）矿物纤维宜采用玄武岩等矿石制造，易影响环境及造成人体伤害的石棉纤维不宜直接使用。

（3）纤维应存放在室内或有棚盖的地方，松散纤维在运输及使用过程中应避免受潮，不结团。

（4）纤维稳定剂的掺加比例以沥青混合料总量的质量百分率计算，通常情况下用于 SMA 路面的木质素纤维不宜低于 0.3%，矿物纤维不宜低于 0.4%，必要时可适当增加纤维用量。纤维掺加量的允许误差宜不超过 ±5%。

二、沥青混合料组成设计

（一）混合料组成设计的目标

高等级公路路面面层，为汽车提供安全经济、舒适的服务，并直接承受汽车荷载的作用和自然因素的影响。因此，铺筑面层所用混合料的组成设计必须考虑温度稳定性、耐久性、抗滑稳定性、抗疲劳特性及工作度（亦称施工和易性）等问题。

1. 高温稳定性

沥青混合料的强度和抗变形能力随温度的变化而变化。温度升高时，沥青的黏滞度降低，矿料之间的黏结力削弱，导致强度与抗变形能力降低。因此，高温季节，在行车荷载的重复作用下，路面易出现车辙、波浪、推移等病害。

目前中国采用马歇尔试验的稳定度和流值来评价沥青混合料的高温稳定性。研究表明，马歇尔稳定度和流值指标与沥青混合料的高温稳定性有一定的相关性。同时，试验设备和方法较为简单，便于现场质量控制，因此马歇尔法被广泛采用。

此外，还有采用维姆稳定度、三轴试验等方法。三轴试验方法是一种比较完善的方法，它可以较为详尽地分析沥青混合料组成与力学性质之间的关系，同时由于它的受力状态与沥青混合料在路面中的受力状态比较接近，所得试验结果与使用情况有较好的相关性。但试验仪器和操作方法较为复杂，目前仅用于沥青混合料的研究，很少直接应用于生产。

2. 低温抗裂性

随着温度的降低，沥青的黏滞度增高、强度增大，但变形能力降低，并出现脆性破坏。气温下降时特别是在急骤下降时，沥青层受基层的约束而不能收缩，产生很大的温度应力，若累计温度应力超过沥青混合料的极限抗拉强度，路面便产生开裂。

目前对沥青混合料低温抗裂性采用开裂温度预估、变形对比和开裂统计法评定。开裂温度预估是通过某温度时沥青路面产生的拉应力与沥青混合料的抗拉强度的对比来预估路面的开裂温度，从而判断其低温缩裂的可能性。变形对比分析是根据沥青面层的相对延伸率与沥青混合料的极限相对延伸率对比，以判断沥青混合料的抗裂性。开裂统计法是通过野外调查研究，建立低温开裂指数与各种因素的统计关系，进而进行抗裂性的评定。

3. 耐久性

在自然因素的长期作用下，要保证路面具有较长的使用年限，必须具备较好的耐久性。耐久性差的沥青混合料常会引起路面过早出现裂缝、沥青膜剥落、松散等病害。沥青混合料的空隙率影响沥青路面的耐久性，一般沥青混合料中应残留3%～6%空隙（或以饱水率2%～4%计）。

中国旧规范曾采用水稳定性系数来反映耐久性。沥青混合料的水稳定性系数是以真空饱水后抗压强度降低的百分率来表示的。现行规范改为马歇尔试验法后，采用空隙率（或饱水率）、饱和度（沥青填隙率）和残留稳定度等指标来表示耐久性。

4. 抗滑性

高等级公路的发展，对沥青混合料的抗滑性提出了更高要求。沥青混合料路面的抗滑性与矿料的微表面性质混合料的级配组成以及沥青混合料用量等因素有关。

5. 抗疲劳性

抗疲劳性是沥青混合料抵抗荷载重复作用的能力。通常把沥青混合料出现疲劳破坏时的重复应力值称为疲劳强度，相应的重复作用次数称为疲劳寿命，把可以承受无限次重复荷载循环而不发生疲劳破坏的应力值称为疲劳极限。

6. 工作度（施工和易性）

工作度是指沥青混合料摊铺和碾压工作的难易程度。工作度良好的混合料容易进行摊铺和碾压。影响沥青混合料工作度的因素很多，诸如当地气温、施工条件以及混合料性质等。

（二）沥青混合料组成设计的方法

沥青混合料组成设计内容包括确定沥青混合料材料品种、混合料类型、矿料最优级配、最佳沥青用量。在工程实践中，高速公路和一级公路的热拌沥青混合料配合比设计包括实验室目标配合比设计、施工阶段的生产配合比设计及生产配合比验证三个阶段。

1. 实验室目标配合比设计

（1）设计任务

根据公路性质、交通量、路用性能要求筑路材料、当地气候条件、施工技术水平等选择原材料，确定混合料类型、矿料级配类型和最佳沥青用量。具体设计时用工程实际使用的材料计算各种材料的用量比例后配合成符合规范要求的矿料级配，进行马歇尔试验，确定最佳沥青用量。此矿料级配及沥青用量作为目标配合比，供拌和机确定各冷料仓的供料比例、进料速度及试拌使用。

（2）设计流程

1）首先确定采用粗型（C型）或细型（F型）的混合料。对于夏季气温较高、高温持续时间长、重载交通多的路段，宜采用粗型密级配沥青混合料（AC-C型），并取较高的设计空隙率；对于冬季气温较低或重载交通较少的路段，宜选用细型密级配沥青混合料（AC-F型），并取较小的设计空隙率。

2）为确保高温抗车辙能力，同时兼顾低温抗裂性能的要求，配合比设计时宜适当减少公称最大粒径附近的粗集料用量，减少0.6 mm以下部分细粉的用量，增加中档粒径集料的用量以形成S形级配曲线，并取中等或偏高的设计空隙率。

3）确定工程设计级配范围应考虑混合料所在路面层位的功能要求，经组合设计的沥青路面应能满足耐久稳定、密水、抗滑等要求。

4）根据公路等级和施工设备的控制水平确定的级配范围应比规范级配范围窄，其中4.75 mm和2.36 mm通过率的上下限差应小于12%。

5）沥青混合料的配合比设计应充分考虑施工性能，使沥青混合料容易摊铺和压实，避免造成严重的离析现象。

（3）矿料配合比设计

在实际工程中，常常需要用两种或两种以上具有不同级别的原材料掺配后才能得到符合既定级配要求的矿质集料，即对矿料进行配合比设计。

（4）马歇尔试验

以预估的沥青用量为中值，按一定间隔取 5 个或 5 个以上不同的沥青用量分别制成马歇尔试件。每组试件的数量按试验规程要求确定，对粒径较大的沥青混合料应增加试件数量。首先，测定马歇尔击实试件的毛体积相对密度、吸水率；然后计算沥青混合料试件的空隙率、矿料间隙率有效沥青的饱和度等体积指标；最后进行马歇尔试验，测定马歇尔稳定度和流值。

（5）最佳沥青用量的调整

在上述试验和计算结果的基础上，根据实践经验、公路等级、气候条件、交通情况来调整最佳沥青用量。

1）调查与当地各项条件接近的工程的沥青用量和使用效果，论证适宜的最佳沥青用量。检查计算确定的最佳沥青用量是否接近，若相差甚远应查明原因，必要时重新调整级配，再进行配合比设计。

2）对于炎热地区公路、高速公路、一级公路重载交通路段以及山区公路的长陡路段，预计可能产生较大车辙时，宜在空隙率符合要求的范围内将计算的最佳沥青用量减小 0.1% ~ 0.5% 作为设计沥青用量。此时，除空隙率外的其他指标如超出马歇尔配合比设计技术标准，在配合比设计报告或设计文件中必须说明，并要求必须采用重型轮胎压路机和振动压路机组合等方式加强碾压，以使施工后路面的空隙率达到未调整前的最佳沥青用量时的水平，且渗水系数符合要求。若试验路段达不到上述要求，应调整减少沥青用量的副度。

3）对于寒区公路、旅游区公路、交通量较小的公路，最佳沥青用量可以在前述计算 OAC 的基础上增加 0.1% ~ 0.3%，以适当减小空隙率，但不降低压实标准。

（6）配合比设计检验

用于高速公路、一级公路的密级配沥青混合料，需在上述配合比设计的基础上进行各种使用性能的检验。不符合要求的沥青混合料，必须更换材料或重新进行配合比设计。检验项目包括高温稳定性检验、水稳定性检验、低温抗裂性能检验、渗水系数检验。公称最大粒径等于或小于 1mm 的混合料，按规定方法进行车辙试验和低温弯曲试验。

（7）配合比设计报告

沥青混合料配合比设计报告内容包括工程设计级配范围选择说明材料品种选择与原材料质量试验结果、矿料级配、最佳沥青用量以及各项体积指标、配合比检验结果等，矿料级配曲线应按照规定的方法绘制。

2. 生产配合比设计阶段

对间歇式拌和机，必须对二次筛分后进入各热料仓的材料取样进行筛分，以确定各热料仓的材料比例、供拌和机控制室使用。同时反复调整冷料仓进料比例以达到供料均衡，并取目标配合比设计的最佳沥青用量、最佳沥青用量 ±0.3% 的三种沥青用量进行马歇尔试验，最终确定生产配合比的最佳沥青用量。

3. 生产配合比验证阶段

拌和机采用生产配合比进行试拌，铺筑试验路段，并用所拌和的沥青混合料及路上钻取的芯样进行马歇尔试验检验，由此确定生产用的标准配合比。生产过程中，当进场材料发生变化，沥青混合料的矿料级配、马歇尔试验技术指标不符合要求时，应及时调整配合比，使沥青混合料的质量符合要求并保持相对稳定，必要时重新进行配合比设计。

三、冷拌沥青混合料路面施工

（一）基本要求

冷拌沥青混合料适用于三级及三级以下公路的沥青面层，也可用于二级公路的罩面层以及各级公路沥青路面的基层、连接层或整平层。在养护工程中，冷拌改性沥青混合料可用于沥青路面的坑槽冷补。

冷拌沥青混合料所采用的结合料包括乳化沥青、液体沥青和改性乳化沥青等。结合料的类型与型号、标号都应根据公路等级、交通特点、气候、水温状况、施工季节、施工机具等各种因素参照规范规定，精心选择。冷拌沥青混合料宜采用密级配沥青混合料，当采用半开级配的冷拌沥青碎石混合料路面时应铺筑上封层。

（二）冷拌沥青混合料路面施工

冷拌沥青混合料应具有良好的施工和易性，混合料的拌和、运输、摊铺都在乳液破乳前完成。在拌和与摊铺过程中已破乳的混合料，应予以废弃。袋装乳化沥青混合料应加入适宜的稳定剂，以防提前破乳；包装应密封，存放时间不得超出乳液的存放时间。乳化沥青混合料宜采用拌和厂机械拌和及沥青摊铺机摊铺的方式。混合料摊铺后应立即碾压。通常先用 6t 左右的轻型压路机初压 1～2 遍，使混合料初步稳定，再用轮胎压路机或钢筒式压路机碾压 1～2 遍。当乳化沥青开始破乳、混合料由褐色转变成黑色时，改用 12～15t 轮胎压路机碾压，将水分挤出，复压 2～3 遍后停止，待晾晒一段时间，水分基本蒸发后继续复压全密实为止。当压实过程中有推移现象时应停止碾压，待稳定后再碾压。当天不能完全压实时，可在较高气温状态下补充碾压。当缺乏轮胎压路机时，也可采用钢筒式压路机或较轻的振动压路机碾压。乳化沥青混合料路面的上封层应在压实成型、路面水分完全蒸发后加铺。施工结束后宜封闭交通 2～6h，并注意做好早期养护。如施工遇雨应立即停止铺筑，以防雨水将乳液冲走。

（三）冷补沥青混合料

用于修补沥青路面坑槽的冷补沥青混合料宜采用适宜的改性沥青结合料制造，并具有良好的耐水性。冷补沥青混合料的集料必须符合规范对热拌沥青混合料集料的质量要求。冷补沥青混合料有良好的低温操作和易性。用于冬季寒冷季节补坑的混合料，应在松散状态下经 −10℃ 的冰箱保持 24h 无明显的凝聚结块现象，且能用铁铲方便地拌和操作。冷补沥青混合料应有足够的粘聚性，马歇尔试验稳定度宜不小于 3kN。

第二节 水泥混凝土路面施工技术

一、水泥混凝土路面原材料施工技术

（一）水泥

水泥属于水硬性无机胶凝材料，是公路工程的主要材料之一。按不同类别以水泥的主要水硬性矿物、混合材料、用途和主要特性进行水泥的命名，力求简明准确。公路工程中使用的水泥对其化学性质和物理性质有较高的要求，水泥中的氧化镁含量不得超过5%，三氧化硫含量不得超过3%，抗压强度和抗折强度要符合国家标准。水泥按照水泥砂浆试件3d、28d的强度分不同分级，水泥的强度等级分为32.5级、32.5R级、42.5级、42.5R级、52.5级、52.5R级等。公路工程主要使用硅酸盐类水泥中的五种通用水泥，即硅酸盐水泥、普通硅酸盐水泥、矿渣硅酸盐水泥、火山灰质硅酸盐水泥和粉煤灰硅酸盐水泥；路面工程还会用道路硅酸盐水泥。

（二）水泥混凝土

水泥混凝土具有可浇性、经济、耐用、耐热、能效高、现场制作、艺术性、能耗低、原料丰富、可就地取材等优点。但水泥混凝土也有抗拉强度低、韧性差、体积不稳定、强度重量比值低等缺点。用于公路工程施工的混凝土主要有桥涵水泥混凝土和道路水泥混凝土。

（三）混凝土外加剂

1. 特性。混凝土外加剂是在混凝土制作过程中加入的一种少量甚至微量材料，其使得混凝土在施工、硬化过程中或硬化后具有某些新的特性。

2. 分类。混凝土外加剂按其主要功能分为四类：

（1）改善混凝土拌和物流变性能的外加剂——各种减水剂、引气剂和泵送剂等。

（2）调节混凝土凝结时间、硬化性能的外加剂——早强剂、缓凝剂和速凝剂等。

（3）改善混凝土耐久性的外加剂——引气剂、防水剂和阻锈剂等。

（4）改善混凝土其他性能的外加剂——加气剂膨胀剂、防冻剂、着色剂、防水剂和泵送剂等。

二、水泥混凝土路面施工方法

水泥混凝土路面，包括普通混凝土（素混凝土）、钢筋混凝土、连续配筋混凝土、预应力混凝土、装配式混凝土、钢纤维混凝土和混凝土小块铺砌等面层板和基（垫）层所组成的路面。

目前采用最广泛的是就地浇筑的普通混凝土路面，简称混凝土路面。所谓普通混凝土路面，是指除接缝区和局部范围（边缘和角隅）外不配置钢筋的混凝土路面。

水泥混凝土路面具有强度高、稳定性好、耐久性好、养护费用少、有利于夜间行车、有利于带动当地建材业的发展等优点，但对水泥和水的需要量大且存在有接缝、开放交通较迟、修复困难等缺点。

水泥混凝土面层铺筑的技术方法有小型机具铺筑、滑模机械铺筑、轨道摊铺机铺筑、三辊轴机组铺筑和碾压混凝土等方法。

（一）模板及其架设与拆除

施工模板应采用刚度足够的槽钢、轨模或钢制边侧模板，不应使用木模板、塑料模板等易变形模板；支模前在基层上应进行模板安装及摊铺位置的测量放样，核对路面标高、面板分板、胀缝和构造物位置；纵横曲线路段应采用短模板，每块横板中点应安装在曲线切点上；模板安装应稳固、平顺、无扭曲，应能承受摊铺、振实、整平设备的负载行进，冲击和振动时不发生位移。模板与混凝土拌合物接触表面应涂脱模剂；模板拆除应在混凝土抗压强度不小于 8.0 MPa 时方可进行。

（二）混凝土拌合物搅拌

搅拌楼的配备，应优先选配间歇式搅拌楼，也可使用连续搅拌楼。

每台搅拌楼在投入生产前，必须进行标定和试拌。在标定有效期满或搅拌楼搬迁安装后，均应重新标定。施工中应每 15d 校验一次搅拌楼计量精确度。搅拌楼配料计量偏差不得超过规定，不满足时，应分析原因，排除故障，确保拌和计量精确度。采用计算机自动控制系统的搅拌楼时，应使用自动配料生产，并按需要打印每天（周、旬、月）对应路面摊铺桩号的混凝土配料统计数据及偏差。

应根据拌合物的粘聚性、均质性及强度稳定性试拌确定最佳拌和时间。

外加剂应以稀释溶液加入，其稀释用水和原液中的水量，应从拌和加水量中扣除。

拌和引气混凝土时，搅拌楼一次拌和量不应大于其额定搅拌量的 90%。纯拌和时间应控制在含气量最大或较大时。

（三）混凝土拌合物的运输

1. 应根据施工进度、运量、运距及路况，选配车型和车辆总数。总运力应比总拌和能力略有富余。确保新拌混凝土在规定时间内运到摊铺现场。

2. 运输到现场的拌合物必须具有适宜摊铺的工作性。不同摊铺工艺的混凝土拌合物从搅拌机出料到运输、铺筑完毕的允许最长时间应符合时间控制的规定。不满足时应通过试验、加大缓凝剂或保塑剂的剂量。

3. 混凝土运输过程中应防止漏浆、漏料和污染路面，途中不得随意耽搁。自卸车运输应减小颠簸防止拌合物离析。车辆起步和停车应平稳。

（四）轨道式摊铺机进行混凝土面层铺筑

高速公路混凝土路面施工根据具体条件可使用轨道式摊铺机进行施工。一级公路、二级公路、三级公路混凝土路面施工应使用轨道式摊铺机进行施工。

1. 准备工作

（1）提前做好模板的加工与制作：制作数量应为摊铺机摊铺能力的 1.5～2.0 倍模板数量以及相应的加固固定杆和钢钎。

（2）测量放样：恢复定线，直线段每 20 m 设一中桩，弯道段每 5～10m 设一中桩。经复核无误后，以恢复的中线为依据，放出混凝土路面浇筑的边线桩，用 3 寸长铁钉，直线每 10m 一钉，弯道每 5m 一钉。对每一个放样铁钉位置进行高程测量，并计算出与设计高程的差值，经复核确认后，方可架设导线。

（3）导线架设：在距放样铁钉 2 cm 左右处，钉打钢钎（以不扰动铁钉为准）长度约 45 cm，打入深度以稳固为宜。进行抄平测量，在钢钎上标出混凝土路面的设计标高位置线（可用白粉笔）应准确为 +2 mm。然后将设计标高线用线绳拉紧拴系牢固，中间不能产生垂度，不能扰动钢钎，位置要正确。

（4）模板支立：依导线方向和高度立模板，模板顶面和内侧面应紧贴导线，上下垂直，不能倾斜，确保位置正确。模板支立应牢固，保证混凝土在浇筑振捣过程中，模板不会位移、下沉和变形。模板的内侧面应均匀涂刷脱模剂，不能污染环境和传力杆钢筋以及其他施工设备。安装拉杆钢筋时，其钢筋间距和位置要符合设计要求、安装牢固，保证混凝土浇筑后拉杆钢筋应垂直中心线与混凝土表面平行。

（5）铺设轨道：轨道可选用 12 型工字钢或 12 型槽钢，一般只需配备 4 根标准工字钢长度即可，向前倒换使用，并应将工字钢或槽钢固定在 0.5 m×0.15 m×0.15 m 的小型枕木上，枕木间距为 1m。轨道应与中心线平行，轨道顶面与模板顶面应为一个固定差值，轨道与模板间的距离应保持在一个常数不变。应保证轨道平稳顺直，接头处平滑不突变。

（6）摊铺机就位和调试：每天摊铺前，应将摊铺机进行调试，使摊铺机调试为与路面横坡度相同的倾斜度。调整混凝土刮板至模板顶面路面设计标高处，检查振捣装置是否完好和其他装置运行是否正常。

2. 混凝土摊铺注意事项

（1）摊铺前应对基层表面进行洒水润湿，但不能有积水。

（2）混凝土入模前，先检查坍落度，控制在配合比要求坍落度 20～40mm 范围内，制作混凝土检测抗压抗折强度的试件。

（3）摊铺过程中，间断时间应不大于混凝土的初凝时间。

（4）摊铺现场应设专人指挥卸料，应根据摊铺宽度厚度，每车混凝土数量均匀卸料，严格掌握，不能亏料，可适当略有富余，也不能太多，防止被刮到模板以外。

（5）摊铺过后，对拉杆要进行整理，保证拉杆平行与水平，同时要用铝合金直尺进行平整度初查，确保混凝土表面平整、不缺料。

（6）每日工作结束后，施工缝宜设在胀缝或缩缝处，按胀缝和缩缝要求处治。因机械故障或其他原因中断浇筑时，可设临时工作缝，宜设在缩缝处按缩缝处理。

（7）当摊铺到胀缝位置时，应按胀缝设计要求设置胀缝和安装传力杆，传力杆范围内的混凝土可用人工振实和整平。如继续浇筑，摊铺机需跳开一块板的长度开始进行，留下部分待模板拆除并套上塑料套后用人工摊铺振捣成型。

（8）摊铺机在摊铺时，两侧应各设1名辅助操作员，保证摊铺机运行安全和摊铺质量。

（五）混凝土振捣

混凝土振捣即小型机具施工。在待振横断面上，每车道路面应使用两根振捣棒，组成横向振捣棒组，沿横断面连续捣密实，并应注意路面板底、内部和边角处不得漏振。

振捣棒在每一处的持续时间，应以拌合物全面振动液化，表面不再冒气泡和泛水泥浆为限，不宜过振，也不宜少于30s。振捣棒的移动间距不宜大于500 mm；至模板边缘的距离不宜大于200 mm。应避免碰撞模板、钢筋、传力杆和拉杆。

在振捣棒已完成振实的部位，可开始振动板纵横交错两遍，全面提浆振实，每车道路面应配备1块振动板。

振动板移位时，应重叠100～200mm，振动板在一个位置的持续振捣时间不应少于15s。振动板需由两人提位振捣和移位，不得自由放置或长时间持续振动。移位控制以振动板底部和边缘泛浆厚度（3±1）mm为限。

缺料的部位，应铺以人工补料找平。

振动梁振实，每车道路面宜使用1根振动梁。振动梁应具有足够的刚度和质量，振动梁应垂直路面中线沿纵向拖行，往返2～3遍，使表面泛浆均匀平整。

第三章　桥梁下部结构施工技术

桥梁上部结构承受的各种荷载通过桥台或桥墩传至基础，再由基础传至地基。基础是桥梁下部结构的重要组成部分，因此基础工程在桥梁结构物的设计与施工中占有极为重要的地位，对结构物的使用安全和工程造价有很大的影响。

桥梁基础施工按施工方法可分为明挖基础施工、钻孔灌注桩基础施工、沉井基础施工、墩台及盖梁施工。

第一节　明挖基础施工

明挖基础是将基础底板设在直接承载地基上，来自上部结构的荷载通过基础底板直接传递给承载地基。其施工方法通常采用明挖方式进行，是一种直接敞坑开挖，就地浇筑的浅基础形式。由于其施工简便、造价低，因此只要在地质和水文条件许可的情况下，都应优先选用此种施工方法。

明挖基础适用于无水、少水或浅水河流处的基础工程，可采用人工开挖或机械开挖。明挖基础施工中，需重点解决的问题是敞坑边坡的稳定及开挖过程中的排水。

明挖基础适用于浅层土较坚实，且水流冲刷不严重的浅水地区。施工中坑壁的稳定性是必须特别注意的问题。由于它的构造简单、埋深小、施工容易，加上可以就地取材，故造价低廉，被广泛用于中小桥涵及旱桥。我国的赵州桥就是在亚黏土地基上采用了这种桥基。

明挖基础也称扩大基础，是由块石或混凝土砌筑而成的大块实体基础。其埋置深度可较其他类型基础浅，故为浅基础。由于它的构造简单，所用材料不能承受较大的拉应力，故基础的厚宽比要足够大，使之形成所谓的刚性基础，受力时不致产生挠曲变形。为了节省材料，这类基础的立面往往砌成台阶形，平面根据墩台截面形状采用矩形、圆形、T形或多边形等。建造这种基础时多用明挖基坑的方法施工。在陆地开挖基坑时，将视基坑深浅、土质好坏和地下水位高低等因素来判断是否采用坑壁支护结构衬板或板桩。在水中开挖时，则应先筑围堰。

明挖基础施工的主要内容包括基础的定位放样、基坑开挖、基坑排水、基底处理以及砌筑（浇筑）基础结构物等。

一、基础的定位放样

在基坑开挖前，先进行基础的定位放样工作，以便正确地将设计图纸上的基础位置、形状和尺寸在实地标定出来，准确地设置到桥址上。放样工作是根据桥梁中心线与墩台的纵、横轴线推出基础边线的定位点，再放线画出基坑的开挖范围。基坑各定位点的高程及开挖过程中的高程检查，一般采用水准测量的方法进行。

二、基坑开挖

基坑开挖的主要工作有挖掘、出土、支护、排水、防水、清底及回填等。施工时，应根据地质条件、水文条件、基坑开挖深度、开挖所采用的方法和机具等，采用不同的开挖工艺。

基坑在开挖前通常需完成下列准备工作：施工场地的清理，地面水的排除，临时道路的修筑，供电与供水管线的敷设，临时设施的搭建，基坑的放线等。施工场地的清理包括拆除房屋、古墓，拆迁或改建通信设备、电力设备、上下水道及其他建筑物，迁移树木等工作。场地内低洼地区的积水必须排除，同时应注意雨水的排除，使场地保持干燥，以便基坑开挖。

地面水的排除一般采用排水沟、截水沟、挡水土坝等设施。应尽量利用自然地形来设置排水沟，将水直接排至基坑外或流向低洼处，再用水泵抽走。主排水沟最好设置在施工区域的边缘或道路的两旁，其横断面和纵向坡度应根据最大流量确定。排水沟的横断面尺寸一般不小于 0.5m×0.5m，纵向坡度一般不小于 3‰。平坦地区如出水困难，其纵向坡度不应小于 2‰，沼泽地区可降至 1‰。在基坑开挖过程中，要注意保持排水沟畅通，必要时应设置涵洞。基坑开挖时应注意以下事项：

基坑开挖对邻近建筑物或临时设施有影响时，应提前采取安全防护措施；基坑顶面应提前做好地面防水、排水设施；基坑开挖时，不得采用局部开挖深坑或从底层向四周掏土；基坑顶有动荷载时，坑口边缘与动荷载间的安全距离应根据基坑深度、坡度、地质和水文条件及动荷载大小等情况确定，且不应小于 1.0m；在土石松动地层或粉砂、细砂层中开挖基坑时，应先做好安全防护措施；当基坑开挖需要爆破时，应按有关规定执行；土质松软层基坑开挖时必须进行支护；基坑开挖时，应观测坡面稳定情况。当发现坑沿顶面出现裂缝、坑壁松塌或遇涌水、涌砂时，应立即停止施工，加固处理后方可继续施工。

1. 土方边坡及其稳定

（1）土方边坡

为了防止塌方，保证施工安全，在开挖深度超过一定限度时，均应在其边沿做成一定坡度的边坡。

根据各层土质及土体所受的压力，土方边坡可做成直线形、折线形和台阶形。合理地选择基坑边坡形式是减少土方量的有效措施。

（2）边坡的稳定

基坑边坡的稳定主要由土体内土颗粒之间的摩擦阻力和内聚力，使土体具有一定的抗滑力来保持。当土体的下滑力大于抗滑力时，边坡就会失去稳定而发生滑动。这种滑动一般在一定范围内表现为整体沿某一滑动面向下和向外移动。一旦失去平衡，土体就会塌方，不仅会造成人身安全事故，影响工期，有时还会危及邻近建筑物的安全。

基坑边坡的失稳往往是在外界不利因素影响下触发和加剧的。这些外界不利因素往往会导致土体剪应力的增加或抗剪强度的降低。

引起土体剪应力增加的因素主要有：

1）坡顶上堆积物、行车等荷载；

2）雨水或地面水渗入土中，使土中的含水量增加，造成土的自重增加；

3）地下水的渗流会产生一定的动水压力；

4）土体竖向裂缝中的积水会产生侧向静水压力；

5）边坡过陡，土体本身稳定性不够。

引起土体抗剪强度降低的因素主要有：

1）土质本身较差或因气候影响而使土质松软；

2）土体内含水量增加使土体内聚力降低，产生润滑作用；

3）饱和的细砂、粉砂因受振动而液化等。

2. 基坑开挖方式

基坑开挖方式与基础的埋置深度、地质土的性质、施工周期的长短有关，可分为直立壁开挖、放坡开挖、支护开挖。基坑开挖方式按基坑所处的环境可分为陆地基坑开挖和水中基础的基坑开挖两种。

（1）陆地基坑开挖

陆地基坑开挖主要以施工机械为主，局部采用人工配合。常用的机械多为位于坑顶的由吊机操纵的挖土斗、抓土斗等；遇开挖工作量特别大的基坑，还常用铲式挖土机、铲运机、倾卸车等。桥梁墩台基坑采用机械挖土，距基底设计标高约0.3m厚的最后一层土，需用人工来挖除、修整，以保证地基土结构不受破坏。

基坑应避免超挖，已经超挖或松动部分，应将松动部分清除。挖至标高的土质基坑不得长期暴露、扰动或浸泡，应及时检查基坑尺寸、高程、基底承载力，符合要求后，应立即砌筑基础。

如基坑开挖后坑壁能保持稳定不坍塌，可不加支护。但实际上因坑深土松，甚至还有地下水或坑顶荷载，故需要进行支护。基坑围护的形式与土质及地下水的高低有着密切关系。基坑开挖过程中，根据土质条件和水位情况对坑壁可采用无支护或有支护的开挖方法。

1）无支护基坑

当基坑较浅、地下水位较低或渗水量较少，不影响坑壁稳定时，坑壁可不加支护。采用垂直开挖和放坡开挖两种施工方法，将坑壁挖成竖直或斜坡形。竖直坑壁只适宜在岩石地基或基坑较浅又无地下水的硬黏土中采用。在一般土质条件下开挖基坑时，应采用放坡开挖的方法。

基坑开挖的深度一般稍大于基础埋深，视对基底处理的要求而定。基坑尺寸要比基底尺寸每边扩大 0.5～1.0m，以便设置排水沟及支立模板和砌筑等工作的开展。

基坑坑壁坡度应按地质条件、基坑深度、施工方法等情况确定。

当土的湿度较大可能引起坑壁坍塌时，坑壁坡度应适当放缓。

基坑开挖时，基坑顶面应设置防止地面水流入基坑的设施；基坑顶面有动荷载时，其边缘与动荷载之间应留有大于 1.0m 宽的护道。当工程地质和水文条件不良或动荷载较大时，应加宽护道或采取加固措施，以增强边坡的稳定性。当基坑深度大于 5m 时，可将坑壁坡度适当放缓或加设平台。

2）有支护基坑

当地下水位高于基底且渗透量大，影响坑壁稳定，坡度不宜保持，放坡开挖工作量过大，不符合多、快、好、省的要求，基坑较深，土方量大，施工期较长，受施工场地限制或邻近有建筑物，不能采用放坡开挖时，可采用坑壁支护进行加固施工。

加固坑壁常用的支护形式有：挡板支撑、混凝土护壁（喷射或支模现浇）支撑、板桩墙支撑和地下连续壁支撑等。

①挡板支撑

挡板支撑适用于开挖面积不大、地下水位较低、挖基深度较小的基坑，适用于中、小桥和涵洞基坑开挖。

挡板支撑形式可分为竖挡板式坑壁支撑、横挡板式坑壁支撑、框架式支撑，其他形式的支撑（如锚桩式、斜撑式或锚杆式支撑）。

②喷射混凝土护壁支撑

喷射混凝土护壁支撑宜用于土质较稳定、渗水量不大、深度小于 10m、直径为 6～12m 的圆形基坑。对于有流沙或淤泥夹层的土质，也有使用成功的实例。

喷射混凝土护壁支撑的基本原理是以高压空气为动力，将搅拌均匀的砂、石、水泥和速凝剂干料由喷射机经输料管吹送到喷枪。在通过喷枪的瞬间加入高压水进行混合，自喷嘴射出喷射在坑壁上，形成环形混凝土护壁结构，以承受土压力。喷射混凝土护壁支撑的施工特点是：在基坑开挖限界内，先向下挖一段土，随即用混凝土喷射机喷射一层含速凝剂的混凝土（速凝剂掺入量可为水泥用量的 3%～4%），以保护坑壁，然后向下逐段挖深喷护。每段一般为0.5~1.0m，视土质情况而定。

喷护基坑的直径为10m左右，挖深一般不超过10m。砂土类、黏土类、粉土及碎石土的地质均可使用。喷射混凝土的厚度依地质情况和有无渗水而不同，可取3~8cm（碎石类土，无渗水）至10~15cm（砂类土、无渗水）。对于有少量渗水的基坑，混凝土应适当加厚3cm左右。喷层厚度可按静水压力计算，设坑壁为圆形，截面均匀受力计算强度。

采用喷射混凝土护壁支撑的基坑，无论基础外形如何，均应采用圆形，以改善坑壁受力状态。但是地质稳定，挖深在5m以内时，也可按基础的矩形开挖。

③现浇混凝土围圈护壁支撑

采用现浇混凝土围圈护壁支撑时，基坑应自上而下分层垂直开挖，开挖一层后随即灌注一层混凝土壁。为防止已浇筑的围圈混凝土因施工时失去支承而下坠，顶层混凝土应一次整体浇筑，以下各层均间隔开挖和浇筑，并将上、下层混凝土纵向接缝错开。开挖面应均匀分布、对称施工，及时浇筑混凝土壁支护，每层坑壁无混凝土壁支护的总长度应不大于周长的一半。分层高度以垂直开挖面不坍塌为原则，一般顶层高2m左右，以下各层高1~1.5m。围圈混凝土应紧贴坑壁土灌注，不用外模。内模可制成圆形或内接多边形。施工中注意使层、段间各接缝密贴，防止其间夹有泥土、浮浆等影响围圈的整体性。和喷射混凝土护壁一样，围圈护壁要防止地面水流入基坑，避免在坑顶周围土的破坏棱体范围内有不均匀附加荷载。

目前，也有采用混凝土预制块分层砌筑来代替就地灌注混凝土围圈的情况。它的优点是省去现场混凝土灌注和养护时间，使开挖和支护砌筑连续不间断地进行，且围圈混凝土质量容易得到保证。

④板桩墙支撑

当基础平面尺寸较大、深度较大、基坑底面标高低于地下水位且渗水量较大时，可用防渗性能较好的板桩墙做支撑，以维护坑壁的稳定性。它的特点是在基坑开挖前先将板桩垂直打入土中，至坑底以下一定深度，然后边挖边设支撑，基坑开挖过程始终在板桩墙的支护下进行。

板桩有木板桩和钢板桩。木板桩在打入砂砾土层时，桩尖应安装铁桩靴。钢板桩由于强度大，能穿过较坚硬的土层，锁口紧密不易漏水，还可焊接加长重复使用，所以应用较广。

（2）水中基础的基坑开挖

桥梁墩台基础大多位于地表水位以下，有时水流还比较大，而施工时都希望在无水或静止水条件下进行。桥梁水中基础最常用的施工方法是围堰法。在开挖前，必须首先在基坑外围修筑一道临时挡水结构物即围堰，把围堰内的水排干后，再开挖基坑修筑基础。如排水困难，也可在围堰内进行水下挖土，挖至预定高程后灌注水下封底混凝土，然后再抽干水继续修筑基础。

围堰的作用主要是防水和围水，有时还起着支撑施工平台和基坑坑壁的作用。公路桥梁常用的围堰类型有土围堰、草（麻）袋围堰、钢板桩围堰、套箱围堰。围堰的结构形式

和材料应根据水深、流速、地质情况以及通航要求等条件确定。但不论采用哪种围堰,均需满足以下要求:

1)围堰顶面的高程宜高出施工期间可能出现的最高水位(包括浪高)0.5~0.7m,用于防御地下水的围堰宜高出水位或地面0.2~0.4m。

2)围堰的外形应适应水流排泄,大小不应压缩流水断面过多,以免壅水过高而危害围堰安全,以及影响通航、导流等。围堰内形应适应基础施工的要求,并留有适当的工作面积。堰身断面尺寸应保证有足够的强度和稳定性,以使基坑开挖后围堰不致发生破裂、滑动或倾覆。

3)围堰应防水严密,尽量采取措施防止或减少渗漏,以减轻排水工作。对围堰外围边坡的冲刷和筑围堰后引起的河床冲刷,均应有防护措施。

4)围堰施工一般应安排在枯水期进行。

常用的围堰类型如下:

①土围堰和草(麻)袋围堰

土围堰用在水深1.5m以内,流速0.5m/s以下,河床土层不透水或渗水较小的情况。土围堰宜用黏性土或砂夹黏土填筑,断面一般为梯形。

在填筑土围堰之前,应先清理河床上的块石、树枝等杂物,否则可能造成局部渗漏而使堰堤穿孔。

若围堰外流速较大,为保证堰堤不被冲刷,可用草(麻)袋盛土码砌于堰堤边坡,即为草(麻)袋围堰。

此外,还可用竹笼片石围堰和木笼片石围堰做水中围堰。其结构由内、外两层装片石的竹(木)笼和中间填的黏土芯墙组成。黏土芯墙厚度不应小于2m。为避免片石笼对基坑顶部压力过大,并为必要时变更基坑边坡留有余地,竹(木)笼片石围堰内侧一般应距基坑顶缘3m以上。

②钢板桩围堰

钢板桩强度大、防水性能好、穿透力强,不但能穿过砾石、卵石层,也能切入软岩层和风化层,一般在河床水深为4~8m,且为较软岩层时最适用。堰深一般为20m以内。若堰深大于20m,则板桩应适当接长。

钢板桩围堰的平面形状有圆形、矩形和圆端形,施工中结合具体情况选用。在桥梁深基础施工中多用圆形围堰,其受力理想,支撑结构最简单,但占河道面积大。浅基坑多用矩形围堰,其占河道面积小,但受水流冲击力大。

钢板桩围堰施工的基本程序是:施工准备、导框安装、插打与合龙、抽水堵漏及拔桩整理等。

在施工准备过程中,应进行钢板桩的检查、分类、编号,以及钢板桩接长和锁口涂油等工作。钢板桩两侧锁口应用一块同型号长度为2~3m的短桩做通过试验。若锁口通不过或存在桩身弯曲、扭转、死弯等缺陷,均须加以修整。钢板桩接长应采用等强度焊接的方式。当起吊设备条件许可时，可将 2～3 块钢板桩拼成一组组合桩。

钢板桩可逐块（组）插打到底，或全围堰先插合龙，再逐块（组）打入。插打顺序宜由上游分两侧插向下游合龙。钢板桩可用锤击、振动或辅以射水等方法下沉，但在黏土中不宜使用射水方法。锤击时应使用桩帽。采用单动气锤和坠锤打桩时，一般锤重宜大于桩重，质量过小的锤效率不高。振动打桩机是目前打钢板桩较好的机具，其既能打桩又能拔桩，操作简便。钢板桩插打完毕后即可抽水开挖。如围堰设计有支撑，应先撑再抽水，并应检查各节点是否顶紧等，防止因抽水而发生事故。抽水速度不宜过快，并应随时观察围堰的变化情况，发现问题及时处理。

钢板桩围堰的防渗能力较好，但仍有锁口不密、个别桩入土深度不够或桩尖打裂打卷，以致发生渗漏的情况。若锁口不密漏水，可用棉絮等在内侧嵌塞，同时在外侧撒大量木屑或谷糠自行堵塞。

钢板桩拔除前，应先将围堰内的支撑由上而下陆续拆除，并灌水使内、外水压平衡，解除板桩间的挤压力，并与水下混凝土脱离。拔桩可用拔桩机、千斤顶等设备，也可用墩身做扒杆拔桩。当拔桩确有困难时，可以水下切割。

③钢套箱围堰

钢套箱围堰适用于流速较小、覆盖层较薄、透水性较强的沙砾或岩石深水河床，可用于修筑埋置不深的水中基础，也可用作修建桩基承台。

A. 基本构造

钢套箱围堰是利用角钢、工字钢或槽钢等刚性杆件与钢板联结而成的整体无底钢围堰，可制成整体式或装配式，并采取相应措施防止套箱接缝渗漏。

B. 就位下沉

钢套箱可在墩台位置处在用脚手架或浮船搭设的平台上起吊下沉就位。下沉套箱前，应清除河床表面障碍物。随着套箱的下沉，逐步清除河床土层，直至设计标高。当套箱位于岩层上时，应整平基层。若岩面倾斜，则应根据潜水员探测的资料，将套箱底部做成与岩面相同的倾斜度，以增加套箱的稳定性，并减少渗漏。

C. 清基封底

套箱下沉就位后，先由潜水员将套箱脚与岩面间空隙部分的泥砂软层清除干净，然后在套箱脚堆码一圈沙袋，作为封堵砂浆的内模。由潜水员将 1∶1 水泥砂浆轻轻倒入套箱壁脚底与沙袋之间，防止清基时沙砾涌入套箱内。

三、基坑排水

基坑如在地下水位以下，随着基坑的下挖，渗水将不断涌入基坑。施工过程中必须不断地排水，以保持基坑干燥，制造旱地施工条件，便于基坑挖土与基础的砌筑和养护。目前常用的基坑排水方法有表面排水和井点法降低地下水位。

1. 表面排水

表面排水是最简单，也是应用最为普遍的方法。在基坑整个开挖过程及基础砌筑和养护期间，在基坑四周开挖集水沟汇集坑壁及基底的渗水，将其引向一个或数个比集水沟更深的集水坑。集水沟和集水坑应设在基础范围以外。在基坑每次下挖以前，必须先挖集水沟和集水坑。集水坑的深度应大于抽水机吸水龙头的高度，以保证吸水龙头的正常工作。在吸水龙头上套竹筐围护，以防止土石堵塞龙头。

这种排水方法设备简单、费用低，适用于岩石及碎石类土，也适用于渗水量不大的黏性土基坑。

由于抽水会引起流沙现象，造成基坑的破坏和坍塌，因此当地基土为饱和粉细砂土等粘聚力较小的细粒土层时，应避免采用表面排水法。

2. 井点法降低地下水位

井点法适用于地下水位较高、有承压水、挖基较深、坑壁不稳定的粉质土、粉砂类土、细砂类土土质基坑。根据使用设备的不同，井点主要有轻型井点、喷射井点、电渗井点和深井泵井点等多种类型，可根据土的渗透系数、要求降低水位的深度及工程特点选用。

轻型井点降水布置即在基坑开挖前顶先在基坑四周打入（或沉入）若干根井点管，井管下端1.5m左右为过滤管，过滤管上钻有若干直径约2mm的滤孔，外面用过滤层包扎。

各个井点管用集水总管连接并抽水。井点管两侧一定范围内的水位逐渐下降，各井点管相互影响就形成了一个连续的疏干区。在整个施工过程中应保持不断抽水，以保证在基坑开挖和基础砌筑的整个过程中基坑始终保持无水状态。

轻型井点降水的特点是井点管范围内的地下水不从基坑四周边缘和底面流出，而是以相反的方向流向井点管，因而可以避免发生流沙和边坡坍塌现象，流水压力对土层还会有一定的压密作用。在过滤管部分包有铜丝过滤网，以免带走过多的土粒而引发土层潜蚀现象。

3. 帷幕法排水

帷幕法是在基坑边线外设置一圈隔水幕，用以隔断水源，减少渗流水量，防止流沙、突涌、管涌、潜蚀等地下水的作用。其方法有深层搅拌桩隔水墙法、压力注浆法、高压喷射注浆法、冻结帷幕法等，采用时均应进行具体设计并符合有关规定。

四、基底检验及处理

1. 基底检验

基础是隐蔽工程。基坑开挖至设计标高后，在基础浇筑前应按规定对基底进行检验，以确定其是否符合设计要求。

基底检验的主要内容应包括：检查基底的平面位置、尺寸大小、基底标高是否与原设计相符，检查基底地质情况和承载力是否与设计相符，检查基底处理及排水情况是否与施工设计规范相符。

2. 基底处理

天然地基上的浅基础是直接靠基底土来承受荷载的，故基底土质状态的好坏对基础和墩台结构的影响极大。所以基底检验合格后，即要进行基底处理工作。

基底处理应根据地基土的种类、强度和密度，按照设计要求并结合现场情况，采取相应的处理方法。基底处理的范围至少应超出基础之外 0.5m。符合设计要求的细粒土、特殊土基底，修整妥善后应尽快修建基础，不得使基底浸水和长期暴露。

基底处理方法视基底土质而异，一般对细粒土及特殊土地基、粗粒土和巨粒土地基、岩层地基、多年冻土地基、溶洞地基、泉眼地基进行相应的基底处理。

五、基础圬工浇筑

基础砌筑可分为以下三种：无水砌筑、排水砌筑和水下灌注。为了方便施工和保证质量，基础的砌筑应尽可能在干燥无水的状况下进行。当基坑渗漏很小时，可采用排水砌筑。只有当渗水量很大、排水困难时，才采用水下灌注混凝土的方法。基础圬工用料应在挖基完成前准备好，以保证及时砌筑基础，避免基底土质变差。

排水砌筑施工时，应确保在无水状态下砌筑圬工，禁止带水作业及用混凝土将水赶出模板外的灌注方法。基础边缘部分应严密隔水，水下部分圬工必须待水泥砂浆或混凝土终凝后才允许浸水。

基础圬工的水下灌注分为水下封底和水下直接灌注基础两种。

1. 水下混凝土封底再排水砌筑圬工

当坑壁有较好的防水设施（如钢板桩护壁等），但基坑渗漏严重时，可采用水下灌注混凝土封底的方法。待封底混凝土达到强度要求后排水，清除封底混凝土面浮浆，冲洗干净后再砌筑基础圬工。

水下封底混凝土应在基础底面以下。封底只能起封闭渗水的作用，封底混凝土只能作为地基，而不能作为基础。因此，封底混凝土不得侵占基础厚度。水下封底混凝土层的最小厚度由以下条件控制：当围堰作业已封底并抽干水后，板桩同封底混凝土组成一个浮筒，该浮筒的自重应能保证其不浮起；同时，封底混凝土作为周边简支的板，在基底面上水压力的作用下，不致因向上挠曲而折裂。封底混凝土的最小厚度一般为 2.0m 左右。

2. 水下直接灌注混凝土

当今桥梁基础水下混凝土灌注施工中广泛采用的是直升导管法。混凝土经导管输送至坑底，并迅速将导管下端埋没。随后混凝土不断地被输送到被埋没的导管下端，从而迫使先前输送但尚未凝结的混凝土向上和向四周推移。随着基底混凝土的上升，导管也缓慢地向上提升，直至达到要求的封底厚度时停止灌入混凝土并拔出导管。当封底面积较大时，宜用多根导管同时或逐根灌注，按先低处后高处、先周围后中部的次序并保持大致相同的标高进行，以保证混凝土充满基底全部范围。导管的有效作用半径依混凝土的坍落度大小和导管下口超压力的大小而异。

在正常情况下，所灌注的水下混凝土仅其表面与水接触，其他部分的灌注状态与空气中的灌注状态无异，从而保证水下混凝土的质量。至于与水接触的表层混凝土，可在排干水外露时予以凿除。

采用直升导管法灌注水下混凝土时，应注意以下几个问题：

（1）导管应试拼装，球塞应试验通过。施工时严格按试拼时的位置安装。导管试拼后，应封闭两端，充水加压，检查导管有无漏水现象。导管各节的长度不宜过大（一般为1.0~2.0m），联结应可靠又便于装拆，以保证拆卸时中断灌注时间最短。

（2）为使混凝土具有良好的流动性，粗集料粒径以2~4cm为宜。坍落度应采用18~20cm，一般倾向于采用较大值。水泥用量比空气中同等级的混凝土增加20%。

（3）必须保证灌注工作的连续性，在任何情况下不得使灌注工作中断。在灌注过程中，应经常测量混凝土表面的标高，正确掌握导管的提升量。导管下端务必埋入混凝土内，埋入深度一般不应小于0.5m。

（4）水下混凝土的流动半径，主要由混凝土的质量、水头的大小、灌注面积的大小、基底有无障碍物以及混凝土拌和机的生产能力等因素决定。通常流动半径在3~4m范围内就能够保证封底混凝土的表面不会有较大的高差，并具有可靠的防水性。只要处理得当，就可以保证封底混凝土的防水性能。

浇筑基础时，应做好与台身、墩身的接缝联结，一般要求为：

1）对于混凝土基础与混凝土墩身、台身的接缝，周边应预埋直径不小于16mm的钢筋或其他铁件，埋入与露出的长度不应小于钢筋直径的20倍。

2）对于混凝土或浆砌片石墩身、台身的接缝，应预埋片石。片石厚度不应小于15cm，片石的强度要求不低于基础或墩身、台身混凝土或砌体的强度。

当墩台基础砌筑完毕后，应检验其质量和各部位尺寸是否符合设计要求。如无问题，即可进行基坑回填。基坑宜用原土或好土及时回填，每层回填厚度不大于30cm，并应分层夯实。

第二节　钻孔灌注桩基础施工

钻孔灌注桩是指采用不同的钻（挖）孔方法在土中形成一定直径的井孔，达到设计高程后将钢筋骨架（笼）吊入井孔中，再灌注混凝土形成桩基础。

1. 钻孔方法和机具设备

钻孔灌注桩施工的关键是钻孔。钻孔方法可归纳为如下三种类型。

（1）冲击法：用冲击钻机或卷扬机带动冲锤，借助锤头下落产生的冲击力，反复冲击、破碎土石或把土石挤入孔壁中，用泥浆浮起钻渣，或用抽渣筒、空气吸泥机将钻渣排出而形成钻孔。

（2）冲抓法：冲抓锥依靠自重产生冲击力，切入土层或破碎土层，叶瓣抓土、弃土以形成钻孔。

（3）旋转法：用钻机通过钻杆带动锥或钻头旋转切削土壤，用泥浆浮起钻渣并将其排出而形成钻孔。

2. 钻孔灌注桩的施工工艺流程

钻孔灌注桩施工因成孔方法的不同和现场情况各异，施工工艺流程不会完全相同。在施工前要安排好施工计划，编制具体的工艺流程图，作为安排各工序施工操作和进度的依据。

当同时有几个桩位施工时，要注意相互间的配合，避免干扰，并尽可能做到均衡使用机具与劳动力，既要抓紧新钻孔的施工，又要做好已成桩的养护和质量检验工作。

钻孔灌注桩施工的主要工序包括：准备场地、埋设护筒、制备泥浆、钻孔、清底钢筋笼制作与吊装以及灌注混凝土等。下面就其要点做简略介绍。

（1）准备场地

钻孔前要进行准备场地工作，其内容包括：

1）场地为旱地时，应清除杂物，换除软土，整平、夯实；

2）场地为陡坡时，可用枕木、型钢等搭设工作平台；

3）场地为浅水时，宜采用筑岛施工、筑岛面积应根据钻孔方法、设备大小等要求确定；

4）场地为深水或淤泥层较厚时，可搭设工作平台。平台必须牢固、稳定，能承受工作时所有的静、动荷载，并保证施工机械能安全进出。

如水流平稳、水位升降缓慢，全部可在船舶或浮箱上进行，但必须锚固稳定、桩位准确。如流速较大，但河床可以整理平顺，可采用钢桩或钢丝网水泥薄壁浮式沉井，就位后灌水下沉至河床，然后在其顶部搭设工作平台，在其底部安设护筒，在某些情况下，可在钢板桩围堰内搭设钻孔平台。

（2）埋设护筒

钻孔成功的关键是防止孔壁坍塌。当钻孔较深时，地下水位以下的孔壁土在静水压力下会向孔内坍塌，甚至发生流沙现象。钻孔内若能保持比地下水位高的水头，增加孔内静水压力，就能稳定孔壁，防止坍孔。护筒除可起到这个作用外，还有隔离地表水、保护孔口地面固定桩孔位置和钻头导向等作用。

制作护筒的材料有木、钢、钢筋混凝土三种。护筒要求坚固耐用、不漏水，其内径应比钻孔直径大（比旋转钻约大200mm，比潜水钻、冲击锥或冲抓锥约大400mm），每节长度为2～3m。一般常用钢护筒，其在陆上与深水中均能使用，钻孔完成后可拔出重复使用。其底部和周围一定范围内应夯填黏土，借助黏土压力及其隔水作用保持护筒稳定，保护孔口地面。在深水中埋设护筒时，先打入导向架，再用锤击或振动加压沉入护筒，护筒入土深度应视土质与流速而定。护筒平面位置的偏差不得大于50mm，倾斜度不得大于1%。

（3）制备泥浆

钻孔泥浆由水、黏土（膨润土）和添加剂组成，具有浮悬钻渣，冷却钻头，润滑钻具，增大静水压力、在孔壁上形成泥膜、隔断孔内外渗流、防止坍孔的作用。调制的钻孔泥浆及经过循环净化的泥浆，应根据钻孔方法和地层情况采用不同的性能指标。泥浆稠度应视地层变化或操作要求灵活掌握。泥浆太稀则排渣能力弱，护壁效果差；泥浆太稠，则会削弱钻头的冲击功能，降低钻进速度。

通常采用塑性指数大于25、粒径小于0.002mm、颗粒含量大于50%的黏土，通过泥浆搅料机或人工调和储存在泥浆池内，再用泥浆泵输入钻孔内。泥浆泵应有足够的流量，以免影响钻进速度。

大直径深孔采用正循环旋转法施工时，泥浆泵应经过流量和泵压计算来选择。对孔深百米以内的钻孔，一般可采用不小于2MPa的泵压。

（4）钻机就位

测量放样，在护筒周边放出桩位中心十字线，并用红油标识。采用泵吸式反循环成孔工艺成孔，采用钻机本身的动力就位。开始之前注意桩的钻孔和开挖，应在中距5m内的任何混凝土灌桩完成24h后才能开始，以避免干扰邻桩或钻孔过程。钻孔开钻后要连续作业，根据钻孔和地质层合理选择钻进速度；遇地下水后开始向孔内注浆，孔内水头高度保证2m以上。钻头使用三翼圆笼钻锥，用优质泥浆护壁，桩的钻孔应保证各桩之间无影响，成孔前应检查孔的中心位置、垂直度和泥浆指标，钻进过程中要经常检查孔径、垂直度、泥浆指标和成孔速度。如有偏差，应及时调整，保证桩基的成孔质量。

（5）成孔

钻孔灌注混凝土桩的成孔方法不胜枚举，至少有几十种。国内常用的有如下几种方法。

1）正循环旋转法：利用钻具旋转切土体钻进，泥浆泵将泥浆压进泥浆龙头，泥浆通过钻杆中心从钻头处喷入钻孔内，然后挟带钻渣沿钻孔上升，从护筒顶部排浆孔排出至沉淀池。钻渣在此沉淀而泥浆流入泥浆池循环使用。正循环旋转法的特点是钻进与排渣同时连续进行，在适用的土层中钻进速度较快，但需设置泥浆槽、沉淀池等，施工占地面积较大，且机具设备较复杂。

2）反循环旋转法：与正循环旋转法不同的是，泥浆输入钻孔内，然后从钻头的钻杆下口吸进，通过钻杆中心排出至沉淀池内。其钻进与排渣效率较高，但接长钻杆时装卸麻烦，钻渣容易堵塞管路。另外，因泥浆从上向下流动，孔壁坍塌的可能性较正循环旋转法大，为此需用较高质量的泥浆。

3）潜水电钻法：系统旋转电动机及变速装置均经密封后安装在钻头与钻杆之间，潜入水下作业。其特点是钻具简单轻便、易于搬运、噪声小、钻孔效率较高、操作条件也有所改善。但钻机在水中工作时较易发生故障。

4）冲抓锥法：冲抓锥不需钻杆，钻进与提锥卸土均较推钻快。由于锥瓣下落时对土层有一股冲击力，故适用的土质较广。但该法不能钻斜孔；钻孔深度超过20m后，其钻孔进度大为降低；当孔内遇到漂石或探头石时，冲抓较困难，需改用冲击锥钻进。

5）冲击锥法：适用于各类土层。实心锥适用于漂、卵石和软岩层，空心锥（管锥）适用于其他土层。在冲击锥下冲时，部分钻渣被挤入孔壁，可起到加强孔壁并增加土层与桩间侧摩阻力的作用。但该法不能钻斜孔；钻普通土层时，进度比其他方法都慢；钻大直径孔时，需采用先钻小孔而后逐步扩孔的方法（分级扩孔法）。

近年来，基岩钻孔技术特别是钻机的进步是令人惊喜的。过去只能用爆破法、高压水射流才可钻进的硬质岩层，现已能够采用机械钻进法，拓宽了钻孔灌注的应用范围。

（6）终孔检查与孔底清理

钻孔的深度、直径、位置和孔形直接关系到成桩质量与桩身曲直。因此，除了钻孔过程中进行密切观测监督外，在钻孔达到设计要求深度后，应对孔深、孔位、孔形、孔径等进行检查。确认满足设计要求后，填写终孔检查记录表。

（7）钢筋骨架的制作、安装、入孔、固定

钢筋骨架采用在场内制作，现场安装分节成型（预留接头钢筋长度），现场用吊车吊起，分节入孔的方法施工。施工中骨架第一节入孔后，用支撑杆固定骨架于井口中心位置，吊起另一节骨架与第一节骨架相接，接头采用电弧焊以单面焊的工艺进行焊接。采用几台电焊机同时搭接单面焊，以减少混凝土浇筑前焊接所占用的时间。放钢筋骨架前，先在孔口加设四根导向钢管，以保证钢筋骨架在吊装过程中尽量对中，不伤孔壁及控制保护层厚度。钢筋骨架就位后，采取四点固定，以防止掉笼和混凝土浇筑时骨架上浮现象发生。支撑系统对准中线以防止钢筋骨架倾斜和移动。在钢筋骨架上焊接控制钢筋骨架与孔壁净距的护壁筋，以确保钢筋骨架在孔中的位置、保护层的厚度。钢筋骨架在孔内的高度位置用引笼拉筋固定在孔口位置的方式进行控制。

（8）灌注钻孔桩水下混凝土

采用导管直升法灌注水下混凝土。

1）导管的形式和连接方法

导管直径为300～400mm，壁厚4～6mm，中段每节长2000mm，底节做成6000～8000m长，其余节段用1000mm及500mm的管节找零，导管之间采用法兰连接。吊装之前应将导管连接。做水密性试验和接头承拉试验，保证连接紧密、不漏水。入孔时导管尽量位于孔口中央，导管底端至孔底距离约为400mm，且导管要进行升降试验，保证不碰撞钢筋骨架。

2）灌注水下混凝土

钢筋骨架入孔校正完毕，导管入孔固定后，经监理工程师验收钢筋工序、孔内沉淀层厚度及泥浆指标后，开始浇筑孔内水下混凝土。

浇筑混凝土前再次检测孔底沉淀层厚度，如大于规范要求，应再次抽渣清孔；混凝土拌合物运至灌注地点时，检查和易性和坍落度，符合要求后方可使用；灌注不得间断。灌注首批混凝土后，导管埋入混凝土中的深度不小于1m。随着混凝土的不断灌注，不断提升导管，始终保持导管在混凝土中的埋置深度为4～6m，灌注的桩顶高程高出设计高程0.5～1.0m，灌注过程中应经常量测孔内混凝土面层的高程，及时调整导管排泄端与混凝土表面的相对位置。并始终严密监视导管在无空气和水进入状态下的填充情况。灌注混凝土时溢出的泥浆应引流至适当地点处理，以防污染。混凝土应连续灌注直至灌注到设计的混凝土顶面，以保证截切面以下的全部混凝土具有优良质量。

3. 钻孔灌注桩基础施工注意事项

（1）钻孔机械就位后，应对钻机及配套设备进行全面检查。

（2）钻机安设必须平稳、牢固，钻架应加设斜撑或缆风绳。

（3）冲击钻孔时，选用的钻锥、卷扬机和钢丝绳等应配置适当；钢丝绳与钻锥用绳卡固接时，绳卡数量应与钢丝绳直径相匹配。

（4）冲击过程中，钢丝绳的松弛度应适宜。正、反循环旋转钻机及潜水钻机使用的电缆线要定期检查，接头必须绑扎牢固，确保不漏水、不漏电；对经常处于水、浆浸泡处应架空搭设。

（5）挪移钻机时，不得挤压电缆线及风水管路。潜水钻机钻孔时，一般在完成一根钻孔桩后要检查一次电动机的封闭状况。钻进速度应根据地质变化加以调整，以保证安全运转。

（6）采用冲抓或冲击钻孔，当钻头提到接近护筒底缘时，应减速平稳提升，不得碰撞护筒和钩挂护筒底缘。

（7）钻孔使用的泥浆宜设置泥浆净化系统，并注意防止或减少环境污染。

（8）钻机停钻后，必须将钻头提出孔外置于钻架上，不得滞留孔内。

（9）对于已埋设护筒但尚未开钻，或已成桩护筒尚未拔除的，应加设护筒顶盖或铺设安全网遮罩。

4. 钻孔事故及处理

常见的钻孔（包括清孔）事故有坍孔、钻孔偏斜、掉钻落物、糊钻、扩孔与缩孔，以及出现梅花孔、卡钻、钻杆折断、钻孔漏浆等。遇到事故时，要冷静分析事故原因，及时果断地采取补救措施。

5. 挖孔灌注混凝土桩

挖孔灌注混凝土桩是用人工和小型爆破，配合简单工具挖掘成孔，灌注混凝土形成桩基，适用于无水或水较少的较实的各类土层。桩径（或边长）不宜小于1.2m，孔深一般不宜超过20m。在实际施工中，挖孔桩有一定的适用范围，其特点是投资少、进度快，可多点同步作业且所需机具设备少，成孔后可直接检查孔内土质状况，基桩质量有可靠保证。对于挖深过大（超过15～20m），或孔壁可能坍塌及渗水量稍大等情况，应慎重选择施工工艺，增加护壁措施，改善通风条件，以确保施工安全。

第三节 沉井基础施工

在修建负荷较大的建筑结构物时，其基础应该坐落在坚固、有足够承载力的土层上。当这类土层较深，采用天然基础和桩基础受水文地质条件限制时，需用一种就位后上、下开口封闭的结构物来承受上部结构的荷载，这种结构物被称为沉井。

沉井是用混凝土或钢筋混凝土制成的井筒（下有刃脚，以利于下沉和封底）结构物。施工时，先按基础的外形尺寸在基础的设计位置上制造井筒，然后在井内挖土，使井筒在自重（有时需配重）作用下克服土的摩阻力缓慢下沉。当第一节井筒顶下沉接近地面时，再接第二节井筒，继续挖土。如此循环，直至下沉到设计高程。最后浇筑封底混凝土，用混凝土或砂砾石充填井孔，在井筒顶部浇筑钢筋混凝土顶板，即形成深埋的实体基础。

沉井基础既是结构基础，又是施工时的挡土、防水围堰结构物。其埋深大、整体性强、稳定性好、刚度大、能承受较大的上部荷载，且施工设备和施工技术简单、节约场地，所需净空高度小。沉井可在墩位筑岛制造，井内取土后靠自重下沉，也可采用辅助下沉措施，如采用泥浆润滑套、空气幕等方法，以减小下沉时井壁摩阻力和井壁厚度等。刃脚在井壁最下端，形如刀刃，在沉井下沉时起切入土中的作用。井筒是沉井的外壁，在下沉过程中起挡土的作用。沉井下沉过程中，需要有足够的重量克服筒壁与土之间的摩阻力及刃脚底部的土阻力，使沉井能在自重作用下逐步下沉。

目前，国内最大的沉井尺寸为 20.2m×24.9m，深度达 53.5m；国外最大平面尺寸为 64m×75m，深度可达 70m 以上。

沉井基础施工内容如下：

1. 沉井制作

沉井制作方案应根据沉井施工方法确定。在沉井施工前，应详细掌握沉井入土地层及其地基岩石地质资料，并依次制订沉井下沉方案；对洪汛、凌汛、河床冲刷、通航及漂浮物等做好调查研究，并制订必要的安全技术措施，以确保沉井下沉。

沉井制作可分为就地制作沉井、浮式沉井和泥浆润滑套沉井三种方案。

（1）就地制作沉井

沉井位于浅水或可能被水淹没的岸滩时，宜采用筑岛沉井；在无被水淹没可能的岸滩上时，可就地整平夯实制作沉井；在地下水位较低的岸滩，土质较好时可开挖基坑制作沉井。就地制作沉井的方法分为干旱滩岸沉井浇筑法和水中筑岛沉井浇筑法两种。

干旱滩岸沉井浇筑法就是墩台基础位于干旱地面制作沉井，施工时沉井就地下沉。若土质松软，应在进行场地平整并夯实后，在其上铺垫 300～500mm 的砂垫层，并铺以垫木，垫木之间用砂填平，不允许在垫木下垫塞木块、石块来调整顶面高程，以防压重（也称配重）后产生不均匀沉降。

水中筑岛沉井浇筑法适用于水深 3～4m，流速较小的情况。围堰筑岛时，其岛面、平台面和坑底高程应比施工时的最高水位高出 500～700mm，当有流冰时还应适当加高。底层沉井的制作工序包括场地平整夯实、铺设垫木、立沉井模板及支撑、钢筋焊扎、浇筑混凝土等。

在支垫上立模制作沉井时，应符合下列要求：

1）支垫布置应满足设计要求，应抽垫方便。

2）支垫顶面应与钢刃脚底面紧贴，使沉井重力均匀分布于各支垫上。

3）模板及支撑应具有足够的强度和较好的刚性。内隔墙与井壁连接处的支垫应连成整体，底模应支承于支垫上，以防不均匀沉陷，外模与混凝土面贴接一侧应平直、光滑。

刃脚部分采用土模制作时，应符合下列要求：

1）刃脚部分的外模应能承受井壁混凝土的重力在刃脚斜面上产生的水平分力；土模顶面的承载力应满足设计要求，一般宜填筑至沉井隔墙底面。

2）土模表面及刃脚底面的地面上均应铺筑一层 20～30mm 的水泥砂浆，砂浆层表面应涂隔离剂。

3）应有良好的防水、排水设施。

由于沉井分节制作，分节沉入土中，故其分节制作的高度应既能保证其稳定，又能产生重力下沉的作用。因此，底节沉井的最小高度应能抵抗拆除垫木或挖去土模（当刃脚为土模时）时的竖向挠曲强度。当挖土条件许可时应尽量高，一般情况下每节高度不宜小于3m，并应处理好接缝。在沉井接高时，注意使各节沉井的竖向中轴线与第一节沉井重合且外壁应竖直、平整。

（2）浮式沉井

浮式沉井是把沉井底节制造成空体结构，或采取其他方法使之漂浮于水中，用船只拖运到设计位置后逐步用混凝土或水灌注、增大自重，使其在水中徐徐下沉直达河底。这种方法适用于水深流急、筑岛困难的沉井基础。

1）钢丝网水泥薄壁沉井

钢丝网水泥薄壁由骨架、钢丝网、钢筋网和水泥砂浆等组成，由 30mm 钢丝水泥薄壁隔成空腹壳体。入水后能浮于水中，浮运就位后向空腹壳体内灌水，使之下沉落于河床上，再逐格对称地灌注水下混凝土，从而使薄壁空腹沉井变成普通的重力式沉井。钢丝网水泥薄壁沉井由于钢丝网均匀分布在砂浆中，增加了砂浆的内聚力和握裹力，从而提高了砂浆的抗拉强度和韧性，使钢丝网水泥薄壁具有很大的弹性和抗裂性，并能抵抗一定程度的冲击。它具有结构薄而轻、有足够强度和刚度、节省材料、操作简单、可多点平行施工作业且施工时无须模板、可节省模板和支撑等特点。当河流宽度超过 200m 时，可采取半通航措施，用钢丝绳牵引沉井入水，因而浮运就位方法简单、设备简便。

钢丝网水泥薄壁沉井的制作程序为：

①预制场地的选择。为了保证浮式沉井安全地进行水上浮运，预制场地的选择应结合水下方案综合考虑。

②刃脚踏面大角钢成形。成形可在弯曲机上进行，也可人工弯曲成形，但应注意掌握角钢的翘曲变形，并随时整平。

③沉井骨架的架设。沉井骨架是由刃脚踏面角钢、竖面骨架角钢与内外箍筋焊接而成。首先焊接刃脚踏面，其次架设竖面骨架，待其就位后，用支撑缆绳予以临时固定，正位后即可加箍筋焊成整体沉井骨架。为了增强角钢刚度，在横隔板及横撑骨架间设置刃脚加撑骨架。

④铺网。铺网工作是沉井制作的关键，要求铺网平整，否则会产生波浪形甚至高低不平，造成抹灰砂浆保护层厚薄不均，使沉井受力不利。铺网时内、外井壁和刃脚部分同时进行。铺刃脚钢丝网时，由刃脚斜面向刃脚立面铺设；铺井壁钢丝网时，由上至下铺设，首先铺内层钢丝网，其次铺纵筋，接着铺横筋，最后铺外层钢丝网。

⑤抹水泥砂浆。当铺网工作结束后，即可进行抹灰作业。抹灰所用水泥宜采用强度等级不小于 42.5 的普通硅酸盐水泥，砂宜采用粗砂或中砂，水泥与砂的配比为 1∶1.5，水灰比为 0.4。抹灰时由下向上进行，先将砂浆从沉井腔内用力向外挤压，直到透过外层钢丝网为止，待砂浆初凝后再抹井腔外，并将沉井外壁的外缘面抹光。

2）钢筋混凝土薄壁沉井

钢筋混凝土薄壁沉井的内、外井壁及隔墙均采用钢筋混凝土薄壁轻型结构，具有良好的强度和刚度，刃脚也具有足够抵抗侧土压力的强度。

3）装配式钢筋混凝土薄壁沉井

装配式钢筋混凝土薄壁沉井是近年来采用的一种深水墩基础形式。其沉井分层依次叠装，然后浇筑水下混凝土形成井壁，最后抽水、清基、填芯而成。基本构件由纵贯上下的梯形导杆（4根）、每层1m的井壳（圆头2块、直线段2块）和与井壳等高的支撑梁壳（4块）装配而成。

①梯形导杆：断面呈工字形、外形呈梯形，设于圆头井壳与直线井壳衔接处，长度依层次而异，单元质量约1.8t。在拼装和沉放底层井壳时，梯形导杆起支撑和承重作用；在安装其余层次时，起导向和连接作用，通过导杆将分层安装的各层井壳在浇筑混凝土前连成整体。

②井壳：分圆头和直线段两种，直线段又分为底节和中节。井壳构件高1m，宽1.1m，内外壁厚100mm，中间空腔900mm，内、外壁间设有横隔。井壳不仅是浇筑混凝土的模板，而且是井壁的组成部分。

③支撑梁壳：与井壁等高。宽620mm，设有横隔，在浇筑混凝土时作为模板，浇完混凝土后便形成支撑梁，借以加强抽水时井壁承受水压的能力。

（3）泥浆润滑套沉井

泥浆润滑套沉井是在沉井外壁与土层间设置泥浆隔离层，以减小土体与井壁间的摩擦力，从而可减轻沉井自重，加大下沉速度，提高下沉效率。泥浆润滑套沉井刃脚踏面宽度宜小于100mm，以利于减小下沉时的摩阻力。沉井外壁应做成单台阶形，为防止泥浆通过沉井侧壁渗透到沉井内，对直径小于8m的圆形沉井，台阶位置在距刃脚底面2~3m处；对面积较大的沉井，台阶位置在底节与第二节接缝处。台阶的宽度应为泥浆套宽度，一般为100~200mm。

2. 沉井下沉

沉井下沉是指通过井内除土，清除刃脚正面阻力和沉井内壁阻力后，依靠沉井自重下沉。井内除土方式有排水开挖和不排水开挖。在稳定的土层中，当渗水量不大时，可采用排水开挖使沉井下沉。在有涌水翻砂不宜采用排水下沉的地层，应采用不排水开挖。不排水开挖采用抓土、吸泥等方法使沉井下沉，必要时辅以压重、高压射水，降低井内水位而减小浮力，增加沉井自重，泥浆润滑套等方法。

（1）拆除垫木

抽垫工作是沉井下沉的开始工作，也是整个沉井下沉工作中极为重要的工序之一。拆除垫木必须在沉井混凝土达到设计强度等级后方可进行。

1）抽垫应分区依次、对、同步进行。

2）应将井孔内的所有杂物清除干净，准备工作全部就绪后，方可进行抽垫。

3）抽垫时，先挖垫木下的填砂，再抽垫木，垫木宜从外侧抽出。垫木抽出后，应回填土，开始几组可不做回填，当抽出几组垫木出现空当后，即应回填。回填时应分层洒水夯实，每层厚度为200~300mm，但回填料不允许从沉井内或筑岛材料中获取，以防沉井歪斜。回填高度应以最后分配给定位垫木的重量不致压断垫木，以及垫木下土体承压应力不超过岛面极限承压应力为准，必要时可加大回填高度，甚至在隔墙下进行回填，以满足要求。

4）抽垫时定位垫木的位置应按设计确定。若设计无规定，对于圆形沉井，应安排在周边相隔90°的4个支点上；对于矩形沉井，应对称布置在长边，每边两个。当沉井长、短边的长度之比为 $2 > L/B \geq 1.5$（L为长边长，B为短边长）时，长边两承垫间的距离为0.7L；当比值 $L/B \geq 2$ 时，距离为0.6L。

5）当抽垫至垫木的2/3时，沉井下沉较为均匀，下沉量小，回填时间较为充裕，便于较好地抽垫和回填。当继续抽垫时，下沉量逐步加大，回填也较困难，甚至会出现下沉太快以致回填时间不足造成垫木压坏或间断的情况。因此，抽垫开始阶段宜缓慢进行，以便有足够的时间充分回填夯实，力求尽量改变最后阶段下沉快、沉降量大、断垫等现象。

（2）井内除土

1）排水开挖下沉

在稳定的土层中，渗水量不大（每平方米沉井面积的渗水量小于 $1m^3/h$）时，可采用排水开挖下沉。从地面或岛面开始挖土下沉时，应将抽垫时在刃脚内侧的回填土分层挖去。

其开挖顺序原则上与抽垫顺序相同，定位承垫处的土最后挖除。当一层全部挖完后，再挖第二层，如此循环往复。

开挖的方法如下。当土质松软时，分层挖除回填土，沉井逐渐下沉。当沉井刃脚下沉至沉井中部与土面大致平齐时，即可在中部先向下开挖400~500mm，并向四周均匀开挖；距刃脚约1m处时，再分层挖除刃脚内侧的土台。当土质较坚实时，可从中部向下开挖400~500mm，并向四周均匀扩挖，使沉井平稳下沉。当土质坚硬时，可按抽垫顺序分段掏空刃脚。每段掏空后随即回填沙砾，待最后几段掏空并回填后，再分层分次序地逐步挖去回填土，使沉井下沉至岩层。

开挖刃脚下的土体时，可采用跳槽法，即将刃脚周长等分为若干段，每段长约1m，先隔一段挖一段，然后挖去剩余各段，最后挖定位承垫处的岩石。开挖时，下沉速度应根据沉井大小、入土深度、地层情况而定。一般而言，平均下沉速度为0.5~1.0m/d。

2）不排水开挖下沉

不排水开挖下沉的基本要求为：

①沉井内除土深度应根据土质而定，最深不应低于刃脚2m；土质特别松软时，不应直接在刃脚下除土。

②应尽量加大刃脚对土的压力。当沉井通过粉砂、细砂等松软地层时，不宜以降低沉井内水位从而减小浮力的方法来促使沉井下沉，应保持沉井内水位高于沉井外水位1~2m，以防止流砂现象的发生，其会引起沉井歪斜，增加吸泥工作量。

③除纠正沉井倾斜外，沉井各孔内的土应均匀清除，土面高差不应超过500mm。

④当沉井入土较深、井壁阻力较大时，应根据具体情况采取有效的下沉方法，如采取抓土、吸泥、射水交替联合作业。必要时还需辅以降低沉井内水位，在沉井底放炮震动，或用在沉井顶压重的方法，使沉井下沉至设计高程。

不排水开挖下沉常采用抓土下沉。单孔沉井时，抓斗挖掘井底中央部分的土，形成锅底状。在砂或砾石类土体中，一般当锅底比刃脚低1~1.5m时，沉井即可靠自重下沉，并将刃脚下的土挤向中央锅底；在黏性土中，由于四周土不易向锅底坍落，应辅以高压水松土。多孔沉井时，最好在每个井孔上配置一套抓土设备，以同时均匀除土，减少抓斗倒孔时间，使沉井均匀下沉。为了使抓斗能在沉井孔内靠边的位置上抓土，需在沉井顶面井孔周围预埋挂钩。偏抓时，先将抓斗落至孔底，再将钢丝绳挂在井孔周边的挂钩上进行抓土。如此就可以达到偏抓的目的。

（3）辅助下沉的措施

1）高压射水：当局部地点难以由潜水员定点、定向射水掌握操作时，在一个沉井内只可同时开动一套射水设备，并不得进行除土或其他起吊作业。射水水压应根据地层情况，沉井入土深度等因素确定，可取1~2.5MPa。

2）抽水助沉：不排水下沉的沉井，对于易引起翻砂、涌水的地层，不宜采用抽水助沉方法。

3）压重助沉：沉井圬工尚未接高浇筑完毕时，可利用接高浇筑圬工压重助沉，也可在井壁顶部用钢铁块件或其他重物压重助沉。采用压重助沉时，应结合具体情况及实际效果选用。

4）炮震助沉：一般不宜采用炮震助沉方法。在特殊情况下必须采用时，应严格控制用药量。在井孔中央底面放置炸药起爆助沉时，可采用0.1~0.2kg炸药，具体使用应视沉井大小、井壁厚度及炸药性能而定。同一沉井每次只能起爆一次，并应根据具体情况适当控制炮震次数。

5）利用空气幕下沉。

（4）沉井接高

接高上节沉井模板时，不得直接支撑于地面。接高时应均匀加重，防止沉井突然下沉和倾斜。接高后的各节沉井的中轴线应为一直线。混凝土施工接缝应按设计要求布置接缝钢筋，清除浮浆并凿毛。

1）沉井接高前，应尽量纠正倾斜，接高各节的竖向中轴线应与前一节的中轴线重合。

2）水上沉井接高时，井顶露出水面不应小于1.5m；地面上沉井接高时，井顶露出地面不应小于0.5m。

3）接高前不得将刃脚掏空，避免沉井倾斜，接高加重应均匀、对称地进行。

沉井下沉时，如需在沉井顶部设置防水或防土围堰，围堰底部与井顶应连接牢固，防止沉井下沉时围堰与井顶脱离。

（5）沉井纠偏

1）纠偏前，应分析原因，然后采取相应措施，如有障碍物应首先清除。

2）纠正倾斜时，一般可采取除土、压重、顶部施加水平力或刃脚下支垫等方法进行。对空气幕沉井可采取偏侧局部压气纠偏。

3）纠正位移时，可先除土，使沉井底面中心向墩位设计中心倾斜，然后在对侧除土使沉井恢复竖直。如此反复进行，使沉井逐步接近设计中心。

4）纠正扭转时，可在一对角线的两角除土，在另外两角填土。借助于刃脚下不相等的土压力所形成的扭矩，可使沉井在下沉过程中逐步纠正其扭转角度。

3. 沉井清基和封底

（1）沉井清基

沉井清基是指沉井下沉到位后，清除基底的松散土层及杂质，以保证封底混凝土直接支承在持力土层上。

1）沉井下沉至设计高程后，基底面地质应符合设计要求。如有不符需做处理，应征得设计单位同意，必要时取样鉴定。

2）清理后的基底面距隔墙底面的高度及刃脚斜面露出的高度，必须满足设计要求的最小高度。

3）基底浮泥或岩面残存物均应清除，保证封底混凝土与基底间不产生有害夹层。

4）隔墙底部及封底混凝土高度范围内井壁上的泥污应予以清除。

（2）沉井清基方法

1）排水清基

排水清基时，施工人员可进入井底施工，比较简单，主要问题是防止沉井在清基时倾斜，处理从刃脚下涌入井内的流沙等。

2）不排水清基

不排水清基可采用高压射水将刃脚及隔墙下的土破坏，然后用吸泥机除渣。高压射水一般使用直径为75～86mm的钢管，下端配有单孔锥型射水嘴，出水孔直径为13～20mm。沉井沉至设计高程后，应检验基底的地质情况是否与设计相符。排水下沉时可直接检验、处理；不排水下沉时应进行水下检验、处理，必要时需取样鉴定。

（3）封底

基底检验合格后，应及时封底。对于排水下沉的沉井，在清基时如渗水量上升速度小于或等于6mm/min，可按普通混凝土浇筑方法进行封底；若渗水量大于上述规定，宜采用水下混凝土进行封底。

沉井封底时，若井内可以排水，则按一般混凝土施工；若不能排水，则采用导管法灌注水下混凝土。

用刚性导管法进行水下混凝土封底时，应满足如下要求：

1）混凝土材料可参照钻孔灌注桩水下混凝土的有关规定，混凝土的坍落度宜为150～200mm。

2）灌注封底水下混凝土时，需要的导管间隔及根数应根据导管作用半径及封底面积确定。

3）用多根导管进行灌注的顺序应进行设计，防止产生混凝土夹层。若同时浇筑，当基底不平时，应逐步使混凝土保持大致相同的高程。

4）每根导管开始灌注时所用的混凝土坍落度宜采用下限，首批混凝土的需要量应通过计算确定。

5）在灌注过程中，应根据混凝土的堆高和扩展情况正确调整坍落度和导管埋深，使每盘混凝土灌注后形成适宜的堆高和不大于1:5的流动坡度。抽拔导管时应严格保证导管不进水。混凝土面的最终灌注高度应比设计值高出至少150mm。待灌注混凝土强度达到设计要求后，再抽水凿除表面松弱层。

沉井封底时，若为水下压浆混凝土，应按设计要求施工。

沉井基础的质量应符合下列规定：

1）混凝土的强度应符合设计要求。

2）沉井刃脚底面高程应符合设计要求。

3）底面、顶面中心与设计中心的偏差应符合设计要求。当设计无要求时，其允许偏差纵横方向为沉井高度的1/50，包括因倾斜而产生的位移。对于浮式沉井，允许偏差值增加 250mm。

4）沉井的最大倾斜度为沉井高度的 1/50。

5）对于矩形、圆端形沉井的平面扭转角偏差，就地制作的沉井不得大于 1°，浮式沉井不得大于 2°。

第四节　桥梁墩台及盖梁施工

一、桥梁墩台施工

墩台是桥梁的下部结构，支承着桥梁上部结构的荷载，并将它传给地基基础。桥梁墩台应具有足够的强度和稳定性，能够避免在荷载作用下产生过大位移和转动。因此，桥梁墩台施工是桥梁下部结构施工中的重要组成部分，其施工质量的优劣，不仅关系到桥梁上部结构的制作与安装质量，而且对桥梁的使用功能也影响重大。因此，墩台的位置、尺寸和材料强度等都必须符合设计规范的要求。墩台施工的主要工作有：墩台定位、放样，基础施工，在基础襟边上立模板和支架，浇筑墩（台）身混凝土或砌石，扎顶帽钢筋，浇顶帽混凝土并预留支座锚栓孔等。在施工过程中，应准确地测定墩台位置，正确地进行模板制作与安装，同时采用经过正规检验的合格材料，严格执行施工规范的规定，以确保施工质量。

桥梁墩台的施工方式主要有桥位就地施工与预制装配两种。墩台施工方法与构造形式密切相关。就桥墩而言，目前较多采用滑动模板连续浇筑施工，它对高桥墩和薄壁无横隔梁的空心桥墩具有很高的经济效益。装配式墩常采用带有横隔梁的空心墩或V形墩、Y形墩等。连续梁桥的墩台主要采用混凝土、钢筋混凝土和预应力混凝土结构建造。

1. 整体式墩台的施工要点

（1）混凝土及钢筋混凝土墩台的施工要点

1）墩台施工前，应在基础顶面放出墩台中线和墩台内、外轮廓线的准确位置。

2）现浇混凝土墩台钢筋的绑扎应和混凝土的灌注配合进行。垂直方向的钢筋应配置不同的长度，以使同一断面上的钢筋接头符合《公路桥涵施工技术规范》（JTG/T F50—2020）的有关规定。

水平钢筋的接头也应内外、上下互相错开。

3）注意掌握混凝土的浇筑速度。

4）若墩台截面面积不大时，混凝土应一次连续浇筑完成，以保证其整体性。若墩台截面积过大，应分段分块浇筑。

5）在混凝土浇筑过程中，应随时观察所设置的预埋螺栓，预埋支座的位置是否移动，若发现移位应及时校正。浇筑过程中还应注意模板、支架情况，如有变形或沉陷应立即校对并加固。

6）对于高大的桥台，若台身后仰，本身自重力偏心较大，为平衡台身偏心，施工时应在填筑台身四周路堤土方的同时砌筑或浇筑台身，以防止桥台后倾或向前滑移。未经填土的台身施工高度一般不宜超过4m，以免偏心引起基底不均匀沉陷。

7）V形、Y形和X形桥墩的施工方法与桥梁结构体系有密切关系。V形墩类桥梁属刚架桥系统，其施工方法除了具有连续梁桥的施工特点外，还有其自身的特点。通常把这种桥梁划为V形墩结构、锚跨结构和挂孔部分三个施工阶段。其中，V形墩是全桥施工的重点，它由两个斜腿和顶部主梁组成倒三角形结构。

（2）片石混凝土或片石混凝土砌体墩台的施工要点

在浇筑实体墩台和厚大无筋或稀配筋的墩台混凝土时，为节约水泥，可采用片石混凝土或混凝土砌体。

当采用片石混凝土时，混凝土中允许填充粒径大于150mm的石块（片石或大卵石），并应遵守下列规定。

1）填充石块的数量不宜超过混凝土结构体积的25%。

2）应选用均匀，无裂纹、夹层，不宜风化和未煅烧过的并具有抗冻性的石块。

3）石块的抗压强度应符合《公路桥涵施工技术规范》（JTG/T F50—2020）的有关规定，与对碎石、卵石的要求相同。

4）石块在使用前应仔细清扫，并用水冲洗干净。

5）石块应在捣实的混凝土中埋一半左右。受拉区混凝土不宜埋放石块；当气温低于0℃时，应停埋石块。

6）石块应在混凝土中分布均匀，两石块间的净距不应小于100mm，以便捣实其间的混凝土。石块距表面（包括侧面与顶面）的距离不得小于150mm，具有抗冻要求的距表面不得小于300mm，并不得接触钢筋和碰撞预埋件。

当采用片石混凝土砌体时，石块含量可增加到砌体体积的50%～60%，石块间净距可减小为40～60mm，其他要求与片石混凝土相同。

2. 装配式桥墩的施工要点

装配式桥墩主要采用拼装法施工。它用于预应力混凝土、钢筋混凝土薄壁墩、薄壁空心墩或轻型桥墩。装配式桥墩主要由就地浇筑的实体部分墩身、基础与拼装部分墩身组成。实体部分墩身与基础采用就地现浇施工时，应考虑其与拼装部分的连接、抵御洪水和漂流物的冲击、锚固预应力筋、调节拼装墩身的高度等问题。

拼装部分墩身由基本构件、隔板、顶板和顶帽组成。在工厂制作，运到桥位处拼装成桥墩。拼装部分墩身的分块要根据桥墩的结构形式、吊装起重工具和运输能力确定，应尽可能使分块大、接缝小,并按照设计要求定型生产。加工制作出来的拼装块件应质量可靠、尺寸准确、内外壁光洁度高。拼装要根据施工现场的地形、水文、运输条件以及墩的高度、起吊设备等具体情况拟订施工细则,认真组织实施。确定拼装方法时应注意预埋件的位置。接缝处要牢固密实,预留孔道要畅通。

预应力混凝土空心墩的主要施工工艺流程如下。

(1)浇筑桥墩基础。

(2)浇筑实体部分墩身。

(3)安装预制的墩身块件,包括以下内容:

1)预制构件分块;

2)模板制作及安装(在工厂内进行);

3)制孔(在工厂内进行);

4)预制构件浇筑(在工厂内进行);

5)将预制构件运输至桥位;

6)安装墩身预制块件。

(4)施加预应力。

(5)孔道压浆。

(6)封锚。

3. 高桥墩施工

(1)高桥墩施工的特点及准备工作

高桥墩施工的特点是施工难度大、技术含量高、对操作人员的素质要求严格。其特高空作业更容易产生安全隐患和发生各类安全事故。

高桥墩施工的准备工作如下:

1)混凝土配合比设计。混凝土宜采用半干硬或低流动混凝土,要求和易性好,不易产生离析、泌水现象,坍落度应控制为3~5cm。混凝土脱模强度宜控制为0.2~0.4MPa,以保证混凝土出模后既能易于抹光表面,不致折裂或带起,又能支承上部混凝土的自重,不致流淌、坍落或变形。

2)滑模施工的组织设计。高桥墩施工是一种综合性工艺,必须做好详细的施工组织计划,制订可靠的质量保证措施,设立完善的安全保证体系,以保证连续作业和施工质量。

3)模板制作及滑模系统。模板装置由滑模系统、提升系统、操作平台系统组成。滑模系统由全钢模及提升架组成。钢模均使用定型大钢模板,模板之间采用螺栓连接。围圈应有一定的刚度,围圈接头应采用刚性连接,并上下错开布置附着在钢模板上连成整体,以防止模板变形。提升系统由液压控制台、千斤顶、油路及支承杆组成。操作平台系统由外挑架及吊架组成。外挑架采用钢管连接,以增加整体刚度,外设防护栏杆,挂安全网。

4)机具设备的选择。爬杆以前常用直径25mm的圆钢,后因其承压能力差、较易发生弯曲而被同截面的48mm×3.5mm钢管取代。钢管位置一般取决于墩台的截面,爬杆应尽量处于混凝土的中心，其数量由起重计算确定，应做到受力均匀、提升同步并具有一定的安全储备，通常其间距为 1.5~2.5m。同时，滑模提升也应做到垂直均衡一致，各提升架之间的高差不大于 5mm。为此，浇筑混凝土时应严格保持均匀、平衡，每层厚度要严格控制，混凝土布料也要对称，钢筋上料要按施工要求分成小批对称堆放在平台上，以防止滑模在不均匀荷载作用下倾斜。应随时对滑模的水平结构变形进行检查，以便及时调整、加固。

（2）滑升模板法施工

滑升模板法施工时，模板固定在工作平台上，随墩身的施工而逐渐提升，逐段浇筑混凝土。滑升模板法施工具有施工进度快、混凝土质量好、安全可靠等优点，故广泛应用于高墩台、桥塔的施工中。当桥梁跨越深谷时，必须采用高桥墩，这种情况下常采用滑升模板法进行墩身施工。

1）滑升模板的构造

滑升模板主要由工作平台、模板和提升设备三大部分组成。

工作平台是整个滑升模板的骨架，由顶架、操作平台，吊架、混凝土平台等组成。它既提供施工操作的场地，又把各组成部分连接在提升设备的顶杆上。其中，顶架用以承受整个模板和操作平台的荷载，并将其传递给顶杆；操作平台提供施工操作的场地；吊架位于整个滑升模板的下方，供施工人员对混凝土进行表面整饰和养生等操作。

模板悬挂在工作平台上，如果桥墩是空心墩，则模板由内模和外模组成；如果桥墩向上收坡，可在模板上连接收坡丝杆，用于调节内、外模板的间距。提升设备由千斤顶和顶杆组成，千斤顶用于提供向上的提升力，将整个滑升模板设备向上提升；顶杆一端固定于墩台混凝土上，另一端穿过千斤顶，承受施工过程中的全部荷载。

2）滑升模板的施工

滑升模板的施工是一个连续、循环的过程，主要包括组装滑升模板、浇筑混凝土、滑升模板等工序。

①组装滑升模板

组装滑升模板的大致步骤如下：在基础顶面定出桥墩中心线，垫好垫木，在垫木上安装工作平台的内钢环。再依次安装辐射梁、外钢环、立柱、提升设备，撤去垫木，安装模板就位，待模板滑升至一定高度后安装吊架。设备组装完毕后，必须进行全面检查，及时纠正偏差。

②浇筑混凝土

滑升模板法施工宜浇筑低流动性或半干硬性混凝土。浇筑时应分层、分段、对称进行，分层厚度以 200~300mm 为宜，浇筑后混凝土表距模板上缘宜不小于 100~150mm 的距离。混凝土脱模时的强度控制为 0.2~0.5MPa，混凝土中可掺入适量的早强剂，以加速提升强度。脱模后 8h 左右开始养生，用吊在下吊架上的环绕墩身的带小孔的水管来进行，用水管进行混凝土的湿法养护。

③滑升模板

滑升模板分为初次滑升阶段和正常滑升阶段。模板初次滑升的程序是：初次浇筑混凝土厚度600～700mm，分3次浇筑；待强度达到滑升要求后，初次滑升20～50mm，再浇筑300mm混凝土，滑升100～150mm。之后进入正常滑升阶段，每浇筑一层混凝土向上滑升同样的高度。滑升模板法施工要求连续作业，如施工过程中出现暂停，必须每隔1h左右将模板略微提升，以避免混凝土和模板粘连。施工过程中还必须穿插进行钢筋绑扎、顶杆接长、预埋件的处理、混凝土表面整饰、检查中线等工作。滑升模板法施工是高空作业，施工人员应随时注意施工安全，严格执行高空作业安全制度。

（3）翻板式模板施工

墩身模板采用液压自升平台翻模，内、外模板共设三节，循环交替翻升。当第三节混凝土灌注完成后，提升工作平台，拆卸并提升第一节模板至第三节上方，安装、校正后浇筑混凝土，如此循环进行。当临近墩顶连接处时，在墩身上预埋托架，支立墩帽模板，浇筑墩帽混凝土。混凝土浇筑用泵送入模，然后用插入式振捣器振捣，最后用软塑管缠绕墩身喷水养护。

施工中因大风、大雨或其他原因必须停工时，应充分做好停工处理。停工前将混凝土面摊平，振捣完毕，控制好工作平台的提升高度，防止平台提升过高而影响其稳定性。复工时加强中线水平观测，新、旧混凝土接缝按规定处理后，再继续施工。

1）墩身模板。模板分上、下两节，接缝采用对接接头，模板制作尺寸误差小于2mm，倾斜角偏差小于1.5mm，孔位误差小于1mm。为确保工程质量，应在厂内统一加工。施工过程中，两节模板交替轮番往上安装，每一节都立在已浇筑混凝土的模板上。

圆形空心墩内模采用组合钢模拼装，内、外模间设带内纹的拉螺栓，以便拆模，避免墩身混凝土内形成孔洞。墩身内腔每隔一定高度预设型钢做支撑梁，上面搭设门式脚手架作为装拆内模和浇筑混凝土的工作平台。安装和拆卸模板，提升工作平台以及垂直运输钢筋等物品均由塔吊完成。墩身外侧设施工电梯，用于人员的运送。

2）钢筋工艺。墩身竖向钢筋采用挤压套管连接方法。钢筋长度均为9.0m，但在高度上将一半数量的接头错开4.5m，这样每节混凝土外露钢筋有高、低两层。施工时，先在长钢筋上点焊一道箍筋，依靠已立好的内模将钢筋调整到正确位置。然后以此为定位筋安装接长钢筋。

3）拆模。在安装钢筋的同时，可以开始拆下面一节外模。拆模时用手拉葫芦将下面一节模板与上一节模板上下挂紧，同时另设两条钢丝绳拴在上、下节模板之间。拆除左右和上面的连接螺栓后，下节模板就会脱落。脱模后放松葫芦，将拆下的模板用钢丝绳挂在上节模板上。然后逐个将四周各模板拆卸并悬挂于上节模板上。这样可将拆模工作和钢筋安装工作同时进行，节约时间，也减少了对塔吊工作时间的占用。

4）模板位置调整。当模板组拼成型后，所有螺栓不必拧紧，留出少量松动余地。若模板前后方向偏斜，可通过手拉葫芦调整至正确位置；左右偏斜的调整通过在模板底边靠倾斜方向的一端塞加垫片实现。模板之间的缝隙塞有橡胶条，因而不会漏浆。调整完毕后，拧紧全部螺栓，即可浇筑混凝土。

5）混凝土施工。混凝土的垂直运输采用输送泵一次完成。泵管利用模板对拉螺栓留在墩身内的螺母安装固定架由下而上固定在墩柱壁上。由于运送高度大，要求混凝土既要保持较大的流动性，又要达到设计强度。因此，应对各种水泥、外加剂及配合比进行多次试验，并依泵送情况随时调整。应加强振捣以确保混凝土的密实度，真正做到内实外美。在混凝土强度达到设计或监理工程师的要求后拆模、养生。

6）施工中墩身施工测量控制。用极坐标定位法、铅垂线控制法、悬挂钢尺水准测量法和三角高程间接法分别对墩身进行平面和标高定位。

（4）爬升式模板施工

1）爬架设施。爬架设施主要由支撑结构、架体结构、连接器、提升设备和防倾、防坠装置等组成。

①附着支撑结构：采用导轨式。轨道用钢轨或普通槽钢背靠背焊接而成，利用埋设于钢筋混凝土墩身中的预埋件附着于墩壁上，每两根轨道互相平行，保证爬架上的连接器不用改变距离就可从墩底爬升到墩顶。

②架体结构：每副爬架用角钢焊接成钢骨架，各爬架既可以互相连接成整体，又可以单独爬升，从而保证爬升过程中既可以整体爬升，又可以个别调整。

③连接器：爬架和轨道的连接部分，用厚钢板制作。通过连接器实现爬架在轨道上爬行。

④提升设备：采用可移装的液压千斤顶。液压千斤顶油缸行程为450mm，速度为2mm/min，每走完一个行程后用穿销固定，使缸体恢复原位，然后开始另一个顶升行程。其可用于单段或多段的提升。完成提升后，可拆移至另外一段架体。

⑤防倾和防坠装置：为防止架体倾斜，每副爬架架体上设置了两排共6副连接器。为防止架体突然坠落，每副架体的连接器下部都设置了FZ25型爬架防坠器，这样每副架体上有6副防坠器。

2）模板。根据桥墩特点制作大块全钢模板，每套模板分为3节，每节模板按6m高制作，每次浇筑混凝土的高度为6m，为避免留下明显的接花缝，拆模时不拆最上一层模板，将其留作下次立模的基础。

3）作业台座。爬架上共有三层作业台座。最上一层作业台座为墩内爬架最上端互相连接起来搭设的台座，主要用来存放一些小型机具及供工人在上绑扎钢筋和进行立模作业使用，中间一层作业台座为主要作业台座，是各爬架附着端互相连接起来形成的作业台座，工人在这层作业台座上可实现爬升模板、绑扎钢筋、立拆模、调整模板、临时存放模板、安拆对拉螺栓、检查防坠装置等作业；最下一层作业台座是吊挂在爬架下的作业台座，工人在该层作业台座上可实现安拆轨道、修补混凝土、检查爬架状态是否完好及进行防坠器安拆等作业。

4）安设轨道。利用埋于墩身内的预埋螺母将轨道附在桥墩上,也可利用桥墩对拉螺栓将轨道固定于桥墩上。

5）绑扎钢筋。钢筋在加工厂加工好后运至现场并吊至墩位处进行绑扎。钢筋绑扎或焊接时的搭接长度应符合施工规范要求,同一截面的接头数量不应超过规定的数量。钢筋安装完成后,周边钢筋交错绑扎圆形混凝土垫块,以避免拆模后混凝土表面有垫块的痕迹。

6）混凝土的灌注。混凝土在搅拌站集中拌和,通过混凝土搅拌运车水平运至墩台处泵送入模,然后插入振动棒振捣密实。

7）拆模及混凝土养生。工人将模板一块一块地拆下,暂时放在中层作业台座上,最上一层模板不需拆除。拆模后应立即进行混凝土的养生。当气温较高时,采用塑料薄膜包裹、模内浇水养生。

8）爬架的爬升。在墩身模板拆除,轨道铺设后,即可进行爬架的爬升。利用可移装的液压千斤顶将爬架一端安于轨道上的销孔中,另一端安于爬架上,一个行程可爬升约450mm。

9）模板的提升。操作工人利用爬架立柱上设置的手动导链将模板提起,然后进行立模,从基础到墩身,再到墩顶的整个施工过程中,每层模板应严格检查,复核断面和高程尺寸,以确保墩位正确。

（5）混凝土浇筑与养护

1）混凝土浇筑。混凝土浇筑应遵守相应的施工规范,特别应注意混凝土在浇筑前应对施工中涉及的吸水性物件做相应的处理,以避免混凝土水分被吸收,影响混凝土的质量。混凝土应在初凝之前浇筑,且不能有离析现象。若有离析现象,则应重新搅拌才能浇筑,且浇筑过程中也应避免产生离析现象。在浇筑立柱等结构物时,应在底部浇筑一层50~100mm的水泥砂浆（配合比与混凝土中的砂浆相同）,这样可避免产生牛蜂窝、麻面现象。混凝土浇筑时,应按结构要求分层进行,随浇随捣。一般结构的混凝土整体浇筑时,应尽可能连续进行,避免间断施工。混凝土浇筑后初期,应防止混凝土受震动或撞击。

2）混凝土养护。混凝土浇筑完毕后,为减少水分蒸发,应避免日光照射,且应防风吹和雨淋等。可用活动的三角形罩棚将混凝土板全部遮起来。待混凝土板表面的泌水消失后,可用湿草帘或麻袋等物覆盖表面,并每天洒水2~3次,最短养护时间为7d。天气突变时,要改变养护方式防止起灰、起泡等现象;如风大时,要提前养护等;当气温下降时,应适当延迟拆模时间。

（6）高墩台施工注意事项

1）高墩台竖直度的控制。高墩台竖直度允许偏差为墩台高度的0.3%,且不超过20mm。为此,在正常施工中每滑升1m就要进行一次中心校正。滑升中如发现偏扭,应查明原因、逐一纠正。纠正方法一般是将偏扭一方的千斤顶相对提高2~4cm后逐步纠正。每次纠正量不宜过大,以免产生明显的弯曲现象。

2）操作平台水平度的控制。控制操作平台的水平度是滑模施工的关键工作之一,如果操作平台发生倾斜,将导致墩台扭转和滑升困难。为避免平台倾斜,平台上的材料堆放要均匀,并应注意混凝土浇筑是否顺利,还要经常进行观测和调整。具体做法是用水平仪观察各千斤顶高差,并在支承杆上画线标记千斤顶应滑升到的高度,在同一水平面上千斤顶的高度不宜大于20mm,相邻千斤顶高差不宜大于10mm。

3)模板安装准确度的控制。滑升模板组装好后直到施工完毕,中途一般不再拆装模板。组装前要检查起滑线以下已施工基础或结构的标高和几何尺寸,并标出结构的设计轴线、边线和提升架的位置等。

4)爬杆弯曲度的控制。必须防止爬杆弯曲,否则会引起严重的质量和安全事故。爬杆负荷要经过计算确定,如果负荷过大或脱空距离过大,就会导致爬杆弯曲。平台倾斜也会使爬杆弯曲。若爬杆弯曲程度不大,可用钢筋与墩台主筋焊接固定,以防再弯;若弯曲程度较大,应先切去弯曲部分,再补焊一截新杆;若弯曲较严重,应切去上部,另换新杆,新杆与混凝土接触处应垫10mm厚钢靴。

二、盖梁施工

1. 墩台帽施工

(1)放样

墩台混凝土浇筑或砌石砌至距离墩台帽下缘300~500mm高度时,即需测出墩台帽纵、横中心轴线,并开始竖立墩台帽模板,安装锚栓孔或安装预埋支座垫板、绑扎钢筋等。桥台台相放样时,应注意不要以基础中心线作为台帽背墙线。模板立好后,在浇筑混凝土前应再次复核,以确保墩台帽中心、支座垫石等的位置、方向和高程不出差错。

(2)桩柱墩帽模板

桩柱墩帽也称盖梁,除装配式盖梁以外,其他盖梁均需要现场立模浇筑。盖梁圬工体积小,可利用钢筋混凝土桩柱本身做模板支承。其方法是用两根木梁将整排柱用螺栓相对夹紧,上铺横梁,横梁间衬以方木调节间距,也可用螺栓隔桩柱成对夹紧,在横梁上直接安装底模板。两侧模板借助于横梁、上拉杆和一对三角撑所组成的方框架来固定。所有框架、榫眼及角撑均预先制好,安装时只用木楔楔紧框构四周,就能迅速而正确地使模板定位。

(3)钢筋网、预埋件、预留孔等的安装

1)钢筋网的安装

梁桥墩台帽支座处一般均布设1~3层钢筋网。当墩台帽为素混凝土或虽为配筋混凝土但钢筋网未设置架立钢筋时,施工时应根据各层钢筋网的高度安排墩台帽混凝土的浇筑程序。为了保证各层钢筋网位置正确,应在两侧板上画线,并加设钢筋网的架立钢筋和定位钢筋,以免振捣混凝土时钢筋网发生移动。

2)墩、台预埋件的种类

①支座预埋件有以下几类:平面钢板支座的下锚栓及垫板,切线式支座的下锚栓及垫板,摆柱式支座的锚栓及垫板,盆式橡胶支座的固定锚栓。

②防震锚栓。
③装配式墩台帽的吊环。
④供运营阶段使用的扶手、检查平台和护栏等。
⑤供观测用的标尺。
⑥防震挡块的预埋钢筋。

预埋件施工应注意下述各点：
①为保证预埋件位置准确，应对预埋件采取固定措施，以免振捣混凝土时发生移动。
②预埋件下面及附近的混凝土应注意振捣密实，对具有角钢筋的预埋件尤应注意加强捣实。
③预埋件在墩台帽上的外露部分要有明显标识，浇至顶层混凝土时，要保证外露部分尺寸准确。
④在已埋入墩台帽内的预埋件上施焊时，应尽量采用细焊条、小电流分层施焊，以免烧伤混凝土。

3）预留孔的安装

墩台帽上的预留锚栓孔须在安装墩台帽模板时，安装好锚栓留孔模板，在绑扎钢筋时注意将预留孔位置留出。预留孔应该下大上小，其模板可采用拼装式。模板安装时，顶面可比支座垫石顶面约低5mm，以便垫石顶面抹平。带弯钩锚栓的模板安装时，应考虑钩的方向。为便于安装锚栓后灌实锚栓孔，可在每一锚栓孔模板外侧的三角木块部分预留进浆槽。

2. 附属工程施工

（1）桥台翼墙、锥坡施工要点

1）翼墙，锥体护坡（简称锥坡）的作用和构造

翼墙、锥坡是用来连接桥台和路堤的防护建筑物，它的作用是稳固路堤，防止水流的冲刷。设翼墙的桥台称为八字形桥台。翼墙设于桥台两侧，在平面上为八字形；立面上为一变高的直线墙，其坡度变化与台后路堤边坡的坡度相适应；翼墙的竖直截面为梯形，翼墙顶设帽石。翼墙一般为浆砌片石或浆砌块石结构。根据地基情况，翼墙基础可以采用浆砌片石或片石混凝土。

锥坡一般为椭圆形曲线，锥体坡面坡度沿长轴方向与路基边坡相同，一般为1：1.5，沿短轴方向为1：1。锥体坡顶与路基外侧边沿同高。当台后填土高度大于6m，路堤边坡采用变坡时，锥坡也应做相应的变坡处理。

锥坡内部用砂土或卵、砾石填筑、夯实，表面用片石干砌或浆砌，一般砌筑厚度为200~350mm。坡脚以下应根据地基情况及流速大小设置基础，或将坡脚伸入地面以下一段，并适当加厚趾部。

在受水流冲刷影响的地方，锥体可以考虑采用铺盖草皮或干砌片石网格代替满铺片石铺砌，也可以将锥坡的下段用片石满铺，上段铺草皮，以节约圬工数量。

2）锥坡施工要点

①锥体填土应按设计高程及坡度填足，砌筑片石厚度不够时再将土挖去，不允许填土不足，临时边砌石边补填土。锥坡拉线放样时，坡顶应预先放高 20～40mm，使锥坡随锥体填土沉降后坡度仍符合设计规定。

②砌石时放样拉线要张紧，表面要平顺，锥坡片石背后应按规定做碎石倒滤层，防止锥体土方被水侵蚀变形。

③锥坡与路肩或地连接必须平顺，以利排水，避免砌体背后冲刷或渗透导致坍塌。

④在大孔土地区，应检查锥坡基底及其附近有无陷穴，并进行彻底处理，以保证锥坡稳定。

⑤干砌片石锥坡用小石子砂浆勾缝时，应尽可能在片石护坡砌筑完成后间隔一段时间，待锥体基础稳定后再进行，以减少灰缝开裂。

⑥锥体填土应分层夯实，填料以黏土为宜。锥坡填土应与台背填土同时进行，并应按设计宽度一次填足。

（2）台后填土要求

1）台后填土应与桥台砌筑协调进行。填土应尽量选用渗水土，如黏土含量较少的砂质土。土的含水量要适宜，在北方冰冻地区要防止冻胀。如遇软土地基，为增大土抗力，台后适当长度内的填土可采用石灰土（掺5%石灰）。

2）填土应分层夯实，每层松土厚 200～300mm，一般应夯 2～3 遍，夯实后的厚度为 150～200mm，使密实度达到96%（拱桥要求达到98%），并做密实度测定。靠近台背处的填土打夯较困难时，可用木棍、拍板打紧捣实。与路堤搭接处宜挖成台阶形。

3）石砌圬工桥台台背与土的接触面应涂抹沥青或用石灰三合土、水泥砂浆胶泥做不透水层，作为台后防水处理。

4）拱桥台后填土必须与拱圈施工程序相配合，使拱的推力与台后土侧压力保持一定的平衡。一般要求拱桥台后填土应在主拱圈安装或砌筑以前完成。梁式桥的轻型桥台台后填土应在桥面完成后在两侧平衡地进行。

5）台后填土顺路线方向的长度一般应自台身起，顶面不小于桥台高度加 2m，在底面应不小于 2m；拱桥台后填土长度一般不应小于台高的 3～4 倍。

第四章　梁桥上部结构施工技术

第一节　装配式预应力混凝土梁桥施工

一、概述

随着梁桥构件的工厂化生产，出现了装配式钢筋混凝土简支梁桥。自从预应力技术在梁桥工程中应用之后，预应力工艺渐趋完善，并随着起重能力的提高，中小跨径的装配式预应力混凝土梁桥得到了普遍推广，预制安装施工方法在国内外得到了迅速发展。据统计，在美国、俄罗斯和西欧各国，梁桥上部结构采用预制装配施工的已占80%~90%。我国公路、铁路、城市高架桥已将中小跨径桥梁做了定型化、标准化设计，使装配式施工得以广泛应用。

所谓装配式梁桥，就是先将整孔梁体横向分片（或整孔）或纵向分段在桥梁预制工厂或预制场预制，产品合格后运到桥位处，安装就位。

二、装配式梁桥的特点

采用预制安装法施工的装配式梁桥与就地浇筑的整体式梁桥相比较，有下列特点：

1. 装配式梁桥的预制构件形式和尺寸可向标准化发展，有利于大规模工业化生产。

2. 采用桥梁预制工厂（预制场）集中预制，可充分利用先进设备，提高施工机械化和自动化的程度，因此可提高工程质量，降低劳动强度，提高生产效率。

3. 加快施工进度。由于装配式梁桥的梁片预制可与梁桥下部结构同时施工，故可加快施工进度，缩短施工工期，而且效果明显。

4. 能节省大量支架、模板。装配式梁桥常采用无支架或少支架施工，并且桥梁预制工厂（预制场）采用钢模板浇筑预制构件，模板能多次重复使用；高桥采用无支架安装可省去大量现场支架，降低工程造价。

5. 需要有一定起吊能力的吊装设备。预制梁体一般采用汽车吊、履带吊机、浮吊进行吊装架设，梁桥较长时可采用跨墩龙门吊机、架桥机架设。

6. 预制梁安装后需进行横向连接，增加了施工工序。

装配式钢筋混凝土和预应力混凝土梁桥的施工包括分片或分段构件的预制、运输、安装三阶段。

三、装配式梁的预制方法

混凝土梁的预制工作可在专业的桥梁预制工厂内进行，也可在桥位处的预制场内进行。桥梁预制工厂一般可生产钢筋混凝土梁、先张法或后张法工艺的预应力混凝土梁、混凝土桥梁的节段构件及其他预制构件。由于运输长度和质量的限制，通常桥梁预制工厂以生产中小跨径预制构件为主，跨径大于25m的后张法预应力混凝土梁以及大跨径混凝土桥的节段构件主要在桥位处的预制场内生产。

1. 梁的整体预制

（1）固定台座预制

在预制工厂或施工现场，可用固定式底座生产钢筋混凝土梁和预应力混凝土梁。预制构件在固定台座上完成各工序，直到构件完全可以移动后再进行下一个构件的制作。正常情况下，在固定台座上预制一片30m跨径的后张法预应力箱梁需要36h。

固定台座需要使用强度高、不变形的底座，在构造上有整体式底座和底座垫块两类。整体式底座是在坚实的地基上铺设混凝土底板，预制时在底板上设置垫木和底模板。底座垫块是在预制梁的长度范围内，每隔一定距离（0.5~1.0m）设置一组混凝土垫块（横向可设置2~3块），在横向的底座垫块之间设置钢横梁，并在其上铺设底模板。采用底座垫块的固定台座，要使底模下有足够的空间以便放置底模振捣器。为减小对垫块的振动，可在底板垫块与横梁之间放置1~2层橡胶垫板。先张法制造的预应力混凝土梁，就是一种在固定台座上生产的预制梁。

（2）流水台车预制

在预制工厂内设置运输轨道，预制梁的底模设置在活动台车上的预制方法叫作流水台车预制。流水台车由轨道轮、底板、加劲肋、底模和底模振捣装置组成。流水台车均为钢制，其和生产线的数量根据预制工厂的生产能力确定。

采用流水台车预制时，预制梁在台车上生产，而安装模板、绑扎钢筋、制作预应力筋、浇筑混凝土以及张拉等工序则安排在固定车间内，通过台车流动组织生产。它的主要优点在于可实现工业化、专业化、标准化生产，改善工作条件，并且可使用固定式的机具设备，提高生产效率。我国某桥梁预制工厂采用流水台车生产张法预应力混凝土简支梁后，可在流水台车上生产多种规格的梁，一条流水线每天可生产一片预制梁。但此种预制方法需要较大的生产车间和堆放场地，可在生产量大的大型桥梁预制工厂中采用。

2. 梁的节段预制

根据施工方法的要求，需要将梁沿桥纵向根据起吊能力分成适当长度的若干节段，在预制工厂或桥位处的预制场内进行节段预制工作。箱形梁节段的预制质量将直接影响梁桥工程的质量，通常采用长线预制或短线预制的立式预制方法；桁架梁段常采用卧式预制方法。

（1）长线预制

  长线预制是在预制工厂或桥位处的预制场按梁桥底缘曲线制作固定式底座，在底座上安装底模进行节段预制工作。形成梁底缘的底座有多种方法，可以利用预制场的地形堆筑土胎，经加固、夯实后，铺砂石层并在其上做混凝土底板；盛产石料的地区可用石砌成所需的梁底缘形状；地质情况较差的预制场，常采用打短桩基础，然后搭设木材或型钢排架形成梁底曲线。

  箱梁节段的预制是在底座上分段进行的。模板常采用钢模，每段一块，以便装拆使用。为加快施工进度，保证节段之间密贴，常先浇筑奇数节段，再以奇数节段的端面为端模浇筑偶数节段。也可以采用分阶段的预制方法。为便于节段拼装定位，常在节段顶板和腹板的接触面上设置齿槽和剪力键。当节段混凝土强度达到设计强度时，可吊出预制场地。

  长线预制需要较大的施工场地，底模长度最小需有梁桥跨径的一半，并要求操作设备可在预制场移动。因此，长线预制法宜在具有固定梁底缘形状的多跨桥上采用，以提高设备的使用效率。

（2）短线预制

  短线预制箱梁节段的施工，是由可调整外部及内部模板的流水台车与端模架来完成的。第一节段混凝土浇筑完成后，在其相对位置上安装下一段模板，并利用第一节段的端面作为第二节段的端模完成混凝土浇筑工作。短线预制的生产台座占地相对较少，适合在预制工厂内进行节段预制，机械化作业程度高，设备可周转使用，一般每条生产线平均5d约可以生产4个节段，但节段的尺寸和相对位置的调整要复杂些。

  虽然短线预制相对于长线预制而言施工工艺和精度控制有较高的要求，施工难度相对较大，但是短线预制对于桥梁结构总体线形控制、施工进度控制和先进的机械化施工的流程控制都是长线预制所无法实现的，因此，目前短线预制施工工艺应用广泛。

（3）卧式预制

  桁架梁的预制节段分段较长，并具有较大的桁高，而其桁杆截面尺寸不大。因此，为预制方便，常采用卧式预制方法。

  卧式预制要有一个较大的地坪，常用混凝土浇筑而成。地坪的高程应经过测量，需有足够的强度，不致产生不均匀沉降。预制节段可直接在地坪上预制，对相同的节段可以在已预制完成的节段上安装模板进行重叠施工，两层构件间常用塑料布或涂机油等方法分隔。桁架梁预制节段的起吊、翻转作业要求细致，注意选择吊点和吊装机具。

第二节 预应力混凝土连续梁桥施工

一、固定支架就地浇筑施工法

固定支架就地浇筑施工法是一种古老的施工方法，它是在固定支架上安装模板、绑扎及安装钢筋骨架，预留孔道，并在现场浇筑混凝土与施加预应力的施工方法。由于采用此种方法施工需用大量的支架，故其一般在桥墩较低的中小跨径桥梁或交通不便的边远地区采用。

近年来，随着桥梁结构形式的发展，出现了一些变宽的异形桥、弯桥等复杂的预应力混凝土结构，由于临时钢构件、万能杆件、贝雷梁和六四军用梁等大量应用，在其他施工方法都比较困难，或经过比较固定支架就地浇筑施工法较方便、费用较低时，在大跨径桥梁中也可以采用这种施工方法。为了完成现浇梁桥的就地浇筑施工，首先应根据桥孔跨径、桥孔下面覆盖土层的地质条件、水的深浅等因素，合理地选择支架形式。

1. 支架形式

支架按所用材料，可分为木支架、竹支架、钢支架、钢木混合支架；按其构造形式，一般可分为落地支架和无落地支架（桥墩支撑）两种形式。落地支架分为立柱式支架、梁柱式支架和组合式支架，无落地支架有梁式支架。立柱式支架又称满布式支架。当然，还可能有其他特殊支架，但就目前而言，立柱式支架、梁柱式支架的应用最为普遍。

（1）立柱式支架

立柱式支架构造简单，常用于陆地或桥墩较低的中小跨径桥梁施工，但对地基承载力要求较高。当桥墩较高时，搭设支架不但难度大，而且时间长、不经济。

立柱式钢管支架纵、横向密排，钢管间距依桥高及现浇梁自重、施工荷载的大小经设计计算而定，通常为 0.3~1.5m。

目前，立柱式支架是各国应用最广泛的支架之一。根据其连接方式的不同，立柱式支架可分为扣件式、门式、碗扣式和盘扣式等定型钢管支架。其构造和特点如下：

1）扣件式钢管支架

扣件式钢管支架由钢管和扣件组成。其特点是可根据施工需要灵活布置，通用性强；构配件品种少，利于施工操作；装卸方便，坚固耐用。

每根钢管宜采用 $\phi48.3mm \times 3.6mm$ 规格的焊接钢管，长度不应超过 6.5m，最大质量不应超过 25.8kg。限制钢管长度与质量是为了便于人工搬运，确保施工安全。

扣件应采用锻铸铁或铸钢制造，按结构形式分为三种：用于垂直交叉杆件间连接的直角扣件、用于平行或斜交杆件间连接的旋转扣件，以及用于杆件对接连接的对接扣件。

扣件质量应符合有关规定，当扣件螺栓拧紧力矩达 65N·m 时，扣件不得发生破坏。

虽然旋转扣件在使用中可连接任意角度的相交钢管，但对直角相交的钢管应用直角扣件连接，而不应用旋转扣件。

脚手板可用钢、木、竹材料制成，单块脚手板的质量不宜大于 30kg。

可调托撑是支架直接传递荷载的主要构件。大量可调托撑试验证明，可调托撑支托板的截面尺寸、支托板弯曲变形程度、螺杆与支托板的焊接质量、螺杆外径等均影响可调托撑的临界荷载，最终影响立柱式支架的临界荷载。

2）门式钢管支架

门式钢管支架是以门架、交叉支撑、连接棒、挂扣式脚手板、锁臂、底座等组成基本结构，再以水平加固杆、剪刀撑、扫地杆加固，并采用连墙件与建筑物主体结构相连的一种标准化钢管支架。其主要特点是：

①组装方便，装拆时间为扣件式钢管支架的 1/3～1/2，特别适用于使用周期短或频繁周转的支架。

②承载性能好，使用安全可靠，使用强度约为扣件式钢管支架的 2.5 倍，使用寿命长，可使用 10～15 年，经济效益好。而扣件式钢管支架一般使用 8～10 年。

③由于组装件接头大部分不是螺栓紧固性的连接，而是插销或扣搭式的，若搭设高度较大或荷载较重，则必须附加钢管拉结紧固，否则会摇晃不稳。

门式钢管支架用普通钢管材料制成工具式标准件，在施工现场组合而成。其基本单元由一副门式框架、两副剪刀撑、一副水平梁架和四个连接器组合而成。若干基本单元通过连接器在竖向叠加，扣上臂扣，组成一个多层框架。在水平方向上，用加固杆和水平梁架将相邻单元连成整体的模板支架。

3）碗扣式钢管支架

这种钢管支架由英国首先研制成功，在西欧各国应用较普遍，在日本和东南亚一些国家也有应用。

20 世纪 80 年代中期，我国在学习英国 SGB 公司有关资料的基础上，结合实际情况对结构做了改进，试制成功了这种钢管支架。该钢管支架与扣件式钢管支架相比，具有以下特点：

①多功能。能组成模板支架、支撑柱等。

②高功效。避免了螺栓作业，拼拆快速而省力，减小了劳动强度，提高了工作效率。

③承载力大。杆件轴线交于一点，节点在框架平面内，接头具有可靠的抗弯、抗剪、抗扭力学性能，结构稳固、可靠。

④安全、可靠。接头自锁能力强，构件系列标准化，使用安全、可靠。

⑤便于管理。无零散易丢构件，堆放整齐，便于现场材料管理。

目前，这种支架在新型支架中发展速度最快、推广应用量最多，在桥梁工程施工中已大量应用，而且取得了良好的经济效果，是国内应用最广泛的模板支架之一。

碗扣式钢管支架由钢管（立杆、横杆、斜杆）、碗扣节点、立杆连接销、可调底座、可调托撑、脚手板等组成。其基本构造和搭设要求与扣件式钢管支架类似，主要不同之处在于碗扣节点。

立杆的碗扣节点由上碗扣、下碗扣、横杆接头和上碗扣的限位销等组成。在直径48mm的立杆上，每隔0.6m设置一组碗扣节点，即步距以0.6m为模数，纵、横向间距以0.3m为模数。在立杆上焊接下碗扣和上碗扣的限位销时，将上碗扣套入立杆内，在横杆和斜杆上焊接插头。组装时，将横杆和斜杆插入下碗扣周边带齿的圆槽内，使上碗扣沿限位销滑下扣住横杆接头，并顺时针旋转扣紧，用铁锤敲击几下即能牢固锁紧。碗扣处可同时连接4根横杆，可以互相垂直或偏转一定角度，可组成直线形、曲线形、直角交叉形以及其他形式。

4）承插型盘扣式钢管支架

承插型盘扣式钢管支架由德国呼纳贝克模板公司首先研制成功，取名为Modex。我国在学习国外公司有关资料，并参照国内其他类型脚手架的基础上，结合我国实际情况研制出了这种新型钢管支架。

承插型盘扣式钢管支架是在吸取国外同类型支架先进接头和配件的基础上，结合我国实际情况而研制的一种新型模板支架，已广泛应用于桥梁建筑工程各个领域。

承插型盘扣式钢管支架的盘扣节点为直径120mm、厚18mm的圆盘，圆盘上开设8个插孔，横杆和斜杆上的插头构造设计先进。这种支架在构造上比碗扣式钢管支架更先进，其主要特点是：

①连接横杆多，每个圆盘上有8个插孔，可以连接8个不同方向的横杆和斜杆；

②连接性能好，每根横杆插头与立杆的插座可以独立锁紧，单独拆卸，而碗扣式钢管支架必须将上碗扣扣紧才能锁定，拆除横杆时也必须将上碗扣松开；

③承载能力强，每根立杆的承载力可达48kN；

④适用性强，可广泛用作各种脚手架、支架和大空间支撑。

承插型盘扣式钢管支架由立杆、水平杆、斜杆、可调底座及可调托座等构配件构成。其基本构造和搭设要求与碗扣式钢管支架类似，主要不同之处在于盘扣节点。

盘扣节点由焊接于立杆上的连接盘、水平杆杆端扣接头和斜杆杆端扣接头组成。按照国际上的习惯做法，在直径为60mm的立杆上，竖向每隔0.5m间距设置一立杆的盘扣节点，则水平杆步距以0.5m为模数。组装时，将插头先卡紧圆盘，再将楔板插入插孔内，要求用不小于0.5kg的锤子击紧2～3下，楔板即可固定横杆。

（2）梁柱式支架

梁柱式支架一般用于桥墩较高、跨径较大、软土地基及必须保证在支架下通行（航）或排洪的情况。该支架与立柱式支架相比，摆脱了桥下不良场地的限制。

立柱支承在桥墩的承台或临时基础上，梁支承在临时立柱或临时墩上，形成单跨或多跨梁柱式支架。

梁柱式支架依其跨径及现浇梁自重、施工荷载的大小可采用工字钢梁、钢板梁或钢桁梁（万能杆件、贝雷梁、六四军用梁）作为承重梁。一般当跨径小于10m时可采用工字钢梁，跨径小于20m时可采用钢板梁，跨径大于20m时可采用钢桁梁。立柱可采用钢管柱、焊接的型钢或临时墩。临时基础采用桩基础时，桩的入土深度应按施工设计要求设置，不小于3m。当水深大于3m时，桩要用拉杆加强，一般须在纵梁上布置卸落设备。

（3）组合式支架

支架的下部分为梁柱式支架，上部分为立柱式支架（便于变截面纵向弧线形梁底高程的调整）的组合形式，简称组合式支架。其一般用于桥墩较高、桥下通行（航）或排洪的大跨度变截面连续梁桥的施工。

（4）梁式支架

梁式支架一般可在水中高墩现浇梁桥上使用。梁支承在桥墩上预留的托架或桥墩处临时设置的横梁上。托架按支撑方式不同有预埋型钢牛腿法、预留孔穿型钢法和抱箍法三种，梁宜采用常备式定型钢构件的万能杆件、贝雷梁、六四军用梁拼装。

2. 对支架的要求

（1）支架虽然是临时结构，但它要承受恒载。为保证结构位置和尺寸的准确，支架必须具有足够的强度、刚度和稳定性。另外，支架须受力明确。为了减少变形，构件应主要选用受压或受拉形，并减少构件接缝数量。

（2）满布支架的地基表面应平整，并应有防水、排水措施；满布支架位于坡地上时，宜将地基的坡面挖成台阶；在软弱地基上设置满布支架时，应采取措施对地基进行处理，使其承载力满足施工要求。

（3）梁式支架各支点的基础应设在可靠的地基上。当地基沉降过大或承载力不能满足要求时，宜设置桩基或采取其他有效措施进行处理。梁式支架不宜采用拱式结构；必须采用时，应按拱架的要求施工。

（4）支架应稳定、牢固，其地基应有足够的承载力。支架位于水中时，其基础宜采用桩基。对弯、坡、斜梁式桥，其支架的设置应适应梁体相应几何线形的变化，且应采取有效措施保证支架的稳定性。

（5）梁式桥跨越需要维持正常通行（航）的道路（水域）时，对其现浇支架应采取防碰撞的安全措施，并应设置必要的交通疏导标志，以保证施工安全和交通安全。

（6）梁式桥现浇支架的预压应力应根据支架的类型和结构形式、地基的沉降量和承载能力，以及荷载大小等因素确定。

（7）专用支架应按其产品的要求进行模板的卸落；自行设计的普通支架应在适当部位设置相应的木楔、木凳（木马）、砂筒或千斤顶等卸落装置，并应根据结构形式、承受的荷载确定卸落量。卸落装置必须具有足够的强度和刚度。

3. 支架、模板的设计

支架、模板的设计应根据结构形式、设计跨径、施工组织设计、荷载大小、地基土类别及有关设计，施工规范进行。

支架、模板的设计应考虑下列各项荷载。

（1）支架、模板自重，应按设计图纸计算确定。

（2）新浇筑混凝土、钢筋、预应力筋或其他圬工结构物的自重。普通混凝土的自重可采用24kN/m³。

钢筋混凝土的自重可采用25～26kN/m³（以体积计算的含筋量小于或等于2%时，采用25kN/m³；以体积计算的含筋量大于2%时，采用26kN/m³）。

（3）施工人员及施工设备、施工材料等荷载。计算模板及直接支承模板的小楞时，均布荷载可取2.5kPa，另外以集中荷载2.5kN进行验算；计算直接支承小楞的梁时，均布荷载可取1.5kPa；计算支架立柱的其他结构构件时，均布荷载可取1.0kPa；有实际资料时按实际取值。

（4）振捣混凝土时产生的振动荷载，水平面模板为2.0kPa，垂直面模板为4.0kPa。

（5）新浇筑混凝土对模板侧面的压力，采用内部振捣器振捣混凝土。当混凝土的浇筑速度在6m/h以下时，新浇筑的普通混凝土作用于模板的最大侧压力可按公式计算，并取两者中的较小值。

（6）混凝土入模时产生的水平方向的冲击荷载。

（7）设于水中的支架所承受的水流压力、波浪力、流冰压力、船只及其他漂浮物的撞击力，按实际情况考虑。

（8）其他可能产生的荷载，如风荷载、雪荷载、冬季保温设施荷载等，按实际情况考虑。支架及其模板的荷载设计值，应采用荷载标准值乘以相应的荷载分项系数计算求得。

在计算支架和模板的强度和稳定性时，应考虑作用在支架和模板上的风力。设于水中的支架，还应考虑水流压力、流冰压力和船只及其他漂流物等的撞击力。当验算支架及其模板在自重和风荷载等作用下的抗倾覆稳定性时，验算倾覆的稳定系数不得小于1.3。

验算支架、模板的刚度时，其最大变形值不得超过下列允许值：

1）支架受载后挠曲的杆件（盖梁、纵梁），其弹性挠度为相应结构跨度的1/400；

2）结构表面外露的模板，其弹性挠度为模板构件跨度的1/400；

3）结构表面隐蔽的模板，其弹性挠度为模板构件跨度的1/250；

4）钢模板的面板变形为1.5mm，钢棱和柱箍变形为L/500和B/500（其中，L为计算跨径，B为柱宽）。

4. 支架地基

支架地基处理的方法应根据箱梁的断面尺寸及支架形式对地基的要求确定。支架的跨径大，施工荷载大，对地基的要求较高，地基的处理就需要加强；反之，就可相对减弱。石灰粉煤灰稳定碎石、水泥稳定碎石、矿渣、拆迁建筑粒料及原有路基路面都可作为支架地基。

支架地基的处理可采用以下方法：（1）钢或木卧梁；（2）地基换填，压实浇筑混凝土；（3）铺筑混凝土预制块；（4）混凝土条形基础；（5）桩基础加混凝土横梁；（6）其他，如重锤夯实、粉喷桩等。支架地基处理时，基底压实度一般不小于93%，处理宽度不小于支架两侧各1.0m。支架地基应排水通畅，不得有积水。如有渗透水，应在基础范围以外设排水沟予以排除，以免降低地基承载力。

上海南浦大桥浦东引桥预应力曲线连续箱梁的梁长分别为121m（4跨）、95m（3跨）共四联，桥梁中心线的曲率半径为90m，因施工现场的地基、地形、地貌情况比较复杂，有基坑部位的回填土、老宅地基和泥浆坑等，为防止混凝土施工时地基产生不均匀沉降，采用重锤夯实加固地基，随后在整平的地基上铺道砟，浇15cm厚的C15素混凝土。

5. 支架预压

支架预压是不可缺少的工序。其目的是：消除支架地基基础和支架的非弹性变形；获取支架弹性变形的参数，以设置施工预拱度。应根据设计或技术规范的要求进行预压，一般为超载预压。预压荷载宜为支架需承受全部荷载的1.05～1.10倍，预压荷载的分布应模拟需承受的结构荷载及施工荷载。预压时间一般以达到连续24h沉降量小于2mm为宜。

预压重物就地取材，一般可采用钢筋、水袋或沙袋。工程实践证明，采用小沙袋预压比较经济，质量容易控制，连续作业时也便于人工倒运；对于工期较紧的城市高架桥，一般采用大沙袋预压，但相对成本较高。

预压前，先记录预压部位基准点的原始标高。预压期间，每天早晚同一时间两次测量基准点标高，若符合上述要求即可卸载。卸载后继续观测，以获得预压支架的弹性变形量，由此设置施工预拱度。

二、悬臂施工法

悬臂施工法也称为分段施工法，是在已建成的桥墩上，以桥墩为中心沿桥梁跨径方向对称地逐段悬臂接长的施工方法。预应力混凝土桥梁悬臂施工法最初是由钢桥悬臂拼装法发展而来的。

第五章　拱桥施工技术

第一节　现浇混凝土拱桥施工

对现浇混凝土拱桥进行有支架施工是一种传统的施工方法，也是应用最广泛的一种方法。现在，还有一种无支架的悬臂现浇施工方法也在逐步被广泛应用。本节重点介绍有支架现浇施工方法，其主要施工程序有材料的准备、拱圈放样、拱架制作与安装、拱圈及拱上建筑施工等。

一、拱架的形式和构造

就地浇筑混凝土拱圈时需搭设拱架，以支承拱圈和上部结构的全部或部分重量，同时还要保证拱圈的形状符合设计要求。拱架的设计和施工都比较复杂，是决定拱桥施工成败的关键。拱架要有足够的强度、刚度和稳定性，同时拱架又是一种临时结构，因此又要求它构造简单、装拆方便、节省材料并能重复使用，以加快施工进度，减少施工费用。拱架的种类很多，按形式可分为满堂式拱架、少支架拱架、拱式拱架等，按使用材料的不同可分为木拱架、钢拱架、竹拱架、竹木拱架及土牛拱胎等。

1. 满堂式拱架

满堂式拱架的优点是施工可靠，技术简单，木材和铁件规格要求低；缺点是材料用量多且损耗率较高，受洪水威胁大。其在水深流急、漂流物较多及要求通航的河流上不能采用。满堂式拱架通常由拱架上部（简称拱架或拱盔）、卸拱设备、拱架下部（支架或脚手架）三部分组成。拱架上部是由立柱、斜撑和拉杆等组成的拱形桁架，下部是由立柱及横向联系（斜夹木和水平夹木）组成的支架，上、下部之间放置卸拱设备（砂筒、木马或千斤顶等）。

拱架上部在斜撑上钉以弧形垫木以满足拱腹的曲线要求，通常将斜撑和弧形垫木合称为弓形木（梳形木）。弓形木支承在立柱或斜撑上，跨度为1.5～2.0m。其上放置横梁，间距为0.6～0.7m，横梁上再纵向铺设30～50mm厚的模板。

当拱架横向间距较小时，也可不设横梁，直接在弓形木上铺设30～50mm厚的模板。拱架下的水平拉杆为系杆。拱架节点应构造简单，避免采用复杂的节点和接头形式，连接处要紧密，以保证拱架在荷载作用下变形最小且变形曲线圆顺。

每一拱肋下应有1～2榀拱架，拱圈之下则视拱圈宽度和重量大小可设多榀。拱架之间要有充分的横向连接系。

一般来说，满堂式拱架适合跨度不大、高度较小、基础较好的拱桥。

2. 少支架拱架

在通航河流需预留一定的桥下净空，或在水深、桥高以及其他不适宜采用满堂式拱架的条件下，可采用有中间支承的墩架式拱架。墩架式拱架用少数框架式支架加斜撑来代替数目众多的立柱，在墩架上设置横梁，横梁上安装卸拱设备，再安装拱盔。该种拱架的材料用量较满堂式拱架少，构造也不复杂，且能在桥下留出适当的空间，是实际施工中较常用的一种拱架形式。

另一种常用的少支架拱架为用工字梁及墩架做成的拱架。工字梁的跨度可达12～15m，间距为1m左右，用纵向及横向连接系支承。这种拱架可利用常备式构件拼装，节省木材及劳动力，且桥下净空较宽。

3. 拱式拱架

拱式拱架实质上是一个临时的拱圈，在墩台上的相应位置预埋、安装牛腿，拱脚就安装在牛腿上的卸拱设备上。拱式拱架的拱圈一般采用装配式桁架、装配式公路钢桥节或者万能杆件等拼装，根据拱曲线的差异，选择不同的杆件组合或新加工一些连接短杆，形成相应拱度的折线。在较大的拱式拱架中，为了减少拱脚位移对拱架受力产生的不利影响，一般在拱顶设置成铰接，整个拱架其实就是一个三铰拱。

二、拱架施工要点

1. 拱架的计算荷载

拱架的设计计算与其他结构物的设计计算一样，根据拱架结构的特点，选择合理的计算图式，选定符合实际并考虑安全储备的计算荷载，从强度、刚度、稳定性等方面进行计算和验算。拱架的计算荷载主要有拱架自重荷载、拱圈圬工荷载、施工人员及机具荷载、其他可能产生的荷载（如风、雪、水流等）。

2. 拱架的制作、安装

根据设计拱轴线和各点的预拱度值，计算出拱轴线各处的实际高程值。选择一放样场地（如学校操场、已完成的路面等），利用相对坐标放出实际拱架拱轴线，据此进行拱架杆件的制作、拱（箱）肋侧模的分块和制作。

拱架的杆件加工好后，先进行试拼，根据试拼情况进行可能的局部修整，再进行拱架的正式搭设。

拱架的正式搭设应根据拱架的类型分别采用不同的方法。满堂式拱架一般在桥孔中逐杆进行安装，三铰拱式拱架可采用整片吊装的方法安装，大跨度的钢拱架一般采用悬臂法逐节拼装，还有一些钢拱架可以采用转体法进行安装。

3. 拱架的试压

拱架试压的加载重量及顺序根据拱圈分段、分层现浇的加载情况进行模拟。考虑到拱圈的曲线形式，而且在各部位加载时拱架变形情况不同，为了操作的方便和安全，拱架试压一般采用沙袋加载的方式进行。

4. 拱架的卸落和拆除

现浇混凝土拱圈拱架的拆除期限应符合设计规定；设计无规定时，在拱圈混凝土强度达到设计强度的85%后，方可卸落拆除。拱架的卸落一般选在一天中温度最高时，按照设计规定的程序进行；若设计无规定，应拟订详细的卸落程序，分几个循环卸完，卸落量开始宜小，以后逐渐增大，在纵向应对称、均衡卸落。满堂式拱架可从拱顶向拱脚依次卸落，拱式拱架可在两支座处同时卸落。多孔拱桥卸架时，若桥墩容许承受单孔施工荷载，可单孔卸落，否则应多孔同时卸落或连续孔分阶段卸落。卸落时，应由专人观测拱圈挠度和墩台变化，并详细记录。

三、现浇混凝土拱圈施工

拱桥拱圈的浇筑流程同梁桥的浇筑流程基本相似，即支架施工→安装模板→绑筋→浇筑混凝土→养护→拆模→拆支架。拱圈混凝土浇筑与梁桥混凝土浇筑的最大不同点在于浇筑的顺序，拱圈的就地浇筑顺序应满足以下要求：

· 同一拱圈拱顶两侧，同一跨上、下游，相邻跨间的施工应遵循对称、平衡的原则；
· 加载各个阶段时，桥墩受到的偏心应力最小；
· 加载各个阶段时，拱架的应力、变形最小；
· 拱架的变形应在拱圈合龙成型前完成，以尽量减小拱肋有害内部应力；
· 拱圈分段接缝处应避开应力集中部位（如立柱、横系梁等位置）；
· 拱圈封拱合龙在拱顶处完成，且尽量选择在较低温度下进行。

拱圈的浇筑方法一般包括以下几种。

1. 连续浇筑

跨径小于16m的拱圈或拱肋混凝土，应按拱圈全宽从两端拱脚向拱顶对称、连续浇筑，并在拱脚混凝土初凝前全部完成。如预计不能在限定时间内完成，则应在拱脚处预留一个隔缝，最后浇筑隔缝混凝土。

2. 分段浇筑

跨径大于或等于16m的拱圈或拱肋，为避免拱架变形和混凝土收缩产生裂缝，应沿拱跨方向分段浇筑。分段位置应以能使拱架受力对称、均匀和变形小为原则。拱式拱架宜设置在拱架受力反弯点、拱架节点、拱顶及拱脚处。满堂式拱架、少支架拱架宜设置在拱顶、1/4部位、拱脚及拱架节点等处。分段长度一般为6~15m。各段的接缝面应与拱轴线垂直，各分段点应预留间隔槽，其宽度一般为0.5~1.0m。当有钢筋接头时，其宽度还应满足钢筋接头的需要。

分段浇筑程序应符合设计要求，且对称于拱顶进行，使拱架变形保持对称、均匀和尽可能小。填充间隔缝混凝土时，应由两拱脚向拱顶对称进行。拱顶及两拱脚间隔缝应在最后封拱时浇筑，间隔缝与拱段的接触面应事先按施工缝进行处理。间隔缝的位置应避开横撑、隔板、吊杆及钢架节点等处。间隔缝的宽度以便于施工操作和钢筋连接为宜，一般为500~1000mm。

浇筑间隔缝混凝土应在拱圈分段混凝土强度达到85%设计强度后进行。为缩短拱圈合龙和拱架拆除的时间，间隔缝内的混凝土可采用强度比拱圈高一等级的半干硬性混凝土。封拱合龙温度应符合设计要求，如设计无规定，一般宜接近当地的年平均温度。

3. 箱形截面拱圈（或拱肋）的分段、分环浇筑

大跨径拱桥一般采用箱形截面的拱圈（或拱肋），为减轻拱架负担，一般采取分环、分段浇筑方法。分段的方法与上述相同。分环一般是分成两环或三环。分成两环时，先分段浇筑底板（第一环），然后分段浇筑肋墙、隔墙与顶板（第二环）；分三环时，先分段浇筑底板（第一环），然后分段浇筑肋墙、隔墙（第二环），最后分段浇筑顶板（第三环）。

第二节　装配式混凝土拱桥施工

相对拱桥主拱圈就地浇筑施工中存在的受高度、跨度、地形等的限制而言，拱圈的装配式施工就显得更有优势。它可以不受桥下水流及通航的影响，跨越能力强，适应性强，施工速度快，也比较稳妥、安全。另外，拱桥上部结构的轻型化、装配化大大加快了拱桥的施工速度。要提高拱桥的竞争力，拱桥必须向轻型化和装配化的方向发展。

装配式混凝土拱桥施工是在预制场地进行混凝土拱桥各构件的制造，然后在桥位进行装配的施工方法。拱桥的装配式施工方法主要有支架拼装法、拱上架梁吊机法、缆索吊装法等，其中以缆索吊装法最为常见。本节将重点介绍箱形截面拱桥的缆索吊装法。

一、支架拼装法

这种方法从就地浇筑施工方法优化而来。其将分段浇筑的拱段在桥下放平预制，按照加载顺序依次吊装在拱架上，最后按照就地浇筑拱圈的方法合龙拱圈。采用这种施工方法

时，拱圈预制和下部结构施工可平行作业，施工快，但需要吊装设备。这种施工方法一般在矮墩、小跨径的拱桥中使用。

二、拱上架梁吊机法

拱上架梁吊机主要有步履式和移动式，由千斤顶或卷扬机牵引行走，通过后平衡装置保持稳定，并逐节段安装外伸。起吊安装时，吊机与主体结构锚固，结构稳定性好，有利于构件的准确定位和安装。吊机的起吊重量、起吊速度、最大悬臂长度等根据主体结构的形式以及施工单位的经验和习惯确定。重庆朝天门长江大桥的拱上架梁吊机起重能力达2100t·m，吊副为30.5m。

三、缆索吊装法

在峡谷或水深流急的河段上，或在通航的河流上需要满足船只的顺利通行时，可选用缆索吊装法。缆索吊装法由于具有跨越能力强，水平和垂直运输机动、灵活，适应性强，施工比较稳妥、方便等优点，成为拱桥施工中使用最为广泛的方法。

缆索吊装的施工顺序：在墩台两侧安装索塔，拱桥构件通过主索上的起重设备吊装、运输，依次拼装，并利用扣索将拼装悬臂斜拉稳定，直至全拱合龙。

1. 构件的预制

（1）拱肋构件坐标放样

对于装配式混凝土拱桥，拱肋坐标放样与有支架施工拱肋坐标放样相同，采用直角坐标法放出基肋大样。坐标系采用以基肋内弧下弦为 x 轴，以垂直方向为 y 轴，每隔 1m 在 x 轴上分别量出内、外弧的 y 坐标，以此放样。在放样时应注意各接头的位置，力求精确，以减少安装困难。

（2）拱肋立式预制

采用立式浇筑方法预制拱肋，具有起吊方便、节省木材的优点。常用的预制方法有：1）土牛拱胎立式预制；2）木架立式预制；3）条石台座立式预制，条石台座由数个条石支墩、底模支架和底模等组成。

（3）拱肋卧式预制

1）木模卧式预制。当预制拱肋数量较多时，宜采用木模。当浇筑截面为 L 形或倒 T 形时（双曲拱桥拱肋），拱肋的缺口部分可用黏土砖或其他材料垫砌。

2）土模卧式预制。在平整好的土地上，根据放样尺寸挖出与拱肋尺寸大小相同的土槽，然后将土槽壁仔细抹平、拍实，铺上油毛毡或水泥袋，便可浇筑拱肋。

3）卧式叠浇。当采用卧式预制的拱肋混凝土强度达到设计强度的 30% 后，可在其上安装侧模，浇筑下一片拱肋，如此连续浇筑称为卧式叠浇。

拱箱可分为底板、侧板、横隔板及盖板等，通常各板均采用卧式法分别预制。侧板长度可为两横隔板间距离，其上、下缘长度差应通过计算确定，一般上缘短 50mm，下缘短 90mm 左右，以便能组装成折（曲）线形。拱箱可在节段底模上进行组拼。

2. 拱肋分段与接头形式

（1）拱肋分段

当拱肋跨径在 30m 以内时，可不分段或仅分两段；当拱肋跨径为 30～80m 时，可分三段；当拱肋跨径大于 80m 时，一般分五段。拱肋分段吊装时，理论上接头宜选择在拱肋自重弯矩最小的位置及其附近，但因为分段一般为等分，所以各段重力基本相同，吊装设备较省。

（2）拱肋的接头形式

1）对接。拱肋分两段吊装时多采用对接形式。

对接接头在连接处为全截面通缝，要求接头的连接材料强度高，一般采用螺栓或电焊钢板等。

2）搭接。分三段吊装的拱肋，因接头处在自重弯矩较小的部位，一般宜采用搭接形式，分五段吊装的拱肋，边段与次边段拱肋的接头也可采用搭接形式。搭接接头受力较好，但构造复杂，预制也较困难，需用样板校对、修凿，以保证拱肋安装质量。

3）现浇接头。用简易排架施工的拱肋，可采用主筋焊接或主筋环状套接的现浇接头。

接头处的混凝土强度等级应比拱肋混凝土强度等级高一级。连接钢筋、钢板（或型钢）的截面要求，应按计算确定。钢筋的焊缝长度，应满足《公路钢筋混凝土及预应力混凝土桥涵设计规范》（JTG D62—2018）的有关规定。

3. 拱座

拱肋与墩台的连接称为拱座。拱座主要有插入式、预埋钢板法、方形拱座、钢铰连接几种形式。其中，插入式及方形拱座因其构造简单、钢材用量少、嵌固性能好等优点，使用较为普遍。

4. 拱肋起吊、运输及堆放

装配式混凝土拱桥构件在脱模时，混凝土的强度不应低于设计所要求的吊装强度，若设计无要求，一般不得低于设计强度的 75%。拱肋移运起吊时的吊点位置应为设计图上的设计位置，以保证移运过程稳定、安全。当采用两点吊时，吊点位置一般可设在离拱肋端头（0.22～0.24）L（L 为拱肋长度）处。当拱肋较长或曲率较大时，应采用三点吊或四点吊。采用三点吊时，除跨中设一吊点外，其余两吊点可设在离拱肋端头 0.2L 处；采用四点吊时，两个外吊点一般设在离拱肋两端头 0.17L 处，两个内吊点可设在离拱肋两端头 0.37L 处。起吊设备可采用三角木扒杆、木马凳和履带吊车等。场内运输可采用龙门架、胶轮平板挂车、汽车甲板车、轨道平车或船只等机具进行。拱肋堆放时应尽可能地卧放，特别是矢跨比小的构件（拱肋、拱块），卧放时应设置三处垫木，垫木位置应在拱肋中央及距两端 0.15L 处。三个垫点应同高度。当拱肋必须立放时，应搁放在符合拱肋曲度的弧形支架上，或者支三个支点，其位置在中央及距两端 0.2L 处，各支点高度应符合拱肋曲度，以免拱肋折断。

堆放构件的场地应平整夯实，不致积水。当因场地有限而采用堆垛时，应设置垫木。堆放高度依构件强度、地面承载力、垫木强度以及堆放的稳定性而定，一般以2层为宜，不应超过3层。构件应按吊运及安装次序顺序堆放，并留适当通道，防止越堆吊运。

5. 缆索吊装设备

缆索吊装设备又称缆索起重机，主要用于高差较大的垂直吊装和架空纵向运输，吊运质量从几吨到几十吨，纵向运距从几十米到几百米。缆索吊装设备主要用在跨度大、地势复杂、起伏不平或其他起重机设备不易到达的施工现场。

缆索吊装设备由主索、天线滑车、起重索、牵引索、起重及牵引绞车、主索锚碇、塔架、缆风索等主要设备和扣索、扣索锚旋、扣索排架、扣索绞车等辅助设备组成。

（1）主索

主索又称承重或运输天线，它横跨桥墩，支承在两岸塔架的索鞍上，两端锚固于锚碇上，吊运构件的行车支承于主索上。主索的直径、型号、根数等，可根据索塔距离（主索跨度）、设计垂度、起吊重量等，计算出主索所承受的拉力而确定。

（2）起重索

起重索套绕于天线滑车组，做起吊重物之用。起重索一端与绞车滚筒相连，另一端固定于对岸的锚碇上。这样，当行车在主索上沿桥跨做往复运动时，可保持行车与吊钩间的起重索长度不随行车的移动而改变。

（3）牵引索

牵引索是牵引天线滑车沿主索做水平移动的拉绳。其套绕方法有两种，即每岸各设一台绞车，一台用于前进牵引，一台用于后退牵引。牵引索一端固定在滑车上，一端与绞车相连。

（4）结索

结索用于悬挂分索器，使主索、起重索和牵引索不致相互干扰，它仅承受分索器重力及自重。

（5）扣索

在装配式混凝土拱桥吊装中，为了暂时固定拱箱（肋）分段所用的钢丝索称为扣索。扣索分为墩扣、塔扣和天扣等几种。

（6）缆风索

缆风索又称浪风索或抗风索，主要用于稳定塔架（或索架和墩上排架），调整和固定预制构件的位置。

（7）横移索

如果缆索吊装设备只设置一道主索，可用横移索横移预制构件就位，且其方向应尽可能地与预制的轴线垂直。

（8）天线滑车

天线滑车又称骑马滑车或跑车，由跑车轮、起重滑车组和牵引系统三部分组成。

(9）塔架及索鞍

塔架是用来提高主索临空高度和支承各种受力钢索的结构物，由塔身、塔顶、塔底等组成。塔身多用万能杆件或贝雷桁节拼成的钢塔架，塔底应采用浆砌片石或片石混凝土基础。塔顶设置索鞍，索鞍用于放置主索、起重索、扣索等，以减小钢绳与塔架间的摩阻力。

（10）地锚

地锚亦称地垄或锚碇，用于锚固主索、扣索、起重索及绞车等。地锚的可靠性对缆索吊装的安全有决定性影响，故对其的设计与施工都必须予以高度重视。按照承载能力的大小及地形、地质条件的不同，地锚的形式和构造可以是多种多样的。工程实践中可利用桥梁墩、台做锚碇，以节约材料，否则需设置专门的地锚。

立垄式地垄适用于土质地层。地垄柱以枕木、圆木或方木制作，挖坑埋入土中。当荷载较大时，常在立垄的后方加设一个或两个立垄，以缆绳相连，共同受力，称为双立垄或三立垄。

桩式地垄是以打入土中一定深度的木桩来做地垄，其分单桩垄、双桩垄和三桩垄三种。卧垄式地垄亦称困垄，是埋入土中的横置木料，缆索或千斤绳系于木料上的一点或数点。卧垄埋好后填土夯实（或压片石、混凝土预制块等重物）。卧垄能承受较大的拉力，一般可达 30~500kN。卧垄根据在地垄前侧有无挡墙等装置，可分为有挡卧垄和无挡卧垄两种。卧垄抗拔力较大，因此在拴缆绳之处必须用铁板、硬木等加以保护。卧垄设置地点必须有较好的地质，以便挖土坑及挖缆绳槽时不致坍塌。

混凝土地垄依靠其自重来平衡拉力作用，一般不考虑土压力。

（11）其他附属设备

其他附属设备有电动卷扬机、手摇绞车、各种倒链葫芦、法兰螺栓等。

6. 缆索吊装

将预制拱肋和拱上结构通过平车等运输设备移运至缆索吊装位置，之后将分段预制的拱肋吊运至安装位置，利用扣索对分段拱肋进行临时固定。吊装应自一孔桥的两端向中间对称进行。一般吊装程序为：边段拱肋吊装及悬挂，次边段拱肋吊装及悬挂，中段拱肋吊装及拱肋合龙，拱上构件的吊装或砌筑安装等。

（1）利用缆索进行拱肋安装的原则

1）单孔桥吊装拱肋的顺序常由拱肋合龙的横向稳定方案确定。对于肋拱桥，在吊装拱肋时应尽早安装横系梁。为加强拱肋的稳定性，需设横向临时连接系，以加快施工进度。

2）多孔桥吊装时应保证合龙的拱肋片数所产生的单向推力不超过桥墩的承受能力。对于高墩，应以桥墩的墩顶位移值控制单向推力，位移值应小于 L/600~L/400。

3）吊装可采用分段单基肋合龙成拱的方法。跨度较大（如大于 70m）时，应采用双基肋或多基肋合龙，此时基肋间的横系梁或横隔板必须紧随拱段的拼装即时焊接。只有在横联临时连接后，才可拆除两肋的起重索和扣索。

4）吊装时，每段拱肋须待下端连接并设置好扣索及风缆后，方可拆除起重索，并使上端高于设计位置50~100mm。

5)大跨径拱桥吊装时,每段拱肋较长,重量较大,为使拱肋吊装安全,应尽量采用正吊、正落位、正扣,因此索塔的宽度应与桥宽相适应。

6)采用缆索吊装时,为减少主索的横向移动次数,可将每个主索位置下的拱肋全部吊装完毕后再移动主索。一般将起吊拱肋的桥孔安排在最后吊装。

（2）拱肋缆索起吊

拱肋由预制场运到主索下面后,一般用起重索直接起吊。当不能用起重索直接起吊时,可采用下列方法进行。

1)翻身。卧式预制拱肋在吊装前,需要翻身成立式,常用就地翻身和空中翻身两种方法。所谓就地翻身,即先用枕木垛将平卧拱肋架至一定高度,使其在翻身后两端头不致碰到地面,然后用一根短千斤顶将拱肋吊点与吊钩相连,边起重拱肋边翻身直立;所谓空中翻身,即先在拱肋的吊点处用一根穿有手链滑车的短千斤顶穿过拱肋吊环,将拱肋兜住并挂在主索吊钩上,然后收紧起重索起吊拱肋,当拱肋起吊至一定高度时,缓慢放松手链滑车,使拱肋翻身为立式。

2)掉头。根据桥下情况,可选择用装肋的船或车等进行掉头。

3)吊鱼。当拱肋从塔架下通过后,在塔架前起吊而塔架前场地不足时,可先用一辆跑车吊起一个吊点并向前牵出一段距离后,再用另一辆跑车吊起第二个吊点。

4)穿孔。拱肋在桥孔中起吊时,最后几段拱肋常须在该孔已合龙的拱肋之间穿过,俗称穿孔。

（3）拱肋缆索吊装合龙方式

边段拱肋悬挂固定后,就可以吊运中段拱肋进行合龙。拱肋合龙后,通过接头、拱座的连接处理,使拱肋由铰接状态逐步成为无铰拱。因此,拱肋合龙是拱桥无支架吊装中的一项关键工作。拱肋合龙的方式比较多,主要根据拱肋自身的纵向与横向稳定性、跨径大小、分段多少、地形和机具设备条件等不同情况,选用不同的合龙方式。

1)单基肋合龙。拱肋整根预制吊装或分两段预制吊装的中小跨径拱桥,当拱肋高度大于（0.009~0.012）L（L为跨径）,拱肋底宽为肋高的60%~100%,且横向稳定系数不小于4时,可以进行单基肋合龙,嵌紧拱脚后松索成拱。单基肋合龙的最大优点是所需要的扣索设备少,相互干扰也少,因此可用在扣锁设备不足的多孔桥跨中。

2)悬挂多段拱脚段或次拱脚段拱肋后单基肋合龙。对于拱肋分三段或五段预制吊装的大中跨径拱桥,当拱肋高度不小于跨径的1/100,且其单基肋合龙横向稳定安全系数不小于4时,可悬扣边段或次边段拱肋,用木夹板临时连接两拱肋后,单根拱肋合龙,设置稳定缆风索,成为基肋。待第二根拱肋合龙后,立即安装拱顶段及次边段的横夹木,并拉好第二根拱肋的风缆。如横系梁采用预制安装,则应将横系梁逐根安上,使两肋及早形成稳定、牢固的基肋。其余拱肋的安装,可依靠与基肋的横向连接达到稳定。

3)双基肋同时合龙。当拱肋跨径大于等于80m,或虽小于80m,但单基肋合龙横向稳定安全系数小于4时，应采用双基肋同时合龙的方法。即当第一根拱肋合龙并调整轴线，楔紧拱脚及接头缝后，松索压紧接头缝，但不卸掉扣索和起重索，然后将第二根拱肋合龙，并将两根拱肋横向连接、固定。拉好风缆后，再同时松懈两根拱肋的扣索和起重索，这种方法需要两组主索设备。

4）留索单肋合龙。当采用两组主索设备吊装而扣索和卷扬机设备不足时，可以先用单基肋合龙方式吊装一片拱肋合龙。待合龙的拱肋松索成拱后，将第一组主索设备中的牵引索、起重索用卡子固定，抽出卷扬机和扣索，移到第二组主索中使用。待第二片拱肋合龙并将两片拱肋用木夹板横向连接、固定后，再松起重索并将扣索移到第一组主索中使用。

第三节　钢管混凝土拱桥施工

1. 钢管混凝土拱桥的构造特点

（1）拱肋截面形式

钢管混凝土结构的主要特点之一，是钢管对混凝土的套箍作用使钢管内的混凝土处于三向受力状态，提高了混凝土的抗压强度和变形能力。基于上述原因，目前的钢管混凝土拱桥基本上均由圆形钢管组成。当跨度较小时，可以采用单圆管。当跨度在150m以内时，一般采用两根圆形钢管上下叠置的哑铃形截面，这是已建成拱桥中采用最多的截面形式。当跨径超过150m时，采用桁架形截面较合理。在劲性骨架的钢筋混凝土拱桥中多采用桁架形截面。

（2）结构形式

1）中承式拱桥。这是目前钢管混凝土拱桥中应用最多的一种结构形式。由于桥面位置在拱的中部，可以随引桥两端接线所需的高度上下调整，所以适应性强。当地质条件较好时，一般均采用有推力的中承式拱桥，如浙江新安江大桥即为有推力的中承式钢管混凝土拱桥。当地质条件较差，桥墩不能承受较大水平推力或受地形条件限制时，可以采用中承式带两个半跨的自锚结构形式。广东三山西大桥和三峡专用公路上的莲沱大桥均为中承式自锚结构形式。

2）下承式系杆拱桥。当地质条件较差或受城市道路接线高度的限制时，往往采用下承式系杆拱桥结构形式，拱脚的推力由系杆承受。目前，下承式钢管混凝土系杆拱桥的系杆形式分为两种：一种是上、下部结构采用钢接连接，系杆仅用体外预应力钢束组成的柔性系杆形式；另一种是上部结构简支结构支承于桥墩的刚性系杆形式。柔性系杆形式结构简单，施工方便，可节省一根尺寸较大的系梁。

3）上承式拱桥。当桥梁两岸地势较高或桥梁要跨过深谷时，采用上承式钢管混凝土拱桥是较合理的桥型方案。上承式钢管混凝土拱桥的桥面系在拱圈的顶面，可以采用多片拱肋。在多片拱肋之间和拱肋顶面的立柱排架之间均可以进行纵、横向联系，这就大大加强了大跨度拱桥施工中的稳定性，保证了施工的安全。

2. 钢管拱肋制作

钢管混凝土拱桥所用的钢管材料一般采用Q235钢和16Mn钢。钢管由钢板卷制成形，管节的长度由钢板宽度确定，一般管节长度为120~180cm。管节一般为直管，钢板厚度一般为10~20mm。采用桁架形截面时，上、下弦之间的腹杆由于直径较小，可以直接采用无缝钢管。拱肋制作的关键在于拱肋在放样平台上的精确放样和严格控制焊接质量，应尽量减少工地高空焊接。严格控制钢管拱肋的制作质量，为拱肋的安装和拱肋内混凝土的浇筑提供了安全保证。

3. 拱肋放样和拱肋段的拼装

将半跨拱肋在混凝土地面上按1：1进行放样。沿放样的拱肋轴线设置胎架，在大样上放出吊杆位置、段间接头位置以及混凝土灌注孔位置。拱肋分段的长度主要考虑从工厂到工地的运输能力，主要分段接头应避开吊杆孔和混凝土灌注孔的位置。当采用汽车运输时，管段长度以10m左右为宜。横向风撑等杆件与拱肋的焊接，应根据拱肋安装方法而定。当采用整孔安装或半孔安装时，风撑应在工地安装前焊完；当采用缆索安装时，风撑可在拱肋吊装完成后焊接。分段拱肋运至工地后，再在工地上进行放样，将几段拱肋拼装成安装长度。在拱肋安装前，应对拱肋尺寸和焊缝质量进行检查。

4. 拱肋安装和拱肋内混凝土的浇筑

（1）钢管拱肋的安装

我国已建成的钢管混凝土拱桥中，采用最多的施工方法为缆索吊装法，其次为转体施工法，最后是支架施工法、整体大节段吊装法和拱上爬行吊机施工法等。

（2）钢管拱肋内混凝土的浇筑

1）泵送顶升浇灌法。泵送顶升浇灌法是在钢管拱肋拱脚的位置上安装一个带闸门的进料支管，直接与泵车的输送管相连，由泵车将混凝土连续不断地自下而上灌入钢管拱肋，无须振捣。

2）吊斗浇捣法。在钢管拱肋顶部每隔4m开一孔，作为浇筑孔和振捣孔。混凝土用吊斗运至拱肋灌注孔，通过漏斗进入孔内，由插入式振捣器对混凝土进行振捣。

3）灌注用混凝土的要求。灌注用混凝土的配合比除满足强度指标外，还应注意混凝土坍落度的选择。对于泵送顶升浇灌法，粗集料粒径可采用0.5~3cm，水灰比不大于0.45，坍落度不小于15cm；对于吊斗浇捣法，粗集料粒径可采用1~4cm。为满足上述坍落度的要求，应掺入适量的减水剂。为减小收缩量，可掺入适量的混凝土微膨胀剂。

4）大跨径钢管混凝土灌注要求。混凝土灌注时可以分环或分段浇筑，灌注时应从拱脚向拱顶对称进行。大跨径拱肋灌注混凝土时应对拱肋变形和应力进行监测，并在拱顶附近配置压重,以保证施工安全。

5)钢管内混凝土的灌注质量。钢管内混凝土是否灌满、混凝土收缩后与钢管壁是否形成间隙往往是较为令人担心的问题。采用小铁锤敲击钢管听声音的方法是十分简单和有效的。当用小铁锤敲击发出声音时,可采用钻孔检查,也可用超声波进行检查。对有空隙的部位,应进行钻孔压浆补强。

5. 钢管混凝土劲性骨架

钢管吊装质量小,钢管内灌注混凝土后刚度大,钢管对混凝土的约束作用提高了混凝土的强度和变形能力,这些突出的优点使钢管混凝土结构适宜作为大跨径钢筋混凝土拱桥的施工劲性骨架。跨径为420m的四川万县长江大桥和孔径为312m的广西巴江大桥均采用钢管混凝土结构作为施工劲性骨架,这已成为一个发展趋势。浙江省金华市双龙大桥就是采用钢管混凝土结构作为劲性骨架。双龙大桥的主桥为中承式钢筋混凝土箱形肋拱桥,跨径为168m,桥面宽为28m。箱形拱肋为变截面,拱肋的拱顶高度为3.5m,拱脚高度为4.5m。拱肋宽度在桥面以上为2m,在桥面以下逐渐加宽,至拱脚处时截面宽度为3.6m。箱形拱肋的顶底板厚度为40cm,侧面腹板厚度为30cm。每片箱形拱肋的四个角点部位布置4根直径为402mm的钢管。腹杆采用型钢,通过节点板与钢管焊接成桁架。

劲性骨架分3段进行吊装:中间段长度为68m,重力为1290kN;两边段长度为50m,重力为1040kN。劲性骨架吊装采用两副龙门架吊机和临时施工支架,先将两边段吊装就位,用临时支架支承,再用两台吊机将中段提升就位,用临时螺栓连接,拱脚为铰接。对合龙后的拱轴线进行调整后,将接头焊接、拱脚固结。劲性骨架钢管内的混凝土采用泵送顶升。钢管内混凝土达到强度后,设模板吊架,立模,绑扎钢筋。拱肋混凝土采用分环、分段浇筑,先浇筑底板混凝土,再浇筑腹板和顶板混凝土。由于拱桥跨度大,施工荷载大,故在施工中混凝土浇筑的分段、分环顺序和数量应严格按计算结果进行。在施工中应对拱肋的变形和应力进行监测,以确保施工安全。

拱桥还有其他一些施工方法,如转体施工法、悬臂浇筑施工法等,这里不再一一赘述。

第六章　工程项目管理的基础认知

第一节　项目和工程项目的概念认知

一、项目

1. 项目的概念

项目是指在一定的约束条件下，具有特定目标的一次性任务。在社会经济生活中，符合这一定义的事物是极为普遍的。进行一项科技攻关称为科研项目，治理某项污染称为环保项目，而建设一个住宅小区可以称为工程建设项目。尽管项目有千差万别，但它们都具有共同的特征。

2. 项目的特征

项目作为被管理的对象，具有以下特征：

（1）项目的单件性（又称任务的一次性）。这是项目的最主要特征，它指的是任何项目都有自己的任务内容、完成的过程和最终的成果，不会完全相同。项目不同于工业生产的批量性和生产过程的重复性，每个项目都有自己的特点，每个项目都不同于别的项目，只有认识项目的单件性，才能有针对性地根据项目的特殊情况和要求进行有效的、科学的管理。

（2）项目的目标性。任何项目都是为完成一定的目标而设立的，围绕这一目标必然形成其约束条件，而且只能在约束条件下完成目标。一般来讲，约束条件为限定的时间、限定的质量和限定的投资（工程项目还应有限定的空间要求）。这就要求项目实施前必须进行周密的策划，如规定总体工作量和质量标准，规定时间界限、空间界限、资源（人力、资金、材料、设备等）的消耗限额等。项目实施过程中的各项工作都是为完成项目的目标进行的。

(3)项目的系统性。在现代社会中,一个项目一般由许多个单体组成,同时又要求几十、几百甚至上千个单位共同协作,由成千、上万个在时间、空间上相互影响和制约的活动构成。每一个项目在作为其子系统的母系统的同时,又是其更大的母系统中的子系统,这就要求在项目运作中必须全面、动态、统筹兼顾地分析处理问题,以系统的观念指导工作。

二、工程项目的概念及特点

1. 工程项目的概念

通常所说的工程项目是指为达到预期的目标,投入一定量的资本,在一定的约束条件下经过一定的程序从而形成固定资产的一次性事业。

工程项目是最为常见、最为典型的项目类型,它属于投资项目中最重要的一类,是一种既有投资行为又有建设行为的项目决策与实施活动。一般来讲,投资与建设是分不开的,投资是项目建设的起点,没有投资就不可能进行建设;而没有建设行为,投资的目的也无法实现。所以,建设过程实质上是投资的决策和实施过程,是投资目的的实现过程,是把投入的货币转换为实物资产的经济活动过程。

2. 工程项目的特点

工程项目一般具有如下特点:

(1)目标的明确性。任何工程项目都具有明确的建设目标,包括宏观目标和微观目标。政府有关部门主要审核项目的宏观经济效果、社会效果和环境效果。企业则较多重视项目的盈利能力等微观财务目标。

(2)条件的约束性。工程项目实现其建设目标,要受多方面条件的制约。

时间约束,即工程要有合理的工期时限;资源约束,即工程要在一定的人、财、物力条件下来完成建设任务;质量约束,即工程要达到预期的生产能力、技术水平、产品等级的要求;空间约束,即工程要在一定的施工空间范围内通过科学合理的方法来组织完成。

(3)实施的不可逆性。工程项目建设地点一次性确定,建成后不可移动。设计的单一性、施工的单件性,使得它不同于一般商品的批量生产,一旦建成,要想改变非常困难。

(4)影响的长期性。工程项目一般建设周期长,投资回收期长,工程寿命周期长,工程质量好坏影响面大,作用时间长。

(5)投资的风险性。由于工程项目建设是一次性的,建设过程中各种不确定因素很多,因此投资的风险性很大。

(6)管理的复杂性。工程项目的内部结构存在许多结合部,是工程项目管理的薄弱环节,使得参加建设的各单位之间的沟通、协调困难重重,同时也是工程实施中容易出现事故和质量问题的地方。

第二节　项目管理与工程项目管理的概念

一、项目管理

所谓项目管理,就是项目的管理者,在有限的资源约束下,运用系统的观点、方法和理论,对项目涉及的全部工作进行有效管理。即从项目的投资决策开始到项目结束的全过程进行计划、组织、指挥、协调、控制和评价,以实现项目的目标。

项目管理本身属于项目管理工程的大类,项目管理工程包括:开发管理(DM)、项目管理(PM)、设施管理(FM)以及建筑信息模型(BIM)。

而项目管理则又分为以下三类:

1. 信息项目管理:是指在IT行业的项目管理。

2. 工程项目管理:主要是指项目管理在工程类项目中的应用,投资项目以及施工项目管理。其中,施工板块主要是做到成本和进度的把控。这一板块主要使用工程项目管理软件来把控。

3. 投资项目管理:主要是用于金融投资板块的把控,偏向于风险把控。

二、特性

1. 普遍性

项目作为一种一次性和独特性的社会活动而普遍存在于人类社会的各项活动之中,甚至可以说人类现有的各种物质文化成果最初都是通过项目的方式实现的,因为现有的各种运营所依靠的设施与条件最初都是靠项目活动建设或开发的。

2. 目的性

项目管理的目的性要通过开展项目管理活动去保证满足或超越项目有关各方面明确提出的项目目标或指标和满足项目有关各方未明确规定的潜在需求和追求。

3. 独特性

项目管理的独特性是项目管理不同于一般的企业生产运营管理,也不同于常规的政府和独特的管理内容,它是一种完全不同的管理活动。

4. 集成性

项目管理的集成性是项目的管理中必须根据具体项目各要素或各专业之间的配置关系做好集成性的管理,而不能孤立地开展项目各个专业或专业的独立管理。

5. 创新性

项目管理的创新性包括两层含义：一是指项目管理是对于创新（项目所包含的创新之处）的管理；二是指任何一个项目的管理都没有一成不变的模式和方法，都需要通过管理创新去实现对于具体项目的有效管理。

6. 临时性

项目是一种临时性的任务，它要在有限的期限内完成，当项目的基本目标达到时就意味着项目已经寿终正寝，尽管项目所建成的目标也许刚刚开始发挥作用。

三、内容

1. 项目范围管理

项目范围管理是为了实现项目的目标，对项目的工作内容进行控制的管理过程。它包括范围的界定、范围的规划，范围的调整等。

2. 项目时间管理

项目时间管理是为了确保项目最终按时完成的一系列管理过程。它包括具体活动界定、活动排序、时间估计、进度安排及时间控制等各项工作。很多人把 GTD（Getting Things Done）时间管理引入其中，大副提高工作效率。

3. 项目成本管理

项目成本管理是为了保证完成项目的实际成本、费用不超过预算成本、费用的管理过程。它包括资源的配置，成本、费用的预算以及费用的控制等各项工作。

4. 项目质量管理

项目质量管理是为了确保项目达到客户所规定的质量要求所实施的一系列管理过程。它包括质量规划、质量控制和质量保证等。

5. 项目人力资源管理

项目人力资源管理是为了保证所有项目关系人的能力和积极性都得到最有效的发挥和利用所做的一系列管理措施。它包括组织的规划、团队的建设、人员的选聘和项目的班子建设等一系列工作。

6. 项目沟通管理

项目沟通管理是为了确保项目的信息的合理收集和传输所需要实施的一系列措施，它包括沟通规划、信息传输和进度报告等。

7. 项目风险管理

涉及项目可能遇到的各种不确定因素，它包括风险识别、风险量化、制订对策和风险控制等。

8. 项目采购管理

项目采购管理是为了从项目实施组织之外获得所需资源或服务所采取的一系列管理措施。它包括采购计划、采购与征购、资源的选择以及合同的管理等项目工作。

9. 项目集成管理

项目集成管理是指为确保项目各项工作能够有机地协调和配合所展开的综合性和全局性的项目管理工作和过程。它包括项目集成计划的制订、项目集成计划的实施、项目变动的总体控制等。

10. 项目干系人管理

项目干系人管理是指对项目干系人需要、希望和期望的识别，并通过沟通上的管理来满足其需要、解决其问题的过程。项目干系人管理将会赢得更多人的支持，从而能够确保项目取得成功。

四、工程项目管理的基本概念

工程项目管理是指以工程项目为管理对象，在既定的约束条件下，为最优地实现工程项目目标，根据工程项目的内在规律，对工程项目寿命周期全过程进行有效的计划、组织、指挥、控制和协调的系统管理活动。

根据管理主体、管理对象、管理范围的不同，工程项目管理可分为建设项目管理、设计项目管理、施工项目管理、咨询项目管理，以及监理项目管理等。

1. 建设项目管理

建设项目管理是指由全权代表建设单位的工程项目经理或以工程项目经理为核心的项目经理部，为实现工程项目目标，对工程项目建设全过程进行的管理。

对于国有单位经营性基本建设大中型项目，在建设阶段必须组建项目法人。项目法人可按《中华人民共和国公司法》的规定设立有限责任公司或股份有限公司，实行项目法人责任制。由项目法人对项目的策划、资金筹措、建设实施、生产经营、债务偿还和资产的保值、增值实行全过程管理。

2. 设计项目管理

设计项目管理是指由设计单位对所参与的工程项目的设计工作进行的管理。

3. 施工项目管理

施工项目管理是指以施工项目经理为核心的项目经理部对施工项目全过程进行的管理。

4. 咨询项目管理

咨询项目管理是指由专职从事工程咨询的中介单位或组织对已接受建设单位委托参与的工程建设的全部或部分活动进行的监督管理，其工作的本质是咨询服务。

第三节 工程项目参与各方的管理职能解析

一、建设单位职责

按照"建筑法""建设工程质量管理条例""建设工程安全管理条例"以及相关法律、法规,办理完善工程建设前的各种手续,履行自己的义务;建设单位通过公开招标和邀请招标,完成工程建设的各项招标工作,确定具有相应资质的工程参建单位,依法和参建单位签订合同;建设单位向设计单位下发"设计任务书",提出设计要求;督促设计单位按合同约定和"设计任务书"要求进行初步设计;督促设计单位按照国家相关部门和建设单位的要求进行施工图设计;督促设计单位及时提供施工图,解决施工过程中存在的设计问题;指定控制材料、供应设备、供应商;认定由承包单位与工程造价单位核对并上报项目管理单位的《工程量清单》;依据可研报告中《临时用水、用电施工方案》完成拟建现场的"三通一平"工作;对经过工程造价或项目管理单位审核后的设计变更、施工过程中的签证进行确认;根据招、投标文件对承包单位的项目管理人员进行确认;提供设计图纸、主持召开图纸会审会议;根据项目管理、监理合同的约定对项目管理单位、监理单位的现场管理授权;负责工程项目外部协调工作;主持竣工验收,办理工程竣工后备案手续。

二、项目管理单位职责

根据委托项目管理合同的约定,根据国家法律法规及相关规范和当地政府的有关规定履行工程建设过程管理职责;编制工程建设的项目管理规划及项目管理实施细则;建立和完善项目管理组织机构、项目内部和外部的管理系统;建立项目会议和报告制度,主持项目管理工作会议;组织制订项目目标控制计划,采取措施对项目目标实施有效控制;对工程建设进行风险分析,制订规避风险策略;定期向建设单位汇报项目进展状况及项目管理实施中存在的重大问题;协助建设单位做好招标、投标及外部协调工作;对设计变更、施工签证进行确认;协助建设单位做好竣工验收工作、办理工程竣工后备案工作;负责项目管理资料的收集、汇总、整理,并做好项目管理工作总结。

三、监理单位职责

依据工程建设监理合同约定和工程建设合同开展监理工作;依据国家和地方的法律、法规开展监理工作;根据设计文件、规范及相关技术标准对工程建设项目进行监督管理;

根据国家及省工程建设监理的有关规定,完成工程建设过程控制的资料收集,编制完成监理档案编制监理规划和监理实施细则;参加图纸会审,对工程建设方面的有关事项向建设单位提出合理化建议;对工程质量、安全及文明施工、施工进度进行控制,协助建设单位进行投资控制;主持召开"监理例会""专题会议",并编制会议纪要;协调解决工程建设中存在的各种问题和内部的各方关系;组织工程建设过程中的分项、分部验收,主持工程竣工初步验收;完成工程质量评估工作。

第四节　国内外工程项目管理模式综述

工程项目与其他项目相比,最显著的特点是规模大、参与方多、投资巨大、建设工期长、项目间存在个体差异性。这些项目特性的存在,使得项目建设隐含着巨大的风险。而运用不同的项目管理模式,是规避风险、实现项目目标的重要方法。在项目管理产生的近百年时间里,产生了多种成熟的项目管理模式,可以说每一种项目管理模式都有合理的地方也有缺陷,只有采用适宜的模式才能达到最佳的建设目标。

1.DB 模式

DB 模式即设计—建造模式（Design-Build）,在国际上也称交钥匙模式（Turn-Key-Operate）、一揽子工程（Package Deal）,在中国称设计—施工总承包模式（Design-Construction）。它是指在项目的初始阶段,业主邀请几家有资格的承包商进行议标,根据项目确定的原则,各承包商提出初步设计和成本概算,中标承包商将负责项目的设计和施工。

优点:业主和承包商密切合作,完成项目规划直至验收,减少了协调的时间和费用;承包商可在参与初期将其材料、施工方法、结构、价格和市场等知识和经验融入设计中;有利于控制成本,降低造价。国外经验证明:实行 DB 模式,平均可降低造价 10% 左右;有利于进度控制,缩短工期;风险责任单一。从总体上来说,建设项目的合同关系是业主和承包商之间的关系,业主的责任是按合同规定的方式付款,总承包商的责任是按时提供业主所需的产品,总承包商对于项目建设的全过程负有全部的责任。

缺点:业主对最终设计和细节控制能力较低。有研究显示,DB 模式是业主对设计最缺乏控制的模式;承包商的设计对工程经济性有很大影响,在 DB 模式下承包商承担了更大的风险;建筑质量控制主要取决于业主招标时功能描述书的质量,而且总承包商的水平对设计质量有较大影响;出现时间较短,缺乏特定的法律、法规约束,没有专门的险种;交付方式操作复杂,竞争性较小。

2. DBB 模式

DBB 模式即设计—招标—建造模式（Design-Bid-Build），它是一种在国际上比较通用且应用最早的工程项目发包模式之一。它是指由业主委托建筑师或咨询工程师进行前期的各项工作（如进行机会研究、可行性研究等），待项目评估立项后再进行设计。在设计阶段编制施工招标文件，随后通过招标选择承包商；而有关单项工程的分包和设备、材料的采购一般都由承包商与分包商和供应商单独订立合同并组织实施。在工程项目实施阶段，工程师则为业主提供施工管理服务。

这种模式最突出的特点是强调工程项目的实施必须按照 D-B-B 的顺序进行，只有一个阶段全部结束另一个阶段才能开始。因此它的优点表现在管理方法较成熟，各方对有关程序都很熟悉，业主可自由选择咨询设计人员，对设计要求可控制，可自由选择工程师，可采用各方均熟悉的标准合同文本，有利于合同管理、风险管理和减少投资。缺点：项目周期较长，业主与设计、施工方分别签约，自行管理项目，管理费较高；设计的可施工性差，工程师控制项目目标能力不强；不利于工程事故的责任划分，由于图纸问题产生争端多索赔多等。

该管理模式在国际上最为通用，以世行、亚行贷款项目和国际咨询工程师联合会（FIDIC）的合同条件为依据的项目均采用这种模式。中国目前普遍采用的"项目法人责任制""招标投标制""建设监理制""合同管理制"基本上参照世行、亚行和 FIDIC 的这种传统模式。

3. EPC 模式

设计—采购—建设（Engineering Procurement Construction）模式，又称设计施工一体化模式。它是指在项目决策阶段以后，从设计开始，经招标，委托一家工程公司对设计—采购—建造进行总承包。在这种模式下，按照承包合同规定的总价或可调总价方式，由工程公司负责对工程项目的进度、费用、质量、安全进行管理和控制，并按合同约定完成工程。

优点：业主把工程的设计、采购、施工和开工服务工作全部托付给工程总承包商负责组织实施，业主只负责整体的、原则的、目标的管理和控制，总承包商更能发挥主观能动性，能运用其先进的管理经验为业主和承包商自身创造更多的效益；提高了工作效率，减少了协调工作量；设计变更少，工期较短；由于采用的是总价合同，基本上不用再支付索赔及追加项目费用；项目的最终价格和要求的工期具有更大程度的确定性。

缺点：业主不能对工程进行全程控制；总承包商对整个项目的成本工期和质量负责，加大了总承包商的风险，总承包商为了降低风险获得更多的利润，可能通过调整设计方案来降低成本，可能会影响长远意义上的质量；由于采用的是总价合同，承包商获得业主变更令及追加费用的弹性很小。

4. CM 模式

CM 模式即建筑工程管理模式（Construction Management），又称阶段发展模式或快速轨道模式。CM 模式是业主委托一个被称为建设经理的人来负责整个工程项目的管理，包括可行性研究、设计、采购、施工、竣工和试运行等工作。它的基本思想是：将项目的建设分阶段进行，并通过各阶段设计、招标、施工充分搭接，使施工尽早开始，以加快建设进度。根据 CM 单位在项目组织中合同关系的不同，CM 模式分为 CM Agency（代理型）和 CM Non-Agency（非代理型或风险型）两种。代理型 CM 由业主与各分包商签订合同，CM 单位只是业主的咨询和代理，为业主提供 CM 服务。非代理型 CM 直接由 CM 单位与各分包商签合同，并向业主保证最大工程费用 GMP（Guaranteed Maximum Price），如果实际工程费用超过了 CMP，超过部分将由 CM 单位承担。

优点：在项目进度控制方面，由于 CM 模式采用分散发包，集中管理，使设计与施工充分搭接，有利于缩短建设周期；CM 单位加强与设计方的协调，可以减少因修改设计而造成的工期延误；在投资控制方面，通过协调设计，CM 单位还可以帮助业主采用价值工程等方法向设计提出合理化建议，以挖掘节约投资的潜力，还可以大大减少施工阶段的设计变更。如果采用了具有 GMP 的 CM 模式，CM 单位将对工程费用的控制承担更直接的经济责任，因而可以大大降低业主在工程费用控制方面的风险；在质量控制方面，设计与施工的结合和相互协调，在项目上采用新工艺、新方法时，有利于工程施工质量的提高；分包商的选择由业主和承包人共同决定，因而更为明智。缺点：对 CM 经理以及其所在单位的资质和信誉的要求都比较高；分项招标导致承包费可能较高；CM 模式一般采用"成本加酬金"合同，对合同范本要求比较高。

5.MC 模式

MC 模式即管理承包模式（Management-Contracting）。在这种管理模式中，业主选择一个外部的 MC 管理公司来管理项目的设计和建设。MC 公司自己不从事任何项目的建设，而是把整个项目划分成合理的工作包，然后将工作包分发给分包商，这些分包商在国外又被称作工作包分包商。在这种组织形式中，业主与咨询工程师、MC 公司产生直接的合同关系，咨询工程师与 MC 公司之间是协调关系，而 MC 公司与工作包分包商之间是直接的合同关系。MC 公司通常在项目的早期就被任命，并且协助项目设计做大量的工作。另外，MC 公司要向业主提出最大工程费用保证（Guaranteed Maximum Price，GMP）。如果最后结算超过 GMP，则由 MC 公司赔偿，如果低于 GMP，则节约的投资归业主所有，但 MC 公司由于承担了保证施工成本的风险，因而能够得到额外的收入。

MC 项目管理模式的主要优点是由于项目设计和施工的搭接节省了大量的时间，MC 公司的介入所提供的管理经验提高了决策的可执行性。缺点是：业主修改了标准合同中的许多条款，把风险转移给 MC 承包商；一旦 MC 公司不能胜任工作，业主要解聘 MC 公司相当困难，因为 MC 公司不但与业主签订合同，还与众多的分包商签订了合同，在解除合同之前，业主必须选择合适的 MC 公司与原来的分包商签订相应的承包合同，又要经历漫长的谈判过程，所以在很多情况下，即使 MC 公司不能胜任工作，业主也会尽力维持这种合作关系使其不至于破裂，这对于业主目标的实现十分不利；信息的处理要经过 MC 公司这个中间环节特别是对重大问题的处理。因为 MC 公司已向业主提供 GMP，所以要涉及业主和 MC 公司两方的利益，这样就降低了决策的效率，业主也很难获得及时而准确的工程信息；业主要对工程实施变更，需要 MC 公司的积极配合才行，业主在这种情况下对项目的控制力已经明显减弱。

6.PMC 模式

PMC 即项目管理承包商模式（Project-Management-Contractor）。它指项目管理承包商代表业主对工程项目进行全过程、全方位的项目管理，包括进行工程的整体规划、项目定义、工程招标、选择 EPC 承包商，并对设计、采购、施工、试运行进行全面管理，一般不直接参与项目的设计、采购、施工和试运行等阶段的具体工作。PMC 模式体现了初步设计与施工图设计的分离，施工图设计进入技术竞争领域，只不过初步设计是由 PMC 完成的。目前中国推荐实行的政府工程代建制，属于 PMC 的一种。

优点：可以充分发挥管理承包商在项目管理方面的专业技能，统一协调和管理项目的设计与施工，减少矛盾；有利于建设项目投资的节省；该模式可以对项目的设计进行优化，可以实现在项目生存期内达到成本最低；在保证质量优良的同时，有利于承包商获得对项目未来的契股或收益分配权，可以缩短施工工期，在高风险领域，通常采用契股这种方式来稳定队伍。缺点：业主参与工程的程度低，变更权力有限，协调难度大；业主方很大的风险在于能否选择一个高水平的项目管理公司。

该模式通常适用于：项目投资在 1 亿美元以上的大型项目；缺乏管理经验的国家和地区的项目，引入 PMC 可确保项目的成功建成，同时帮助这些国家和地区提高项目管理水平；利用银行或国外金融机构、财团贷款或出口信贷而建设的项目；工艺装置多而复杂，业主对这些工艺不熟悉的庞大项目。

7.PM 模式

PM 模式即项目管理模式（Project Management），是指 PM 公司按照合同约定，在项目决策阶段，为业主编制可行性研究报告，进行可行性分析和项目策划；在项目实施阶段，为业主提供招标代理、设计、采购、施工和试运行等服务，代表业主对项目进行质量、安全、进度、费用、合同和信息等的管理和控制。

优点：减轻了业主的工作量；提高了项目的管理水平，有利于业主更好地实现项目目标，提高了投资效益；工作的范围和内容比较灵活。缺点：PM 公司的执业标准、职业道德标准、行为标准还没有形成，对 PM 公司履行职责的评价比较困难；对 PM 合同双方的职责认识不全面、不系统等。

第七章 公路工程项目采购与合同管理

第一节 公路工程项目采购管理

项目采购管理是公路工程项目管理的重要组成部分，与项目建设全过程有着密切的联系，是保证项目顺利进行的物质基础。采购管理涉及的物资品种极多、技术性强、工作量大，同时对其质量、价格和进度都有着严格的要求，并具有较大的风险性。稍有失误，不仅会影响工程的质量进度和费用，甚至会导致承包单位的亏损。

一、公路施工项目承发包方式

所谓承发包方式是以建设单位作为发包方，把公路建设项目的施工任务委托给专业公路施工企业去完成的一种形式。有的施工企业从建设单位承揽到工程任务后，把其中一部分分包给其他专业施工单位去完成，这也是一种承发包关系。承发包方式是目前公路施工最基本、最主要的经营方式。

（一）承发包方式的分类

根据双方建立承发包关系的途径不同，公路项目施工承包方式可分为以下几类。

1. 招投标方式

这是一种通过竞争由招标单位从投标单位中择优选择承包单位的方式，这种方式可分为公开招标和邀请招标两种。

（1）公开招标

公开招标也称为无限竞争招标，由业主在国内外主要报纸、有关刊物、电视、广播上发布招标广告，有兴趣的承包商都可以购买资格预审文件，预审合格者可购买招标文件进行投标。这种招标方式可为所有的承包商提供一个平等竞争的机会，业主有很大的选择余地，但增加了资格预审和评标的工程量，也有可能出现故意压低投标报价的投机承包商，以低价挤掉报价严肃认真而报价较高的承包商，因此，在采用这种招标方式时，业主要加强对投标商的资格预审，认真评标。

公开招标没有任何限制竞争的因素，贯彻了公平竞争原则。由于信息公开和信息对称是形成完全竞争市场的必要条件，因此，公开招标有利于促使垄断、封闭的市场向完全竞争的市场发展。公开招标有利于降低施工成本（或服务成本），但是会增大交易成本。

（2）邀请招标

邀请招标又称为有限竞争招标，这种方式不发布广告，业主根据自己的经验和对各种信息资料的了解，对那些被认为有能力承担该工程的承包商发出邀请，一般邀请5～8家前来投标，这种招标方式一般可以保证参加投标的承包商有此类工程经验，信誉可靠，有能力完成该工程项目，但由于经验和信息资料有一定的局限性，有可能漏掉一些在技术上、报价上有竞争力的后起之秀。因此，此种方式适合于以下情形：

1）在特殊情况下，工程规模大，招标单位认为中、小型公司不能胜任，因而选定几家大公司参与投标。

2）工程复杂、专业性强，招标单位认为只有某些公司才能承担。

3）工程规模较小，为节约招标开支没有必要公开招标。

4）公开招标后无人投标，招标单位只好邀请少数单位投标。

在不公开招标中还有一种情形称为指令性投标，即对某些边远地区的工程，或条件艰险、施工难度大、工期紧迫的工程，可由建设单位报请上级部门指定若干施工企业前来投标，然后从中选定一家中标单位。

2. 协商承包方式

这种方式是业主邀请一家，最多不超过两家承包商来直接协商谈判，由此确定承发包关系，这种方式适用于以下情形：

（1）工程特殊，需要特殊的施工方法，而某一公司拥有该项专门技术。

（2）大、中修和改善工程项目，业主拿不出详细施工资料，只好由双方协商议标。

（3）工程的主要部分已经发包，留下零星部分议标发包。

（4）工程工期紧，如抢修工程，采用公开招投标来不及，只好采用议标发包。

（5）在公开招标、邀请招标时均无人投标，只好转而采用议标形式。

（二）承包工程的取费方式

招标采购是公路建设项目管理中的常见工作。在招投标情况下，承包工程的价款计算方式一般有以下几种类型：

1. 固定总价包干

固定总价包干即承包单位按签订合同时确定的总价包干，负责完成合同规定的全部工作。其主要适用于工程规模、技术要求和质量标准都明确的工程。采用这种方式，对于招标单位来说，有利于控制投资。对于承包单位来说，虽然要承担工程中较大的风险，但也有可能获得较大的盈利。这种方式在公路工程项目施工招标中比较常用。

2. 固定单价包干

固定单价包干即以工程量清单中单件为基础进行工程的投标承包，并以合同规定的单价包干，工程完工后双方按下式结算工程价款：

工程价款 = 包干的单价 × 完工后实测的工程量

这种方式主要适用于工程量事先不能准确计算，或预计到工程规模将有较大变动的情况，如路基土石方工程、桥梁基础工程等。采用此种方法对于招标单位来说，可简化招标工作，但不如总价包干那样有利于投资总额的控制；对于承包单位来说，只要能提高效率、降低成本，就会有赢利。

3. 成本加酬金包干

成本加酬金包干即发包单位按工程实际成本向承包单位支付费用外，另加一部分费用作为承包单位的利润和酬金。根据酬金确定方式的不同，又可分为以下几种：

（1）按成本加固定数额费用包干

建设单位付给承包单位的酬金是固定的数额。承包单位只要精打细算，节约管理费，就可获得利润，由于是酬金数额包干，建设单位也乐于接受此种方式。

（2）按成本加固定比例费用包干

建设单位付给承包单位的酬金是按工程实际成本的一定百分比计算的。实际成本高，付出的酬金也高。对于承包单位来说，收入随成本增高而增高，承担的风险小；但对于建设单位来说，成本实报实销，酬金又水涨船高，造价难以控制，故此种方式目前较少使用。

（3）按限额成本加酬金包干

这种方式是前两种方式的改进，规定工程成本不得超过某一最高限额时，超过部分按规定由承发包双方分担。采用此种方式，有利于承包方加大对成本的控制。

由此可知，上述几种成本加酬金包干方法，就投资控制来说，均不如固定总价包干和固定单价包干的方式。因此，这种方式仅适用于：工程设计尚未完成，但建设单位急于开工的工程；预计到施工过程中工程内容可能有变更，材料可能有变动的工程；工程质量要求很高或有特殊要求的工程。

二、公路工程采购管理中存在的问题

当前，公路工程施工项目的采购管理普遍落后，制约了项目利润的提高，主要表现为以下三点：

1. 采购批量较少，没有形成规模效益，采购成本较大。虽然施工项目部不是一个独立的经济实体，它还是从属于施工企业，但是，由于大多数施工项目部都远离公司，且比较分散，为了提高项目经营的灵活性和反应能力，一般工程公司都会给施工项目部足够的自主权，包括大部分材料自行采购的权利，这样，公司内部的各个项目部基本上是自己采购材料，彼此互不形成同盟，采购材料的批量较少，总的采购批次较多，没有形成谈判优势，买方的讨价还价能力较低，采购成本较大。

2. 施工项目部没有与供应商形成战略联盟，短期行为较多，不利于持续降低商品成本。公路工程施工项目周期一般是2～3年，时间不长，并且流动性很强，不仅地域变化大，而且管理人员变化也大。因此，多数项目部与供应商达成短期合作关系，项目结束，则合作关系就有可能结束。这种关系由于不具有长期性，选择供应商的成本加大，采购成本相应变大；同时，供应商也由于长期需求的不确定性，把大量精力投入到市场营销中去，对持续降低产品成本不够重视，也不利于改善产品成本。

3. 施工项目部与供应商在合作中，主要以价格为中心，容易导致供应商的恶性竞争，给工程产品遗留隐患。在公路工程施工行业里，在大宗材料采购中，项目部通常与多家供应商接洽，然后让供应商竞标，最低价者中标。为了争取中标，供应商则想方设法降低投标价，有的投标价甚至是零利润。这样，在后面的供货中，低价中标的供应商为了得到尽可能多的利润，会设法降低产品的质量，或者不能做到按要求时间供货，给工程的质量、成本和进度管理留下隐患，有可能得不偿失，也就是说项目部与供应商没有形成互惠互利的关系。

三、公路工程施工招投标程序

（一）招标准备工作

1. 组建招标工作班子

为便于统一安排部署整个招标工作，需要组建一个少而精的工作班子，其人员应精通经济和技术方面的业务，熟悉施工生产经营，了解招标项目的技术要求，且掌握公路施工承包市场动态，熟悉国家经济和有关文件规定。招标工作班子的任务主要有：

（1）了解和剖析国内外招标制度、合同条款和招标案例，提出工程招标工作的总体规划。

（2）负责具体研究和拟订招标的实施计划。

（3）处理招标工作的日程事务。

（4）协调与招标工作有关部门的业务联系。

这个工作班子是招标领导小组的业务工作机构，重大原则问题必须经领导小组审定批准，事务工作则由工作小组全权处理。当工作人员的业务知识范围或人员数量受到限制时，应由工作班子有针对性地聘请业务咨询，以提高工作效率，解决实际问题。

2. 确定招标工作范围和招标方式

一个公路工程项目可将整个工程作为一个标段实行总发包，也可分为若干标段按单项、单位、分部或专业工程分阶段分项目招标，确定招标工作范围后，再确定招标方式。若将一个工程分成若干标段，每个标段根据具体工作内容也可以有不同的招标方式。一般工程应尽可能采用公开招标方式，如采用邀请招标，应对应邀单位的施工能力、技术水平、管理水平、设备情况和社会信誉有基本的了解，不能盲目行事。

3. 编写招标文件

建设单位或委托招标代理单位在招标前编写招标文件，向招标单位介绍招标工程的情况、招标要求、合同条款等内容以及招标的程序和规则。编制招标文件是招标工作中一项十分重要的内容，对其中重要部分内容要反复推敲。对于公路工程项目已有编好的招标文件范本和表格，招标单位只需按规定填写，附上图纸即可成为完整的招标文件。

（二）招标程序

招标工作的一般程序是：

1. 刊登招标公告或发出招标邀请书；

2. 发出资格预审文件；

3. 进行资格预审；

4. 分发或发售招标文件；

5. 组织招标单位介绍情况，解答问题，踏勘现场；

6. 招标文件修改及回答投标者的提问；

7. 接受投标者的投标文件；

8. 开标；

9. 评标；

10. 授标与签约。

第二节　网上招投标和大宗原材料的网上采购

网上招标投标是网络经济时代各种招投标形式的综合演变。在网络经济时代，我们最初的尝试是要把传统的招投标这种高级规范化的交易模式移植到互联网上，但随着互联网和电子商务的发展，网上招标投标将可能被注入全新的概念，成为一种更为先进的交易模式和商务管理手段。

一、网上招标投标的认识

1. 招标是采购的特殊方式

我们在谈到招标的时候，通常会遇到另外一个概念"招标采购"，那么"招标"与"采购"之间到底是一种什么样的关系呢？它们之间存在着什么样的联系和区别呢？实际上无论从字面上还是从本质上理解,"招标"的范畴都没有"采购"广泛,"招标"是"采购"的一种方式。采购在我们日常生活中是一种经常可以遇到的商务行为,大致可以分为两种类型,即目标型和经济型。

所谓目标型采购是指需求方所要采购的商品存在大量的供应商,且标准统一,品牌、型号、规格以及相关服务都已确定,在最后决定是否购买时只需要对价格进行比较和选择,如材料等大宗货物的采购。

所谓条件型采购是指需求方在产生购买需求时尽管可能存在着某些参考条件,如商品的品牌、型号、服务功能和价格等,但这并不能完全满足需求方的实际需求。需求方要根据最后所要达到的目的,参考上述条件,制定出针对本次采购需求特定的一些商务技术条件,如交货期、付款比例和方式、技术参数性能等。需要特别说明的是,需求方在制定这些商务和技术条件时,是不受价格因素所左右的。

针对条件型采购,潜在的供应商必须满足需求方制定的那些商务和技术条件。只有在供应商满足了需求方所有条件的基础上,商品的报价才能被作为选择成交的最后判定,即条件满足后,价格最低者获得购买合同。

因此,针对上述目标型采购的特点,单纯的竞价购买就可以满足需求。而条件型采购则更适合于使用招标方式,因为它需要专家的参与,对供应商能否合理地满足所有条件做出判断,这是一个复杂的特殊过程。

由此可见,招标是采购中一种特殊应用方式。

2. 网上招标的含义

网上招标在现阶段就是通过互联网实施项目招标采购。我们所知道的招标程序实质上是一种需求方有条件地选择的过程——从两个以上的潜在供应商之处,通过对供应商进行商务、技术以及价格的综合评定,选择性能价格比最优的供应商,并签订最终的购买合同。如果我们能够将这一过程在互联网上整体实现,那么就可以说我们阶段性地实现了网上招标。

3. 网上招标的优势

招标作为采购的一种特殊方式,它的先进性和优越性是不言而喻的,因而正在被广泛地应用到经济生活的方方面面。网上招标相对于传统招标而言,在简化操作、缩短周期、扩大宣传、降低成本、增加透明度等方面都有更人的优势。概括起来,主要体现为:

(1) 实施招标准备

相关的项目管理信息通过一次性的录入数据库,从而实现在项目审批、文件编制、评标汇总、合同执行等阶段中反复调用,避免了劳动的重复和差错的产生。

(2) 编制招标文件

招标人在编制招标文件时,可以通过调用数据库里的信息资源,快速完成项目招标文件的编制工作。而且由于电子文档具有可复制性和可传输性,多个编制人员可以对所有招标文件实现共享,并且可以通过网络实现招标文件的远程编制。

（3）发布招标信息

招标信息在传统媒体上发表的同时，通过在互联网上的同步发送，可以被更多的潜在投标人所获得，从而扩大招标范围，增强了竞争性。同时通过可下载的电子招标文件，使投标人能更直接地获得详细的招标信息，并及时投入投标准备工作。

（4）开标与竞价

在投标人充分完成投标准备以后，招标方可以通过网络收取投标人网上递交的电子投标文件，实现跨地域的同时开标。不论是一次报价还是多次竞价，投标报价都可以通过网络同时反馈到招标与投标双方，最大限度保证了招标的公开和公正。

（5）评标与中标

针对投标人所递交的电子投标文件，运用网络连接数据库里不同的专家评委，进行综合评定，大大缩短了评标时间，增加了评标的公正和安全。系统根据专家评委的综合评定，自动按照事先公布的评分办法，计算出每一个投标人的综合得分，使招标方确定中标更加准确合理。

二、网络招投标的实施阶段

1. 初级阶段：部分招标程序的网络化

在网络招标的初级阶段，我们还不能够全面实施网络招标，尤其是在基础设施不健全、操作者水平不够高的情况下，我们只能实现部分招标程序的网络化。这些可网络化的招标程序包括：项目招标预告、交流技术方案、编制招标文件、发布招标文件和进行公开开标。

（1）项目招标预告

项目业主单位或代理机构对将要开展招标的项目进行预告，主要是把有关项目的背景材料、分包方案、采购清单和采购计划等通过网络发布出去，让潜在的投标人能够尽早获取有关项目信息，保证有充裕的时间进行项目跟踪准备。

（2）交流技术方案

招标采购中技术方案和技术参数的合理性和先进性是非常重要的，在编制招标文件技术部分前，招标方通常要就各种不同设计思想的技术方案和具体技术参数与各个潜在投标人进行交流。为获得合理可行的技术方案及先进的技术参数和规格，双方必须经过多次反复交流，既费时又费力。网络技术的发展及其在互联网络上的广泛应用，使招标方在不同的地点同时进行"一对多"的在线技术交流成为现实。实时的商谈、鲜明的对比、真实的记录，将大大提高技术方案交流的效率和质量，缩短项目准备时间，保证项目单位尽早投入项目实施工作中。

（3）编制招标文件

招标文件的主体包括商务部分和技术部分。通常情况下，商务部分：投标人须知、投标数据表（投标书附录）、合同的通用条款及专用条款、需求一览表、报价单格式、投标资格要求文件等内容，即使在不同类型的招标（设备材料、土建施工、人员咨询、集成安装和网络系统等）中，也基本上是大同小异的。针对这些通用性的内容，我们可以建立健全相关的商务文件数据库，供历次招标反复使用。编标人员可以通过互联网调用商务文件数据库里的数据，在项目所在地及时编制商务招标文件。由于招标文件的技术部分涉及的行业不同，不具备普遍共性，在编制的过程中需要专家的参与，因此在初级阶段还不能够实现网络化。随着一定量的积累和专家库的逐步健全丰富，将最终形成相关行业技术文件数据库。

（4）发布招标文件

传统的招标信息的发布是通过报纸、杂志这些传统媒体，目的是使尽可能多的供应商获得招标信息，以便形成广泛的竞争，从而达到物美价廉的采购效果。供应商在获得有关的招标信息后必须到指定地点按要求取得招标文件。互联网作为一种飞速发展并应用的新型载体，同时具备信息发布和文件传输的双重功能。较传统媒体而言，其不仅具有广泛性——可以使任何潜在的供应商在任何地点获得招标信息，而且具有时效性——供应商在获得招标信息的同时，立即可以通过网络下载招标文件。这样一来。招标的范围扩大了，供应商获取招标文件的手续简化了，招标的竞争程度也相应增强了，有可能达到更好的招标结果。

（5）进行公开开标

现场的公开开标是传统招标程序中体现招标公正性的标志。通过公开开标，招投标双方产生了招标过程中的第一次真正意义上的信息交流，意义是十分重大的。但是，在互联网广泛应用的今天，传统的开标方式越来越表现出它的局限性。伴随着网络文件数字信号在网络传输中的应用，公开开标这一标志性的环节在今天有了通过网络实现的可能。投标人可以在各自的办公室里实时参与千里之外公开开标的全过程，而且能够在开标结束后立即获得全部的开标记录。因此，网络开标不仅可以为投标人节省时间和费用，而且在具有安全保证的前提下更加公开、公正。

2. 发展阶段：在线投标、专家参与以及网络评标

在网上招标的发展阶段，有了初级阶段基础设施的建设、人员的培训以及部分招标程序的网络化；使得我们在发展阶段通过实现在线投标、专家参与以及网络评标，完成全过程网络招标。

（1）在线投标

投标人为实现中标的目的，必须完成满足招标文件各项要求的投标文件（响应）。而且，投标文件的质量是决定中标与否的关键性因素。由于针对不同项目的招标文件在商务和技术条件上存在着复杂多样的要求，这样即使是行业内专业的制造厂商或施工单位，一般也很难在初期参与投标的过程中就能高质量地完成投标文件，当然也就不能达到中标的目的。因此，提供给供应商一份标准化的电子表格式的投标文件是十分必要的（目前一般如此）。而且 ASP（ACTIVE SERVER PAGE）和 JSP（JAVA SERVER PAGE）等程序语言在网络中的应用使这愿望成为可能。投标人在投标过程中只需要通过浏览器填写标准化的

电子表格，就可以完成一份对招标文件做出充分响应的标准化投标文件。这样，不仅减少了投标人在由于无法响应招标文件而落标的可能，而且为招标方简化了其评标工作。

（2）专家参与以及网络评标

即使在网络招标中，人的智慧也是不容忽视的重要因素。随着招标在经济活动中的普遍应用，各行各业专家将更频繁、更广泛地参与其中。在传统招标中，行业专家参与招标的全过程，其中一些环节的介入对招标的结果反而会产生人为的影响，不能很好地保证招标的公正性，因此他们的意见往往在选择中标人时不具有决定性。但在网络招标中，由于招标过程绝大部分实现了网络化和自动化，专家的参与将更集中在评标的最后阶段，专家的意见将成为投标人中标与否的决定条件。因此在实施网络招标时，必须在拥有健全的涉及各行业的专家数据库的基础上，有针对性地聘请招标所需要的行业专家参与招标工作。专家的参与作用除了在编制招标文件技术部分中体现之外，将更集中地体现于通过网络进行评标，每个投标人的投标文件将通过网络匿名发送给所有已选定的行业专家进行评审，专家们根据个人的意见分别进行评标打分，然后网络系统按照招标文件的规定，将专家们的评分进行综合汇总，计算得出各投标人的最后评标分数，并按照得分由高到低的顺序对投标人进行排序，得分高且终审合格的投标人中标。

3. 高级阶段：电子商务交易

电子商务交易市场中针对特殊需求的特殊交易模式。由于网络时代电子商务的飞速发展，另外一些较先进的交易模式（如网络拍卖、电子化自动交易系统等）已经出现，它们可以连续、自动地将需求方与供应方进行匹配，从而形成实时的动态定价，其一方面提高了效率，另一方面增加了供需双方的收益。而当网络招标的发展阶段全面实现以后，网络招标在成熟的电子商务市场中，将作为针对特殊需求的特殊交易模式得以独立发展。就前面所提到的两种不同的采购类型，可以分别应用上述模式进行采购。

在目标型采购中，对买方列明的待购商品，卖方是通过竞价来获得订单的。这种方式明显有利于买方，尤其在众多卖方针对同一标准商品相压价时，这种优势将更为明显。价格作为唯一的决定因素，随着时间的推移、竞争的激烈而逐步下降，买方最终将与那些价格最低廉的卖方签订合同，并授予订单。由于待购商品本身特征明显、易于描述、标准统一，具备众多的生产供应商，所以无论买方还是卖方都无须对商品本身做任何形式的谈判和交流。买方只需要设定一个限定的时间段，以保证卖方之间能够进行相互的、单纯的价格竞争。鉴于网络拍卖和电子化自动交易系统能够吸引大量涌入的卖方报价，而且互动性和实时性强，可以大大降低采购成本，所以这些以买方驱动型的网络交易模式必将在目标型采购中被广泛应用并流行起来。

在条件型采购中需求方的需求是复杂的、综合的、难以描述的，是在现有市场中难以直接获取的。需求方只能够描述他的最终愿望及为实现这些愿望所必须满足的条件，任何供应方一定要对这些条件做出回应。供应方对需求方所提出的所有强制性条件的回应与满足将是所有供应方之间竞争的重点。供应方的报价尽管也是获得需求方合同或订单的必要环节，但一般只作为次要条件予以考虑，因此，供应方的多次反复竞价是完全没有必要的。在保证需求方需求获得最大满足的基础上，选择性能价格比最优的供应方，是实现需求方愿望的最佳选择。由于网络招标能够实现这种选择，所以必将是电子商务市场中针对特殊需求的特殊交易模式。

第三节 合同管理

公路工程项目合同是指项目组织机构为完成既定的工程目标而与各方达成的明确项目权利义务的具有法律效力的协议。合同作为工程项目正常运作的基础和工具，在工程项目的实施过程中具有重要作用。工程项目合同管理是指对工程项目合同的签订、履行、变更和解除进行监督和检查，对合同履行过程中的争议或纠纷进行处理，以确保合同依法订立和全面履行。工程项目合同管理贯穿于合同签订、合同履行、合同终止、归档等全过程。对合同进行归纳管理，分清其主次轻重，使项目合同管理有效、顺利地开展，对整个工程项目的成功建设将会起到积极的影响作用。

一、公路工程项目合同管理的意义

改革开放以来，我国的公路建设事业取得了长足的发展。由于公路工程建设中较早地采用了招投标制度、承包合同制，因而在公路工程质量、工期和造价上取得了良好的效果。特别是现今很多世行贷款工程项目的实施和完善，采用了严格的招投标制度、FIDIC 合同条款及施工监理制度。尽管承包合同制在公路工程建设中得到了全面推动，但由于人们观念的更新还有一个逐步认识的过程，因而在执行中尚存在着一些问题，诸如对公司的法律地位认识不足、行政干预代替合同管理、订立合同不按法定程序和要求办事，以及合同条款缺乏平等一致、缺少合同管理的意识等。部分施工企业由于缺乏合同管理意识，企业利润下滑，甚至出现负增长。企业资本（机械、人才、资金）积累逐年递减，职工待遇无法兑现已影响到对外承揽工程任务及无形资产的流失等。因此，加强和完善合同管理有着非常重要的意义。

二、公路工程项目合同管理制度

公路工程施工企业为了更好地落实合同管理工作，必须建立完善的项目合同管理制度。在公路工程项目实施中，需建立以下几种完善的制度。

1. 施工企业内部合同会签制度

由于施工企业的合同涉及施工企业各个部门的管理工作,为了保证合同签订后得以全面履行,在合同未正式签订之前,由办理合同的业务部门会同企业施工、技术、材料、劳动、机械动力和财务等部门共同研究,提出对合同条款的具体意见,进行会签。在施工企业内部实行合同会签制度,有利于调动企业各部门的积极性,发挥各部门管理职能作用,群策群力,集思广益,促使施工企业各部门之间相互衔接和协调,确保合同的全面履行。

2. 合同签订审查批准制度

为了使施工企业的合同签订后合法、有效,必须在签订前履行审查、批准手续。即将准备签订的合同在部门之间会签后,送给企业主管合同的机构或法律顾问进行审查,再由企业主管或法定代表人签署意见,同意对外正式签订合同。严格的审查、批准手续,可以使合同的签订建立在可靠的基础上,尽量防止合同纠纷的发生,维护企业的合法权益。

3. 印章制度

施工企业合同专用章是代表企业在经营活动中对外行使权利、承担义务、签订合同的凭证。因此,企业对合同专用章的登记、保管、使用等都要有严格的规定。合同专用章应由合同管理员保管、签印,并实行专章专用。合同专用章只能在规定的业务范围内使用,不能超越范围使用;不准给空白合同文本加盖合同印章;不得给未经审查批准的合同文本加盖合同印章;严禁与合同洽谈人员勾结,利用合同专用章谋取个人私利。若出现上述情况,要追究合同专用章管理人员的责任。凡外出签订合同,应由合同专用章管理人员携章陪同负责办理签约的人员一起前往签约。

4. 管理目标制度

合同管理目标制度是为保证各项合同管理活动应达到的预期结果和最终目的设置的各项制度。合同管理的目的是施工企业通过自身在合同的订立和履行过程中进行的计划、组织、指挥、监督和协调等工作,促使企业内部各部门、各环节互相衔接、密切配合,进而使人、财、物各要素得到合理组织和充分利用,保证企业经营管理活动的顺利进行,提高工程管理水平,增强市场竞争能力,使建设项目高质量、高效益地完成,满足社会需要,更好地为发展和完善建筑业市场经济服务。

5. 管理质量责任制度

这是施工企业的一项基本管理制度,规定企业内部具有合同管理任务的部门和合同管理人员的工作范围、职责及权利。这一制度有利于企业内部合同管理工作分工协作、责任明确、任务落实、逐级负责、人人负责,从而调动企业合同管理人员以及合同履行中涉及的有关人员的积极性,促进施工企业合同管理工作正常开展,保证合同圆满完成。公路工程施工企业应当建立完善的合同管理质量责任制度,确保人员、部门、制度的落实。

6. 统计考核制度

合同统计考核制度是施工企业整个统计报表制度的重要组成部分。完善的合同统计考核制度,是运用科学的方法,利用统计数字,反馈合同订立和履行情况,通过对统计数字的分析,总结经验、教训,为企业经营决策提供重要依据。

7. 评估制度

合同管理制度是合同管理活动及其运行过程的行为规范,合同管理制度是否健全是合同管理能否奏效的关键所在。因此,建立一套有效的合同管理评估制度是十分必要的。建立合同管理评估制度,必须满足以下要求:

(1)合法。合同管理制度符合国家有关法律、法规的规定。

(2)规范。合同管理制度具有规范合同行为的作用,对合同管理行为进行评价、指导、预测,对合法行为进行保护奖励,对违法行为进行预防、警示或制裁等。

(3)实用。合同管理制度能适应合同管理的需求,便于操作和实施。

(4)系统。各类合同的管理制度是一个有机结合体,互相制约、互相协调,在工程建设合同管理中,能够发挥整体效应的作用。

(5)科学。合同管理制度应能够正确反映合同管理的客观经济规律,能保证人们利用客观规律进行有效的合同管理。

8. 检查和奖励制度

为更好地发现和解决合同履行中的问题,协调企业各部门履行合同中的义务,施工企业应建立合同签订、履行的监督检查制度。通过检查及时发现合同履行管理中的薄弱环节和矛盾,以提出改进意见,促进企业各部门不断改进合同履行管理工作,提高企业的经营管理水平。通过定期的检查和考核,对合同履行管理工作完成好的部门和人员给予表扬鼓励;对工作不负责任、玩忽职守的部门和人员给予批评教育和处罚。

三、项目合同管理机构及人员的设置

1. 合同管理机构的设立

合同管理机构应当与企业总经理室、工程部等机构一样成为施工企业的重要内部机构。合同管理是非常专业化且要求相当高的一种工作,所以,施工企业应设立专门的法律顾问室来管理合同的谈判、签署、修改、履约监控、存档和保管等一系列管理活动,而不应兼任,甚至是临时管理。

由于集团型大型施工企业和其属下的施工企业都是独立的法人,故两者之间虽有投资管理关系,但在法律上又相互独立。施工企业在经营上有各自的灵活性和独立性。因此,这种集团型施工企业应当设置二级双重合同管理制度,即在集团和其子公司中分别设立各自的合同管理机构。对于中小型公路工程施工企业也必须设立合同管理机构和合同管理人员,统一管理施工队和挂靠企业的合同,制定合同评审制度,切忌将合同管理权下放到项目部,以强化规范管理。

2. 合同管理专门人员的配备

合同管理工作由合同管理机构统一操作,应当落实到具体人员。对于集团型施工企业,合同管理工作较繁重,应当多配人,明确分工,做好各自的合同管理工作;而中小型施工企业,可依具体的合同管理工作量、企业自身情况和企业经营状况决定合同管理人员的数量和管理人员的职责。

由于公路工程施工企业需签订的合同种类繁多。性质各异，不同种类的合同所涉及行业、专业有不同特点，企业内部各相关职能部门各司其职，分别参与合同的谈判、起草、修改等工作，因此，在合同管理过程中，应注重企业内部机构和人员之间的协作，建立会审和监督机制。

四、项目合同管理程序

合同管理就是要通过合同的策划、签订、合同实施控制等工作，全面完成合同责任，保证公路工程项目目标和企业目标的实现。合同管理应遵循以下程序：

1. 合同策划和合同评审

在工程项目的招投标阶段的初期，业主的主要工作是合同策划；而承包商的主要合同管理工作是合同评审。

在公路工程中，发包商是通过合同分解项目目标，委托项目任务，实施对项目的控制，因此，合同策划对工程项目有重大影响。在进行合同策划时，首先要进行项目总目标和战略分析，确定企业和项目对合同的总体要求；然后，进行相应阶段项目技术设计的完成和总体实施计划的制订；再进行工程项目的结构分解工作；而后，确定项目的实施策略，如工作的具体分配、承发包方式的确定等；还需进行与合同相关事宜的策划，包括合同种类的选择、合同风险分配策划等；项目管理工作过程策划，包括项目管理工作流程定义、项目管理组织设置和项目管理规则制定等；最后是招标文件和合同文件的起草，这项工作是在合同的招标过程中完成的。

公路工程合同评审应在合同签订之前进行，主要是在招标文件和合同条件进行的审查认定、评价，对合同的合法性、条款的完备性及合同的风险进行分析。通过合同评审，可以发现合同中存在的内容含糊、概念不清之处或自己未能完全理解的条款，对此进行仔细研究，认真分析，制订相应的措施，以减少合同中的风险，减少合同谈判和签订中的失误，这样将有利于合同双方合作愉快，促进公路工程项目施工的顺利进行。

2. 合同签订

经过对合同分析、评审和谈判之后，就可以签订合同了。

3. 合同实施计划

合同签订之后，公路工程施工单位应该按合同的约定履行合同，为更好地履行合同，防止违约事件的发生，应首先制订合同实施计划。

4. 合同实施控制

在项目实施过程中通过合同控制，确保承包商的工作满足合同要求。合同实施控制包括对各种合同的执行进行监督、跟踪、诊断、工程的变更管理和索赔管理等。

5. 合同变更

合同的履行是指合同双方按照合同规定的标的、数量和质量、价款或酬金、履行期限、履行地点和履行方式等，全面地完成各自承担的义务。在合同履行过程中，由于各种原因，会出现合同变更。合同变更的范围很广，一般在合同签订后所有工程范围、进度，工程质量要求、合同条款内容、合同双方责权利关系的变化等都可以被看作合同变更。公路工程项目合同变更包括设计变更、进度计划变更、施工条件变更及原招标文件和工程量清单中未包括的"新增工程"。合同变更是合同实施调整措施的综合体现。当发生合同变更时，应按下列程序进行处理：

（1）发包人对原设计进行变更。施工中发包人如果需要对原工程设计进行变更，应不迟于14天以书面形式向承包人发出变更通知。承包人对发包人的变更通知没有拒绝的权利，但是当变更超过原设计标准或者批准的建设规模时，需经原规划管理部门和其他有关部门审查批准，并由原设计单位提供变更相应的图纸和说明。

（2）由于承包人的原因对原设计进行变更。施工中承包人提出的合理化建议涉及对设计图纸或施工组织设计的更改及对原材料、设备的更换，需经工程师同意，工程师同意变更后，还需经原规划管理部门和其他有关部门审查批准，并由原设计单位提供变更相应的图纸和说明。

（3）其他变更的程序。除设计变更外，其他能够导致合同内容变更的都属于其他变更。这些变更的程序，首先应由一方提出，与对方协商一致签署补充协议后，方可进行变更。在合同履行过程中，对于并非自己的过错，应由对方承担责任的情况造成的实际损失，应向对方提出索赔，要求给予经济补偿和（或）工期顺延。承包商应该在施工过程中，通过加强合同管理、重视施工计划、注意工程成本控制、提高文档管理等措施及时合理地提出施工索赔，以维护自己的正当权益。

6.合同后评价

项目结束后对采购和合同管理工作进行总结和评价，以提高以后新项目的采购和合同管理水平。

五、项目合同管理工作注意事项

项目合同一经签署就对签约双方产生法律约束力，任何一方都应严肃、认真、积极地执行合同，否则将承担相应的违约责任。为此，在工程项目合同管理中应注意以下事项：

1.签约前注意了解对方是否具有法人资格，对方的信誉如何及其他有关情况和资料。当由代理人签约时，则要了解是否有具有法律效力的法定委托书。

2.合同本身用词要准确，不能发生歧义，要符合《中华人民共和国合同法》等规定，要注意合同主要条款是否齐全、用词是否确切。

3.合同签订后应按有关规定及时送交合同主管部门审查及向有关部门备案。因为有些合同必须经相关部门批准方能生效。

4.要主动及时地组织和督促各职能部门严格按合同规定履行义务。

5.全部合同文件应由专人负责整理保管，包括合同文本附件及工程施工变更洽商等资料及涉及经济责任的会议纪要往来函电等。坚决避免工程尚未完成，合同及有关资料丢失现象的发生。

6.项目合同的变更、解除应经过认真的调查研究，且不能违背法定的程序及企业的有关规定。

7.利用合同及时、合理地提出索赔。

第八章 公路工程项目人力资源管理及优化

第一节 项目人力资源管理概述

美国管理学权威彼得·德鲁克说:"企业或事业唯一的真正资源是人。管理就是充分开发人力资源以做好工作。"任何一个组织,没有有效的人力资源管理,根本不可能实现其目标。人力资源管理在项目整个资源管理中占有很重要的地位,从经济的角度看,人是生产力要素中的决定要素,在社会生产过程中处于主导地位。

项目人力资源管理是项目管理中关键的一环,主要包括两方面:一是项目人员的管理,二是项目团队的建设。项目团队中的人员有不同于其他组织人员的需求特征,项目团队中的成员以团队精神为前提,更加关注自尊和自主的需求。项目人力资源包括管理层和操作层两个层面,只有加强了这两方面的管理,充分调动他们的积极性,才能很好地去掌握手中的材料、设备、资金,把一项建设工程做得尽善尽美。而要做好项目人力资源管理,首先,根据项目具体要求获得相应的人员;其次,进行培训开发,使其具有完成项目的知识和技能;最后,在项目实施过程中,重要的是激励人员,激发和保持他们的工作热情和积极性。工作团队是现代项目流行的作业形式,建立高效的团队是项目人力资源管理的重要内容。项目团队的发展可以分为形成、震荡、正规和表现阶段。在项目团队的形成期,应侧重于人力资源的整合;在项目团队的震荡阶段,应加强人力资源的协调和沟通;在项目团队的正规、表现阶段及后期阶段,要更加关注人力资源的激励和安抚。

一、项目人力资源管理的主要内容

项目人力资源的目标就是通过对项目的利益相关者进行整合、培训、激励,以提高组织绩效,同时使项目成员获得工作满足感。项目人力资源管理的主要工作包括组织规划、人员的甄选和人力资源开发。

1. 组织规划

组织规划就是根据项目目标及工作内容的要求确立项目组织中角色、权限和职责的过程。

2. 人员甄选

人员甄选就是根据项目计划的要求，确定项目整个生命周期内各个阶段所需要的各类人员的数量和技能，并通过招聘或其他方式，获得项目所需人力资源，从而构建一个项目组织或团队的过程。

3. 人力资源开发

人力资源开发包括培训、考核及激励等内容。人员培训工作是根据培训计划的安排进行项目组织成员的岗前培训及在岗培训，以保证项目组织成员能胜任所要承担的项目任务，并在项目目标实现过程中不断提高其素质和能力的过程。人员考核工作是在项目目标实现过程中，对组织成员的工作绩效进行评价，以实现客观公正的人事决策的过程。人员激励工作是通过采取各种恰当的措施，调动组织成员的积极性，从而使组织成员努力工作的过程。

二、人力资源管理与传统人事管理的区别

现代的人力资源管理来源于传统的人事管理，是人事管理的继承和发展，具有与人事管理大体相似的职能，但由于指导思想的转变，造成了二者在形式、内容、效果等方面均存在差别。

1. 管理观念的区别

传统的人力资源管理将人视为"工具"，而现代人力资源管理将人视作"资源"，不仅注重产生，更注重开发。要做好人力资源的开发必须大大提高人力资源的品位，开发人的潜能。要把人力当成资本，当成能带来更多价值的价值，就要把提高人的素质、开发人的潜能作为人力资源管理的基本职责。

2. 管理重心的转移

传统的人力资源管理以"事"和"物"为核心，而现代人力资源管理以"人"为核心。现代人力资源管理的重点要以人为本，尊重人、关心人，树立为人服务的观念，形成一种公平、公正的激励和分配机制。

3. 管理视野和内容上的区别

传统的人力资源管理功能是招募新人，填补空缺。而现代人力资源管理被提高到组织战略高度来对待，而不是只当事务性工作来对待，还要担负工作设计、规范工作流程、协调工作关系的任务。

4. 管理组织上的区别

现代人力资源管理要打破过去劳动人事管理模式下的条条框框，将重点放在工作流程，工作岗位，激励机制有效性、合理性的评估上，放在人力资源的培养和调度上，而对于具

体的岗位设立，薪酬激励办法及薪金的发放应该由其他专业的部门（譬如财务）来制定和操作，人力资源管理部门被视为生产与效益部门。

三、工程项目人力资源管理及其主要内容

1. 工程项目人力资源管理

工程项目人力资源管理以人力资源管理相关基本理论为基础，以项目管理理论为依托。因此，研究工程项目人力资源管理必须从项目管理、工程项目管理的整体出发，弄清各系统之间的关系及系统与环境之间的关系。同时，运用现代化的管理手段和方法，对工程项目人力资源管理研究起着重要作用。

工程产品与其他工业产品不同，具有产品固定性和生产流动性，即某个工程项目结束后，其组织结构随之解散，劳动工具和人力资源随之迁移到新的项目或回归母公司企业中去。这使得工程项目对人力资源管理必须具有很强的应变能力和可塑性，要求项目管理人员有坚强的事业心、机敏的组织才能和高超的领导艺术，项目人员要有无私奉献和吃苦耐劳的精神。另外，就工程项目人员数量而言，随着工程的进展，人力资源需求也会发生较大的变化，表现为开工初期递增和施工后期递减，中间阶段是人力资源需求的高峰。组织结构的弹性要求工程项目的人力资源管理也必须是弹性的，人力资源管理的方式和内容必须经常根据外部和内部环境的变化进行适当的调整，实现动态管理。

另外，工程项目人力资源管理模式与企业人力资源管理也存在较大区别。工程项目人力资源管理必须符合项目管理发展的规律，需要在人力资源管理活动的不断发展和调整中，逐步适应工程项目战略目标、组织结构、能力开发等形态后形成。工程项目人力资源管理与企业人力资源管理的主要区别如表 8-1 所列。

表 8-1 工程项目人力资源管理与企业人力资源管理的区别

区别	企业一般人力资源管理	工程项目人力资源管理
管理方式	企业领导方式多样化	强调项目经理负责制
管理机构	企业组织是稳定的、长期的，隶属是唯一的	项目组织是临时的、一次性的、灵活和柔性的。同时隶属于不同部门
管理对象	企业是相对持续稳定的经济实体和人	一个具体项目的一次完成的人。主要是项目经理，项目团队、项目成员以及与项目相关的其他干系人
运行规律	以现代企业制度和企业经济活动内在规律为基础	以项目周期和项目内在规律为基础的，一次性多变的活动过程
资源规划	近期和长远发展对人力资源需求和对预测要求比较高	满足某一项目的近期需求，需求预测要求的程度较低，但各阶段对人力资源管理的要求比较复杂
人员获取	企业人力资源招聘。录用程序是常规性的	针对某一个具体项目发展周期往往是非常规的。仅有项目才有的特殊程序
绩效评价	企业单位评价指标较复杂。内容较多	项目管理中对人员仅进行短期考核，评价指标以业绩、能力、态度为主

续表

区别	企业一般人力资源管理	工程项目人力资源管理
组织文化	企业组织文化是经过长期营造、积累而成的	项目组织文化则是一种在短期内主动形成的功利性文化
激励机制	企业激励机制手段是多方面的。以物质和精神激励为主	项目组织随项目完成而解散，对项目团队成员应当以物质激励、能力开发为主
管理方法	企业管理是职能管理和作业管理相结合，是实体型管理	按项目管理知识体系中的技术和工具方法进行管理

由此可见，工程项目管理是以工程项目人力资源管理为核心的管理活动。人力资源管理同项目管理中的时间、成本、预算和质量一样重要，在项目的整个阶段尤其是项目的实施阶段扮演着重要的角色。人力资源管理是项目成功的基础，是为完成一个特定项目而将人力资源和其他资源结合成一个短期的组织，是把各种知识、技能、手段和技术应用于项目中，寻找一个"满意解答"。

2. 工程项目人力资源管理内容

一般而言，工程项目人力资源管理是指对工程项目的人力资源管理。它包含两个方面的含义：一是工程项目人力资源管理属于人力资源管理的范畴；二是工程项目人力资源管理的对象是主要的内部项目干系人。目前，国内工程项目管理由于在实施过程中各阶段的任务和实施的主体不同，也就构成了工程项目管理的不同划分：业主方的项目管理、工程设计方的项目管理、施工方的项目管理。他们的管理者分别是业主单位、设计单位、施工单位和咨询单位，他们从不同方面对项目实施管理。所以，一个工程项目参与的人员一般来自几个方面，形成不同的项目组织。人力资源管理的主要内容包括以下几个方面：

（1）组织和组织规划。在项目管理目标的指导下，对工程项目整体人力资源的计划和安排，它按照项目目标，通过分析和预测所给出的工程项目人力资源在数量上、质量上、结构上的明确要求，具体包含组织和组织规划的输入、输出和转化。

（2）资源获取。明确工程项目人力资源的计划、获取、资源布局与配备使用、控制和管理要求，包括人力资源的招收、培训、录用和调配（对劳务单位）；劳务单位和专业单位的选择和招标（对总承包单位）。

（3）能力建设。一是针对某一具体项目任务进行培训；二是对工程项目人力资源的潜力进行开发；三是为工程项目人力资源能力的积累进行培训。充分发挥个人和项目组织的协同效应，约束和激励项目成员，提高和改进个人和项目组织的工作绩效，从而实现项目目标。

（4）绩效评价与改进，明确规定工程项目人力资源管理绩效评价和改进的对策建议，对劳动者进行考核，以便对其进行奖罚。

（5）过程管理，策划并确定工程项目管理的各个过程，明确各个过程中的人力资源管理的主要特征以及相应的管理方法和途径。要做到科学合理地组织劳动力，节约使用劳动力；改善劳动条件，保证职工在生产中的安全与健康；加强劳动纪律，开展劳动竞赛，提高劳动生产效率。

续表

第二节 公路施工项目人力资源组织规划

公路施工项目人力资源管理计划是对人力资源投入量、投入时间和投入步骤，做出一个合理的安排，以满足项目实施的需要。

一、项目组织规划与设计的依据

1. 项目的工作任务

项目组织规划与设计中最重要的依据是根据项目目标和项目产出物生成的项目工作任务，其中最重要的是项目工作分解结构（WBS）。

2. 项目的人员需求

项目组织规划与设计的另一依据是整个项目工作的人力资源需求。

3. 项目限制因素

所谓项目限制因素是指限制人们做出不同的项目组织规划与设计方案选择的各种因素。也就是说，如果没有这些限制因素，项目组织规划与设计可能选用其他的方案。项目组织规划与设计的主要限制因素包括以下几种：

（1）执行组织的组织结构

组织结构是组织在职责、职权方面的动态结构体系，其本质是为实现组织战略目标而采取的一种分工协作体系。组织结构的类型不同，项目经理担负的责任也不同。一个以强矩阵型为基础结构的组织，意味着它的项目经理承担着与此相关的重大责任，比以弱矩阵型为基础结构的组织中的项目经理所承担的责任更为重大。

（2）集体协商条款

与工会或其他雇员组织达成的合同条款可能会要求特定的任务或报告关系（实质上，雇员组织也是项目相关人员）。

（3）项目管理小组

如果项目管理小组在过去运用某些特定的管理结构取得过成功，它就可能在将来提倡使用类似的结构。

（4）预期的人员分配

项目的组织常受专业人员的技术和能力的影响，他们的能力也将影响他们权利和责任的分配。

二、项目组织规划的方法

1. 项目组织分解方法

组织分解结构是项目组织结构图的一种特殊形式，描述负责每个项目活动的具体组织单元，它是将工作包与相关部门或单位分层次、有条理地联系起来的一种项目组织安排图形。组织分解结构的分解方法与WBS类似，只是不是按照项目可交付成果的分解组织的，而是按照组织内现有的部门、单位和团队组织的，把项目活动和工作分列在现有各部门下。这样，相关部门只需找到自己在其中的位置，就可洞悉承担的所有职责。

2. 一般的组织管理理论

一般的组织管理理论具有系统性和理论性，主要包括区别经营和管理、管理活动五大职能（计划、组织、指挥、协调和控制）、十四项管理原则、倡导研究管理理论、开展管理教育、管理人员的素质和品质等。一般的组织管理理论是各种管理理论和管理实践的重要依据。

3. 一般的人力资源管理方法。

人力资源管理的主要方法有"抽屉式"管理、"危机式"管理、"一分钟"管理、"破格式"管理、"和拢式"管理、"走动式"管理等方法。

三、项目组织规划与设计的结果

1. 项目组织结构图表。
2. 项目角色和责任的分派。
3. 项目组织人员配备规划书。
4. 相关的各种细节。

四、人力资源管理计划

1. 人力资源需求和配置计划

确定公路工程项目人力资源的需要量是人力资源管理计划的重要组成部分，它不仅决定人力资源的招聘、培训计划，而且直接影响其他管理计划的制订。人力资源需求计划要根据施工项目的性质、特点、规模、技术难度、工期要求及施工条件等，围绕项目总进度计划的实施制订。因为总进度计划决定了各个单项工程的施工顺序及延续时间和人数，它是经过组织流水作业，去掉劳动力高峰及低谷，反复进行综合平衡以后，得出的劳动力需求量计划，反映了计划期内应调入、补充、调出的各种人员变化情况。在公路工程施工中，根据具体情况，一般设置有土方工程队、路面工程队等，或按需要设置有钢筋班组、模具班组、运输班组、机务班组等组织。

项目人力资源配置包括人力资源的合理选择、供应和使用。项目的人力资源配置既包括市场资源，也包括内部资源。无论什么性质的资源，都应遵循资源配置的自身经济规律和价值规律，以更好地发挥资源的效能，降低工程成本。因此，组织要建立适应市场经济要求的资源配置制度和管理机制，其中最重要的就是做好人力资源配置计划工作。公路工程项目人力资源配置计划应根据组织发展计划和组织工作方案，结合人力资源核查报告，进行制订。人力资源配置计划阐述了单位每个职位的人员数量、人员的职务变动、职务空缺数量的补充办法。

2. 人力资源培训计划

劳动力的素质应满足和适应施工内容的需要，有些工种必须组织学习培训，做到持证上岗。因此，为保证人力资源的使用，在使用前还必须进行人力资源的招雇、调遣和培训工作，工程完工或暂时停工时必须解聘或调到其他工地工作。为此，必须按照实际需要和环境等因素确定培训和调遣时间的长短，及早安排招聘，并签订劳务合同或工程的劳务分包合同。人力资源培训计划是人力资源管理计划的重要组成部分。按培训对象的不同可分为工人培训计划、管理人员培训计划、技术人员培训计划等；按计划时间长短的不同则又可分为中长期计划（规划）、短期计划等。人力资源培训计划的内容应包括培训目标、培训方式、培训时间、各种形式的培训人数、培训经费、师资保证等。编制劳动力培训计划的具体步骤如下：

（1）调查研究阶段

1）研究我国关于劳动力培训的目标、方针和任务，以及工程项目对劳动力的要求等。

2）预测工程项目在计划内的生产发展情况及对各类人员的需求量。

3）摸清劳动力的技术、业务、文化水平及其他各方面的素质。

4）摸清项目的人、财、物、教等培训条件和实际培训能力，如培训经费、师资力量、培训场所、图书资料、培训计划、培训大纲和教材的配置等。

（2）计划起草阶段

1）根据需要和可能，经过综合平衡，确定职工教育发展的总目标和分目标。

2）制定实施细则，包括计划实施的过程、阶段、步骤、方法、措施和要求等。

3）经充分讨论，将计划用文字和图表形式表示出来，形成文件形式的草件。

（3）批准实施阶段

上报项目经理批准形成正式文件，下达基层，付诸实施。

第三节 公路施工项目人力资源的获取

人力资源的选择需要根据项目需求确定人力资源的性质数量标准，根据组织中工作岗位的需求，提出人员补充计划，对有资格的求职人员提供均等的就业机会；根据岗位要求和条件来确定合适人选。

一、人员获取的依据

1. 人员库描述

当项目组织进行人员分配时，必须考虑到可获得的潜在人员的特点。考虑的内容包括以下方面：一是所用人员有没有类似或相关工作的经验；二是所用人员是否对这个项目的工作有兴趣；三是所用人员是否能在一个团队中合作愉快；四是所用人员是否能在需要他们的时间段获得。

2. 招聘规定

涉及项目的一个或多个组织可能制定由管理人员分配的方针、文件和程序。这些规定存在时，便成为人员获取过程的约束条件。具体包括如下方面：

（1）完成项目的每项工作任务（或工作包）需要的技能。

（2）在挑选项目团队队员时，既需要考虑队员的技能，也要考虑其个性。

（3）项目队员的来源，是从公司内部挑选还是从市场上进行招聘。

（4）被挑选的队员是否有时间并愿意参加此项目。

（5）外界协作者，如项目顾问、技术专家等，需要支付的成本。

二、人员获取的途径

1. 从组织内部获取

从组织内部获得人员，一般通过谈判、事先指定等方式。对于大多数项目，人员配备必须经过谈判。而在某些情况下，人员可能事先指定到项目上，比如，一是项目竞标的结果，并在建议书中承诺安排特定的人员；二是内部服务项目，项目章程对人员分配进行了规定。

2. 从组织外部可以获得特定个人或团体的服务

当决定不按全职雇佣某类人员，或是具有适当技能的所有人员已经派往其他项目上，或者其他情况造成总公司无法提供项目所需成员时，从市场上进行招聘是一种有效的方式。虽然这种方式花费较多，但是这种方式招聘人员能给项目组织带来许多创新思想和新的活力。

3. 专业协作方

可以通过协议、支付佣金的方式，把一些专业的协作方（如咨询顾问、供应商等）纳入项目团队的管理体系。当项目工作需要时，支付佣金即可以进行雇佣。项目工作完成时，协议便马上终止。这种灵活的项目管理方式无疑可为项目团队节省一定的成本。

三、公路工程项目人力资源管理获取步骤

1. 谈判（协商面谈）

谈判是在合同签署以前就合同要求做出澄清并达成一致意见。其中包括人员的选择，用于评价一个候选人的资格、可接受性是否符合职位要求、资质、能力以及个人成长与发展愿望。对于工程项目组织的发展要求，可以制定一个面试结果指南。面试结果指南强调、引导实际的面试，把职位要求与面试过程相联系。指南是简单的、直接的，用以说明每一步面试的目的、期望和结果的图表文件。"目的"部分应联系到职位要求，以便征求到评价候选人的有用信息。"期望"部分说明在面试过程中将要发生的交换类型，此项对创造一种有效的面试方法很有帮助。"结果"部分有助于面试者了解每一步的面试结果。

发展型面试强调组织的使命感和其对项目人员可持续发展的贡献，并用于建立与潜在候选人的长期联系，这种面试技术采用独特的、随机的问题去考虑候选人的空间。通过提供项目管理职业的成长和发展空间来考察候选人的发展计划。因此，这个技术揭示了对可持续发展的更深层次的理解。发展型面试寻求与候选人成长和发展的愿望、能力和资质相匹配的职位。这种面试是基于双方评价和选择，即组织和候选人是同时进行的，当双方达成共识，就开始建立积极的长期关系，即使这次没有被某一项目招聘，也为未来组织招聘做了储备。

2. 甄选

合格候选人的甄选在职位提供之前应进一步考虑：候选人的道德如何，其职业目标、价值观、信仰、态度与组织是否一致，从而建立组织成员与项目组织之间的相互关系，形成相对稳固的文化氛围，凝聚成一种无形的合力与整体趋向，激发项目组织成员努力去实现项目组织的共同目标。如果缺少这一点，项目组织的凝聚力就会减弱。

3. 获取

除了日常的招募之外，当项目组织缺少完成项目所需的内部人员时，则通过对外部招聘方式获取，也可以对项目承担组织内部的成员进行重新分配。设置合适的获取项目人员的政策、方法、技术和工具，从而在适当的时候获得项目所需的高素质，并且善于合作的人员或团队来实施项目活动。例如，可以通过招标、签订合同等方式，来获取特定的个人和团队承担项目工作，通过定量和定性分析相结合的方法对承包商进行评估和选择等。

4. 输出（人员募集的输出）

基于项目需求，人员可分为全职、兼职和临时。根据项目的需求所列出的项目团队及

团队成员和其他项目干系人可以是正式或非正式的，设计特别详细的或简单的人员活动清单。这个过程改善了获取人力资源的质量和数量，保证组织筛选到那些有知识、有能力、有持续成长和发展空间的人员，尤其是项目经理人员的选择，是工程项目组织的发展基础，是项目成功的关键。

四、公路工程项目人力资源管理控制

项目人力资源管理控制主要包括人力资源的选择、订立劳务分包合同、教育培训和考核等内容。

1. 人力资源的选择

公路施工企业是劳动密集型的部门，根据不同的生产特点和实际工作需要，其人力资源可分为以下几种：

（1）固定工制度。即职工被录用后，只要没有重大过失，其工作可以一直保持到退休。这是过去使用的一种用工制，目前使用得越来越少。固定工制度使职工工作固定不变，人才难以流动，不能适应市场变化。

（2）劳动合同制度。它是以签订劳动合同的形式规定劳动者和用人单位双方的权利和义务，实行责、权、利相结合的一种用工制度。合同制打破了固定用工的"终身制"，使企业可以根据生产需要订立、延续、辞退劳动力，促进工人的积极性。这种方式是目前推广应用的用工制。

（3）临时工制度。是企业根据生产过程中临时性的工作需要招收人员的制度，主要适用于季节性施工的企业。

施工企业应根据生产需要招收员工，应在劳动部门指导下，采取公开招收、志愿报名、全面考核择优录用的方式，在建立劳动关系后应及时订立劳务合同。

2. 劳务合同

（1）劳务分包合同的形式

劳务分包合同的形式一般可分为以下两种：

1）按施工预算或招标价承包。

2）按施工预算中的清工承包。

（2）劳务分包合同的内容

劳务分包合同的内容应包括工程名称，工作内容及范围，提供劳务人员的数量，合同工期，合同价款及确定原则，合同价款的结算和支付，安全施工，重大伤亡及其他安全事故处理，工程质量、验收与保修，工期延误，文明施工，材料机具供应，文物保护，发包人、承包人的权利和义务，违约责任等。

3. 人力资源的培训

公路工程施工企业根据生产发展的需要，应有计划地对员工进行人力资源培训，以提高员工的劳动素质，增强劳动者的业务能力和工作能力。对从事技术工种的劳动者，上岗

前必须经过培训,学习国家规定的职业技能标准,实行职业资格证书制度。

4. 人力资源的考核

为鉴定员工的实际技术水平,调动员工工作的积极性,合理使用人才,公路工程施工必须对员工进行日常和定期考核。日常考核以平时在岗完成任务的业绩为主,定期考核主要考查技术理论知识和实际操作能力。对员工考核的成绩应记录归档,作为调资晋级的一项重要依据。

5. 劳动力的控制要点

劳动力的需要数量与生产周期(工期)工程量是紧密相关的。因此,当已知劳动力需要数量以后,应根据施工进度计划和工种需要数量进行配置。每个施工项目劳动力配置的总量,应按工人劳动生产率进行控制。其控制要点如下:

(1)应在工程施工进度图劳动力需用量的基础上再行具体化,防止漏配。必要时,应根据实际情况对劳动力计划进行控制性调整。

(2)如果现有的劳动力能满足施工进度计划要求,配置时应贯彻节约原则,以降低成本。如果现有劳动力不能满足施工进度计划要求时,可通过招募等方法(如任务转包等)以满足要求。如果在专业技术或其他素质上现有人员或新招收人员不能满足要求时,则应提前进行培训,再上岗作业,并加强对此的控制力度。

(3)配置劳动力时应以定额为基准,让工人有超额完成的可能以获得奖励,进而激发工人的劳动热情。

(4)应保持正在使用的劳动力和劳动组织相对稳定,防止频繁调动。只有当劳动组织不适应任务要求时,再进行劳动组织和人员调整。例如,当关键线路发生变化时,应考虑打乱原建制进行优化组合,以保证劳动力配置能满足施工情况变化的要求。

(5)为保证施工作业需要,工种组合、技术工人与普工比例必须加以控制,保证比例适当,配套合理。

(6)控制时尽量做到使劳动力均衡配置,既满足施工的需要,又便于控制管理,使劳动资源适当,以达到节约的目的。

(7)控制劳动力消耗的均衡性。每天出勤的工人人数力求不发生大的变动,即劳动消耗力求均衡。可通过劳动力需求量图来进行控制。

劳动力消耗的均衡性,可用劳动力不均衡系数 K 表示,并作为控制的参考依据。劳动力不均衡系数的值应大于或等于1,一般不超过1.5。

$$K = \frac{R_{\max}}{R_{平均}}$$

式中 $R_{\max}$——施工期中人数量高峰值;

$R_{平均}$——施工期间加权平均工人人数。

对施工工期和劳动力均衡性的控制,可采取调整的方法进行处理。1)要求缩短工期时,可采取对工期较长的主导劳动量施工增加班制或工人数(包括机械数量)的调整措施,来达到缩短总工期的目的。2）要求工期不允许延迟，劳动力出现较大不均衡时，可采取在允许的范围内，对工序的开工或完工日期进行调整，以达到劳动力需求量较为均衡的目的。3）当处于特定条件时，某些工程由于特定的条件，工期没有严格限制，而在投资、主要材料及关键设备等某方面有时间或数量限制时，则应将这些特定条件作为控制因素进行调整。

第四节 公路施工项目人力资源的开发

一、施工项目的劳动力管理

施工项目的劳动力来源于社会的劳务市场，企业劳务由企业劳务管理部门（或劳务公司）管理，对外用合同向劳务分包公司招用劳动力。

1. 劳务输入

坚持"计划管理、定向输入、市场调节、双向选择、统一调配、合理流动"的方针。具体操作时，项目经理部根据所承担的工程项目任务，编制年度劳动力需求计划，交公司劳务管理部门。公司以内部施工队伍为主、外部施工队伍为辅进行平衡，然后由项目经理部根据公司平衡的结果，进行供需见面，双向选择，与施工劳务队签订劳务合同，明确需要的工种、人员数量、进出场时间和有关奖罚条款等，正式将劳动力组织引入施工项目，形成施工项目作业层。如果项目经理部直接与劳务分包公司签订合同，必须有法定代表人授权。

2. 劳动力组织

劳务施工队均要以整建制进入施工项目，由项目经理部和劳务分包公司配合，双方协商共同组建栋号施工承包队，栋号承包队的组建要注意打破工种界限，实行混合编班，提倡一专多能、一岗多职，形成既有主力专业工种，又有协作配套力量，并能独立施工的栋号承包队。

3. 劳务队伍管理

项目经理部对于到位的施工劳务队伍组建的现场施工作业队，除配备专职的栋号负责人外，还要实行"三员"管理岗位责任制，即由项目经理派出专职质量员、安全员、材料员，实行一线职工操作全过程的监控、检查、考核和严格管理。

二、公路工程项目人力资源管理考核

人力资源管理考核应以有关管理目标或约定为依据,对人力资源管理方法、组织规划、制度建设、团队建设、使用效率和成本管理等进行分析和评价。对人力资源管理的考核应定期举行,一般可分为月度、季度、半年、年度考核等,其中月度考核以考勤为主。对于特别事件,可以举行不定期专项考核。

1. 人力资源管理考核评比

(1) 人力资源管理考核评比标准。对人力资源进行考核评比时,多采取百分制和等级制考核相结合的评比办法,即设立"优""良""中""差"四个等级,按岗位职责划分出得分项目,累计为100分。考核时以得分多少就近套等级,得90分以上的为"优",80分以上的为"良",70分以上的为"中",70分以下的为"差"。

(2) 人力资源考核评比方法。目前,我国对人力资源的考核和评比工作,多采取定期考核与不定期抽查考核相结合、年终总评的方法。定期考核每月一次,由考评小组进行;不定期抽查考核由部门负责人组织,中心领导参加,随时可以进行,抽查情况要认真记录,以备集中考核时用,年终结合评先工作进行总评。对中层干部和管理人员的考评,由服务中心领导组织职工管理委员会中的职工成员共同参与,进行年度考评。

(3) 人力资源考核评比工作的实施。人力资源考核评比小组(简称考评小组)在每次对各部门、各岗位的工作情况进行全面检查考核后,要召开例会,结合平时的抽查情况、职工的考勤和日常工作表现、服务对象的满意度等综合因素,为每一名职工打分,做出综合评价。

考评小组通常由7人组成,其具体实施办法是如下:7名考评小组成员按照各自掌握的被考评职工的综合情况,先独立给出各自的综合评价分(综合评价分的起评标准:优为90～99分;良为80～89分;中为70～79分;差为60～69分),在给出的这7个综合评价分中去掉最高和最低的两个分数,余下5个分数的平均数就是该职工所得的初步考评分。在此基础上运用检查考核的结果,工作质量好、完全符合工作标准的可以适当加分,但加分最多不能超过5分;工作质量达不到工作标准要求的,不合格的每一个单项扣1分,最后累计总得分就是被考评职工的最终考评得分,这个得分所套入的等级就是该职工本次考核获得的考评等级。

2. 对管理人员的考核

(1) 考核的内容

管理人员绩效考核的内容如下:

1) 工作成绩。重点考核工作的实际成果,以员工工作岗位的责任范围和工作要求为标准,相同职位的职工以同一个标准考核。

2) 工作态度。重点考核员工在工作中的表现,如责任心、职业道德、积极性。

3) 工作能力。

（2）考核的方法

管理人员绩效考核的方法如下：

1）主观评价法。依据一定的标准对被考核者进行主观评价。在评价过程中，可以通过对比比较法，将被考核者的工作成绩与其他被考核者比较，评出最终的顺序或等级；也可以通过绝对标准法，直接根据考核标准和被考核者的行为表现进行比较。

2）客观评价法。依据工作指标的完成情况进行客观评价，主要包括生产指标，如产量、销售量、废次品率、原材料消耗量、能源率等；个人工作指标，如出勤率、事故率、违规违纪次数等指标。客观评价法注重工作结果，忽略了被考核者的工作行为，一般只适用于生产一线从事体力劳动的员工。

3）工作成果评价法。这是为员工设定一个最低的工作成绩标准，然后将员工的工作结果与这一最低的工作成绩标准进行比较。重点考核被考核者的产出和贡献。为保持员工的正常状况，通过奖惩、解聘、晋升、调动等方法，使员工技能水平和工作效率达到岗位要求。

3. 对作业人员的考核

对作业人员的考核应以劳务分包合同等为依据，由项目经理部对进场的劳务队伍进行队伍评价。在施工过程中，项目经理部的管理人员应加强对劳务分包队伍的管理，重点考核其是否按照组织有关规定进行施工，是否严格执行合同条款，是否符合质量标准和技术规范操作要求。工程结束后，由项目经理对分包队伍进行评价，并将评价结果报组织有关管理部门。

三、项目员工的培训

1. 项目员工培训的作用

项目员工培训的作用：提高项目团队综合素质，提高项目团队工作技能和绩效，提高项目团队成员的工作满意度，有助于项目目标的实现。

2. 项目培训的过程

项目培训可分为四个步骤：

第一步：评估培训需求。这是指评估工作所需的技能和完成这项工作的员工的实际技能之间的差距，确定需要做什么培训。

第二步：在确定要求之后要设立培训的目标，这些目标应该是明确的和可度量的。

第三步：培训。选择恰当的培训方式，开展实际的培训。

第四步：对受训者接受培训前后的反应、学习、行为和结果进行比较，对培训计划的效益进行评价。

3. 项目培训的形式

项目员工的培训与一般日常运营组织的培训不但内容不同，而且方式也不同。项目员工培训主要是短期培训，这种培训的主要形式有两种：一种是岗前培训；另一种是在岗培训。

（1）岗前培训：针对性强，方式灵活多样，内容具体，花费不大，易于组织，见效较快，所以在项目员工培训中已被广泛采用。项目员工在开始项目工作以前，多数都要进行岗前培训。

（2）在岗培训：这是指以职务或工作实际需要为出发点，围绕职务或岗位的特点进行有针对性的培训。这种培训偏重于专门技术知识和能力的培训，不管是项目管理人员还是项目技术人员，都需要在特定岗位和职务环境下接受培训。项目组织采用的在岗培训具有边培训、边提高、边工作的优点。

4. 项目效果评价

在受训者完成培训计划后，应对其培训效果进行评价，看计划目标完成得如何。培训绩效有四个方面可以衡量：

（1）反应：评价受训者对培训计划的反应如何。他们是否喜欢这一培训计划，是否认为其有价值。

（2）知识：对受训者进行知识测试，确定他们是否学到了预期应学到的技能。

（3）行为：了解受训者工作行为的变化情况。例如，工作中的精神状态是否有所改善。

（4）成效：工作结果的变化情况。如工作中的错误率有没有减少、解决冲突能力的培训是否提高了办事效率等。

四、项目员工的绩效考评

绩效是一个人在其工作中与组织或组织单元目标有关的一组行为，是个体或群体工作的表现、直接成绩、最终成绩的统一体。绩效强调员工潜能与绩效的关系。关注员工素质、关注员工发展是人力资源管理的核心职能之一。所谓绩效评价是指过去指定的标准来比较员工当前和过去的工作绩效的记录过程，包括设定绩效标准、评价员工的实际绩效、提供反馈等。工程项目管理中人员绩效评价是人力资源管理活动，对企业生存和发展起着重要作用。项目员工的绩效考评与激励也是项目人力资源管理的一项重要工作，它是调动员工积极性和创造性最有效的手段之一。绩效考评是通过对项目员工工作绩效的评价，去反映员工的实际能力及其对岗位的适应程度。激励则是运用有关行为科学的理论与方法，对项目员工的需要予以满足或限制，从而激发员工的动机和行为，激发员工去充分发挥自己的潜能为实现项目目标服务。

1. 项目员工绩效考评的作用

项目绩效考评的作用具体有三方面：其一，绩效考评是项目组织编制和修订项目工作计划与员工培训计划的主要依据；其二，绩效考评是合理确定工作报酬与奖励的基础；其三，绩效考评是判断员工是否称职，以及给予提职、惩罚、调配或辞退的重要依据。

2. 项目员工绩效考评的原则

为了充分发挥绩效考评的作用，项目员工绩效考评必须遵循以下三项原则。第一，公开原则，即项目组织要公开绩效考评的目标、标准、方法、程序和结果，并接受来自各方面人员的监督；第二，客观与公正原则，即在制定绩效考评标准体系时应该客观和公正；第三，多渠道、多层次和全方位考评的原则。

3. 项目员工绩效考评的内容

由于绩效考评的对象、目的和范围复杂多样，因此项目组织绩效考评的内容比较复杂。一般项目组织绩效考评的基本内容包括三个方面：

（1）工作业绩考评。

（2）工作能力评价。

（3）工作态度评价。

4. 项目员工绩效考评的方法

项目组织绩效考评的方法有很多，不同的方法侧重点不同，适用的考核目标和对象也不同。在开展绩效考评时，要根据具体项目的实际情况，综合使用各种考评方法。常用的绩效考评方法有以下几种：

（1）民意测验法。即由下级及与其有工作关系的人对被考核者从几个方面进行评价，从而得出对被考核者绩效的评价结果。该方法的优点是具有民主性、群众性；缺点是：只有自下而上的评价，易受群众素质局限的影响。

（2）征求意见法。即上级和下级进行谈话，征求大家对该员工的评价，从而形成对其的考核结果。该方法的优点是简便易行，缺点是有时不能客观反映事实。

（3）共同确定法。该方法操作的基本过程：先由基层考评小组推荐，然后进行学科（专业）考核小组初评，再由评定委员会评议投票，最后由评定委员会审定。这种方法的优点是通过专家来进行评价，保证被考核人的能力和素质等方面符合要求；不足是考核的结果受考核者的主观因素影响过多。

（4）配对比较法。由于人际关系等诸多因素的影响，考核者往往不愿意给被考核者比较低的评价，容易造成评价的误差，为此产生了配对比较法。这种方法，顾名思义就是把每一位员工和其他员工配对，分别比较。每一次比较给表现好的员工记1分，同时另一名员工得0分。比较完毕，统计每个人的得分和，依次对员工进行评价，最后根据得分来评价被考核者的优劣次序。这种方法适用于被考核者较少的情况。

（5）强制分配法。该方法是把考评者按一定比例归入各等级，然后按照每个被考评者绩效的相同优良程度，强制引入其中的一定等级。该方法较适用于人数较多情况下考评总体的状况，简易方便，可以避免考评者打分偏高、偏严引起的偏差。缺点是缺少具体分析，在总体偏优或偏劣的情况下，难以实事求是的做出评价。

（6）等级量表法。该方法是应用比较广泛的绩效考核方法。它通常做维度分解，沿各维度划分等级，并通过设置量表来实现量化考评。

（7）情景模拟法。该方法是为适应当前很多综合性管理工作对高级管理人员的需求而提出的，利用仿真评价技术，通过现场模拟，无领导小组讨论等技术对被考核人员进行模拟现场考核；或者通过代理职务进行真实的现场考核。它的优点是使被考核者真实地面对实际工作，能够表现出自己的实际水平，适用于对公司经理或者关键岗位员工的考核。

（8）平衡记分法。哈佛商学院教授卡普兰和咨询师诺顿在总结了一些公司在绩效评价与企业战略实施方面的经验后，开发出一种主要对群体考核的平衡记分法的考核方法。该方法的核心思想：以财务为核心的思想，即企业只有满足投资人和股东的期望，才能取得立足与发展所需要的资本；以顾客为核心的思想，就是在考核企业业绩时，应充分体现出"顾客造就企业"；以内部业务为核心的思想，即企业对外提供的是产品或服务，其产品或服务的质量，完全取决于企业内部价值链的各个环节是否真正创造价值；以成长与学习为核心的思想，和"顾客即企业"完全一样，"知识即企业"。该方法的适用条件：面临竞争压力较大，且这一压力为企业所感知；以目标战略作为导向；具有协商式或民主式领导体制；成本管理水平较高。该方法实现了内部和外部、所要求的成果与成果的执行动因、定量和定性、短期目标和长期目标的平衡。将群体日常管理中需要考虑的包括财务指标在内的所有信息都列为考核的内容，然后根据加权计算的结果来决定这个部门的绩效。在指标的选择上，广泛使用财务指标、顾客满意度、内部程序及组织的学习和提高能力四套指标。这种方法的优点在于能够将群体的绩效与企业、整个组织的绩效很好地结合起来，并且使被考核群体的管理者在进行每一项决策时，能够既考虑到该决策主要有利于哪一方面目标的实现，同时又考虑到该决策是否还会对其他方面的目标造成不良的影响。这样，整个公司运营能够得到比较全面的照顾，避免了顾此失彼的现象。

第五节　公路工程施工项目团队建设

在结束人员获取工作之后，就得到了项目团队清单和项目人员分配情况。施工团队是由项目组成员组成的，为实现项目目标而协同工作的组织。项目团队工作是否有效也是项目成功的关键因素，任何项目要获得成功必须有一个有效的项目团队。

一、项目团队的创建过程

工作团队的创建，包括以下四个过程：

1. 准备工作。本阶段首要的任务是决定团队是否为完成任务所必需，这要看任务的性质。应该明白，有些任务由个体独自完成效率可能更高。此外，本阶段还要明确团队的目标与职权。

2. 创造条件。本阶段组织管理者应保证为团队提供完成任务所需要的各种资源。如果没有足够的相关资源，团队则不可能成功。

3. 形成团队。本阶段的任务是让团队开始运作。此时必须做三件事：管理者确定谁是团队成员，让成员接受团队的使命与目标，管理者公开宣布团队的职责与权力。

4. 提供持续支持。团队开始运作后，尽管可以自我管理、自我指导，但也离不开上级领导者的大力支持，以帮助团队克服困难、战胜危机、消除障碍。

二、组建项目团队的原则

1. 建立一个多元化的项目团队。
2. 建立项目经理的领导权威。
3. 树立并保持项目组的团队精神。
4. 争取职能部门的支持。
5. 确保团队内信息的畅通。

三、项目团队的四个发展阶段

著名的塔克定义了项目管理团队发展的四个阶段：形成、震荡、规范和表现阶段。我们认为，在项目团队的形成期，应侧重于人力资源的整合；在项目团队的震荡阶段，应加强人力资源的协调和沟通；在项目团队的正规、表现阶段及后期阶段，要更加关注人力资源的激励和安抚。项目管理的方法相对是现代的，它是以一套独特而相互联系的任务为前提，通过项目经理和项目团队的努力，运用系统理论和方法对项目及其资源进行计划、组织、协调、控制，旨在实现项目特定目标的管理方法体系。在完成项目目标所需的各种资源中，最重要的是人力资源。因为，程序和技术只不过是协助人员工作的工具。项目管理中的人员不同于一般的员工，更倾向于高级知识员工，独立性和自主性都很强。因此，把握项目管理中人力资源的特点，有针对性地对项目团队形成期的人力资源整合，项目团队震荡期的人力资源协调，项目团队正规、表现期及以后的人力资源激励和安抚进行统筹管理，将是项目管理成功的关键，项目团队形成期也是人力资源不断整合的过程。

1. 形成阶段

团队形成初期最重要的特征就是个体成员转化为团队成员。在这个时期，团队中的人员开始相互了解，但由于不清楚自己的职责和角色，项目并没有真正地展开。此时，项目经理扮演着非常重要的角色，在项目团队中处于主动地位。这一时期人力资源整合的关键是明确项目目标、角色定位及充分授权等。

（1）明确项目目标

项目的总体目标也许在承接项目的时候就已经确定下来了，但达成项目的阶段性目标以及实现这些阶段性目标的细化步骤需要在这一时期制订。目标制订得越明确，越有利于日后的实现。项目目标的制订需要遵循 SMART 原则，具体说来就是：制订的目标应该是明确的，模棱两可的目标会让执行者觉得无所适从；制订的目标必须是可衡量的，应该多采用可量化的指标；制订的目标应该是可达成的，盲目追求不切实际的要求会给项目带来灾难性的后果；制订的目标要和项目本身具有很强的相关性；目标要有时间限制。

在制订项目目标的过程中，要尽可能地吸收团队成员的参与。经过团队成员参与讨论确定下来的项目具体目标认可度是最高的，团队成员也愿意积极为自己亲自参与制订的目标而努力工作。具体的目标制订方法可以采用建立项目工作分解结构（WBS），将一个整体的项目分解成易于管理的几个细目，然后指定各个细目的负责人，构成责任矩阵；也可以采取人力资源管理中经常采用的"鱼骨图"法，将主要目标进行分解并落实到人。

（2）角色定位和授权

角色定位是紧接着上面一项程序下来的，在明确了项目目标，将项目分解成几个细目之后，就需要授权指定各个细目的负责人了，这就是形成责任矩阵的过程。当然前提条件是需要知道各个项目团队成员的优势所在。比如需要实施一个网站建设项目，项目团队成员甲擅长整体规划，成员乙适合资料收集，成员丙专长数据库开发，成员丁负责网页设计比较顺手，那么根据这些条件我们可以构造一个简单的网站建设项目责任矩阵。项目责任矩阵图完成之后应分发至每一个项目团队成员，在项目实施过程中相互督促。

在项目团队形成初期，除了让团队成员明确项目目标及角色定位以外，人力资源整合还需要强调的一点就是团队文化的构建和完善。文化管理是管理中的最高境界，是团队精神的阐述。项目团队中要努力塑造这样一种文化氛围：团队成员是一个利益共生体，只有相互信任、相互合作，才能创造共赢，任何团队成员的道德风险损害的都是大家共同的利益。

2. 震荡阶段

项目团队的震荡期是这样一个时期，此时项目目标已经非常明确，团队成员业已开始运用自己的技能执行分配到的责任和任务，但随着工作的逐步推进，越来越多地发现现实状况与预想状况有很大的不一致，从而项目成员会产生挫折感、愤怒及对立等影响项目进程的不满情绪。这一时期是项目发展的必经阶段，同样也是项目发展的转折点，如果此时人力资源协调和沟通比较到位，团队成员能很快从不满意向满意转化，项目建设同样会带来新的发展契机；如果项目团队的不满不能得到及时解决，不满的因素会不断积累，直至爆发，势必将项目的成功置于危险之中。项目团队处于震荡期阶段的时候，究竟应该如何进行人力资源协调与沟通呢？我们必须牢牢把握的原则是：正视问题，分析原因，坦诚解决。作为项目经理，要做到接受及容忍团队成员的任何不满，要创造一个理解和支持的工作环境，否则，团队成员有不满也不一定立即表现出来，而一旦爆发将造成难以挽回的局面。

当团队成员表现出不满情绪的时候，我们不能回避或者视而不见，积极的态度是正视问题，表现出愿意就面临的问题广泛交换意见，并尽力通过大家的合作努力解决问题的姿态。项目经理要营造这样的一种环境：团队里的成员关系是开放、友善的，团队成员愿意坦诚地将不满的原因暴露出来，而不必担心会遭到任何攻击或报复，其他人也愿意积极换位思考，以便达成一种共赢的结局。

成员间沟通的重要性，有必要在项目团队中构建一个沟通反馈机制，从而提高沟通的效率。沟通反馈机制借助的平台可以是互联网。

3. 项目团队正规、表现阶段以及后期阶段的人力资源激励和安抚

经历了震荡期的痛苦之后，项目团队进入了正规期及表现期。这两个时期团队成员的不满已经明显降低了，大家都渴望实现项目目标。这个时候恰当地进行激励效果是明显的。美国哈佛大学心理学家威廉·詹姆斯在对员工的激励研究中发现：一般情况下，员工的能力可发挥20%～30%，而受到充分激励后，其能力可发挥80%～90%，由此可见有效激励的重要性。项目团队首先需要建立需求分析机制，认清不同团队个体的不同内驱力。虽然项目团队成员总体上是自尊和自主的需求占主导，但每个个体需求的侧重点是不一样的。需求分析应面向所有团队成员，然后在此基础上逐渐细化分类。有效需求分析机制的建立，可以帮助我们认清项目团队个体之间的不同的内驱力，从而实施有针对性的激励，达到预期的激励效果。在需求分析过程中，应注意坚持以下几个原则：

（1）实事求是的原则

需求分析应根据现实情况实事求是地进行，对提出的一些不切实际的需求或想法应及时地予以解释和拒绝，以免期望太大，而万一实现不了，失望会很大。

（2）互动参与的原则

需求分析不仅要有当事人参加，而且如果可能应包括同事及项目经理等。这样的互动可以更全面地分析需求，同时也更能让人接受，当然相对来说可能更加耗时。

（3）信息畅通的原则

信息的畅通，包括需求分析时和需求分析后的相当一段时间内应确保信息反馈的畅通。

（4）动态分析的原则

由于团队个体的需求在不同时间是不一样的，或者说在一阶段达到了某一需求后，他会追求更高层次的需求，因此需求分析应是一个动态分析机制，以免需求分析机制本身束缚了团队成员积极性的发挥。

四、项目团队中的人员需求特征

管理的精髓在于有效的激励，根据现代组织行为学理论，激励的本质是员工去做某件事的意愿，这种意愿是以满足员工的个人需要为条件的。因此，激励的核心在于对员工的内在需求把握与满足。而需求意味着使特定的结构具有吸引力的一种生理或者心理上的缺乏。因此，了解项目团队中的人员需求，是进行人力资源管理的前提。

1. 团队精神的需求

有一个有趣的问题是这样问的：将500个土豆装在一只麻袋里，是什么呢？只不过成了一麻袋土豆罢了，土豆之间没有任何关系。同样的，一盘散沙的队伍，没有团队精神的队伍，只不过在一起上班罢了，并没有形成一个团队。项目成员要组建成一个高效的团队，必须以共同的团队精神为前提，一个健康向上的团队文化是团队成员共同的需求。

2. 尊重的需求

如前所述，项目团队，尤其是一些大型的项目团队中，必不可少的包括许多专家和工程师等，这些知识工作者的知识特长是经过社会认同的，因此在项目团队中也同样要被彼此认同，受到尊重。可以说，被尊重的需求是大多知识员工的首要需求。

3. 自主性的需求

项目团队中的人员不同于公司里的普通操作员工，他们脑力劳动多于体力劳动，由于项目本身的独特性，他们的脑力劳动实际上是一种创造性劳动。因此，项目团队中的成员普遍具有自主性的需求，他们不习惯于被约束得太死板，往往需求自主的工作方式及弹性的工作时间，这样更有利于创造性的发挥。

4. 沟通的需求

管理上有一个著名的双50%现象，即经理人50%以上的时间用在了沟通上，如开会、谈判、指示、评估。可是，工作中的50%以上的障碍都是在沟通中产生的。蒙牛集团也有一个98%定律，说的是98%的沟通障碍源自误会。由此可见有效沟通的重要性，尤其是对知识员工而言。知识员工沟通的需求来自两方面的原因，首先由于项目本身的要求，此外知识员工要被尊重、被理解，采用沟通的途径也是一条明智的选择，否则长时间压抑是不利于项目的正常运转的。

5. 公平发展的需求

项目团队里人员相互之间要感到公平。公平其实是一种内在的心理感受，当员工的收入（包括有形收入和无形收入）与他的所有付出的比值，和其他员工的收入与付出的比值相当时，他就会感到相对公平，积极努力地置身于工作中。否则就会产生不满，感到自己没有被重视，难以有发展的机会，就会有强烈的流动意愿，从而影响项目团队的凝聚力。总体说来，项目团队中的人员需求虽然有点类似于混合性的需求，但还是倾向于较高层次的尊重和自主需求的。因此，进行人力资源管理时要有针对性。另外，也要注意项目团队发展的不同时期的侧重点也是不一样的。

五、公路工程项目团队冲突管理

冲突是双方感到矛盾与对立，是一方感觉到另一方对自己关心的事情产生或将要产生消极影响，因而与另一方产生互动的过程，是项目中各因素在整合过程中出现了不协调的现象。公路工程项目冲突是组织冲突的一种特定表现形态，是项目内部或外部某些关系难以协调而导致的矛盾激化和行为对抗。

1. 冲突的类型

在项目管理中，冲突无时不在，按项目发生的层次和特征的不同，项目冲突可分为以下几种类型：

（1）人际冲突。人际冲突是指群体内个人之间的冲突，主要指群体内两个或两个以上个体由于意见、情感不一致而相互作用时导致的冲突。

（2）群体或部门冲突。群体或部门冲突是指项目中的部门与部门、团体与团体之间，由于各种原因发生的冲突。

（3）个人与群体或部门之间的冲突。这种冲突不仅包括个人与正式组织部门的规则制度要求及目标取向等方面的不一致，也包括个人与非正式组织团体之间的利害冲突。

（4）项目与外部环境之间的冲突。项目与外部环境之间的冲突主要表现在项目与社会公众、政府部门和消费者之间的冲突，如社会公众希望项目承担更多的社会责任和义务、项目的组织行为与部门约束性的政策法规之间的不一致和抵触、项目与消费者之间发生的纠纷等。

2. 冲突强度分析

冲突管理是项目管理者利用现有技术方法，对出现的不协调现象进行处置或对可能出现的不协调现象进行预防的过程。进行冲突管理，首先要分析冲突的强度。

（1）在项目概念阶段，冲突强度的等级排列如下：项目优先级、流程管理、进度、人力、成本、技术、个性。

（2）在项目的规划阶段，冲突强度等级如下：项目优先级、进度、管理流程、技术、人力、个性、成本。

（3）在项目实施阶段，主要冲突的强度等级如下：进度、技术、人力、优先级、流程、成本、个性。

（4）项目收尾阶段，冲突的强度等级排列顺序情况为：进度、个性、人力、优先级、成本、技术、流程。

3. 冲突的解决方式

冲突管理将使项目经理陷入一种不确定的境地，以至于不得不选取一种解决冲突的方法。如面对面协商（或协作）、妥协、缓和（或和解）、强制（或对抗，不合作，固执己见）、规避（或退出）。

在项目管理过程中，人们一般认为冲突是没有好处的，所以，总是尽量避免。然而，冲突可能带来新的信息、新的方法，帮助项目组另辟蹊径，制订更好的解决问题的方案。同时，冲突也是不可避免的，不同意见的存在是正常的。因此，试图压制冲突有时是一种错误的做法。对公路工程项目实施各阶段出现的冲突，项目经理部应根据沟通的进展情况和结果，按程序要求通过各种方式及时将信息反馈给相关各方，实现信息共享，提高沟通与协调效果，以便及早解决冲突。具体可采用以下方法：

（1）灵活地采用协商、让步、缓和、强制和退出等方式。

（2）使项目的相关方了解项目计划，明确项目目标。

（3）及时做好变更管理。

第六节 公路工程项目人力资源成本管理

一、人力资源成本的构成

企业管理的目标是赚取利润，管理的核心是人，企业最应努力挖掘的潜力是人力投入与产出的潜力。在当今日益激烈竞争的形势下，决策者们不得不高度重视人力资源管理和对人力资源成本及其价值的研究。我们国内许多企业尤其是高新技术企业也越来越认识到知识员工与传统体力工人的区别，不再是传统的"被管理者"，不再被视为简单的成本，而是和资金一样被看作企业的重要"资本"和宝贵"资源"。但是，人力资本作为一种可以创造价值的资本必然会在使用过程中产生一定的成本——人力资源成本。

人力资源成本是通过计算的方法来反映人力资源管理和员工的行为所引起的经济价值。即一个企业组织为了实现自己的组织目标，创造最佳经济和社会效益，而获得、开发、使用保障必要的人力资源及人力资源离职所支出的各项费用的综合成本控制策略。

人力资源成本是从一般的成本概念中推演出来的，是指取得或重置人员而发生的费用支出，包括人力资源的取得成本（历史成本）和人力资源的重置成本。

1. 人力资源的历史成本

人力资源的历史成本包括人力资源的取得成本、开发成本和使用成本，可按以下三个标准分类：

（1）成本的自然类，是指支出的原始项目，如工薪、广告费、代理费等。

（2）特定人事管理职能的成本，如招募、选拔、培训等成本。

（3）包含在人力资源历史成本中的人力资源管理职能的基本成本——取得和开发成本以及人力资源的使用成本。

1）人力资源的取得成本

取得成本主要指取得人力资源而发生的成本或付出的代价，包括招募、选拔、雇佣、定岗而发生的各种支出。

①招募成本。这主要指为了取得所需人力资源而进行招募宣传，确定招募人员而发生的各项支出，包括招工广告费用，招聘工作人员工资及福利费，委托招聘的手续费、代理费，因招工而发生的差旅费、接待费、办公费和资料费等。

②选拔成本。这主要指挑选人力资源过程中发生的各种支出，如接待、考试（面试、笔试）、检查、体检以及其他选拔费用。选拔成本取决于招募方式和雇佣人员的类型。职

务越高的员工，选拔过程越长，选拔成本越高。采用委托招募的方式，选拔、审查成本较高，招募成本较低，反之亦然。因而需要在招募成本和选拔成本之间进行权衡。

③雇佣、定岗位成本。这主要指正式雇佣并安排工作岗位而发生的各种支出，如因正式雇佣而发生的差旅费、接待费、搬迁费和代理费以及安排工作岗位的成本。职务越高的员工，其雇佣和定岗位的成本越高，反之则越低。

④安置成本。这是指企业将被录取的职工安排在确定工作岗位上的各种行政管理费用；录用部门为安置人员所损失的时间费用；为新职工提供工作所需装备的费用；为从事特殊工种人员配备的专用工具或装备费；录用部门安排人员的劳务费、咨询费等。在企业大批录用人员时，这种成本会较高。安置成本一般是间接成本。

2）人力资源的使用成本

使用成本是企业在使用职工的过程中发生的成本，主要包括维持成本、奖励成本和调剂成本等。传统成本会计将这些费用分别归入制造费用或管理费用，并进行相应的成本分析。

①维持成本。它是保证人力资源维持其劳动力生产和再生产所需的费用，是职工的劳动报酬，包括职工计时或计件工资、劳动报酬性津贴（如职务津贴、生活补贴、保健津贴、法定的加班加点津贴等）、劳动保护费、各种福利费用（如住房补贴、幼托费用、生活设施支出、补助性支出、家属接待费用等）、年终劳动分红等。

②奖励成本。它是激励企业职工使其发挥更大作用，对其超额劳动或其他特别贡献所支付的奖金，这些奖金包括各种超产奖励、革新奖励、建议奖励和其他表彰支出等。奖励成本是对企业职工超额劳动所给予的补偿。

③调剂成本。它类似于对其他资产进行所谓的"维修"和"加固"而支付的费用。这种成本的作用是调剂职工的工作与生活节奏，使其消除疲劳而发挥更大作用，也是满足职工必要的需求，稳定职工队伍并吸引外部人员进入企业工作的调节器。调剂成本包括职工疗养费用、职工娱乐及文体活动费用、职工业余社团开支、职工定期休假费用、节假日开支费用、改善企业工作环境的费用等。

④保障成本。它是保障人力资源在暂时或长期丧失使用价值时的生存权而必须支付的费用，包括劳动事故保障、健康保障、退休养老保障、失业保障等费用。这些费用往往以企业基金、社会保险或集体保险的形式出现。这种成本既不能提高人力资源的价值又不能保持其价值，其作用只是保障人力资源丧失使用价值时的生存权。这种成本是人力资源发挥其使用价值时，社会保障机构、企业对职工的一种人道主义保护。保障成本在企业的人工成本中占有较大的比例。

劳动事故保障成本是企业承担的职工因工伤事故应给予的经济补偿费用，包括企业承担的工伤职工的工资、医药费、残废补贴、丧葬费、遗属补贴、缺勤损失、最终补贴费等。健康保障成本是企业承担的职工因工作以外的原因（如疾病伤害、生育、死亡等），引起的健康欠佳不能坚持工作而给予的经济补偿费用，包括医药费、缺勤工资、产假工资及补贴、丧葬费等。退休养老保障成本是社会、企业及职工个人承担的保证退休人员老有所养和酬谢其辛勤劳动而给予的退休金和其他费用，包括养老金、养老医疗保险金、死亡丧葬补贴、遗属补偿金等。失业保障成本是企业对有工作能力但因客观原因造成暂时失去其工作的职工所给予的补偿费用，主要是为了保障职工在重新就业前的基本生活需求，包括一定时期的失业救济金。

3) 人力资源开发成本

为了开发和增强人力资源的潜在服务能力，提高人力资源素质，必须对员工进行各种形式的培训。因进行培训而发生的各种支出构成人力资源的开发成本，主要包括上岗培训、在职培训和脱产培训应发生的各种费用支出。

①上岗培训成本。这主要指因员工上岗而发生的各种培训支出，如熟悉企业的生产过程、产品、设备、人事管理等，正式定向活动的见习培训支出及其他有关成本，也称定向成本。

②脱产培训成本。它是企业根据生产和工作的需要，允许职工脱离工作岗位接受短期（一年内）或长期（一年以上）培训而发生的成本，它分为企业内部和外部两部分培训成本。

企业外部的脱产培训成本，包括培训机构收取的培训费、被培训人员的工资及福利费、差旅费、资料费等；企业内部的培训成本，包括培训所需聘任教师或专家工资福利费用、被培训人员工资及福利费、培训资料费、企业专设培训机构的各种管理费用等。同时，无论在企业内部还是外部进行培训，都会发生被培训人员的离岗损失费用。

③在职培训成本。它是指在工作岗位上培训个人发生的成本而不是正式培训方案的成本，具体包括上岗培训成本和岗位再培训成本。上岗培训成本是为使职工上岗后达到岗位熟练职工技能要求所花费的培训费用，包括培训和被培训人员的工资福利费用、培训人员离岗损失费用、被培训人员技术不熟练给生产所造成的损失费用、培训而消耗的材料等物资费用及由于新职工与熟练职工工作能力的差异而给生产造成的损失费用等。岗位再培训成本是岗位技能要求提高后对职工进行的再培训费用，包括为培训而消耗的材料费用和人工费用以及在培训过程中培训人员占用时间学习新技术等给生产造成的损失费用。

2. 人力资源的重置成本

人力资源的重置成本是指目前重置人力资源应该付出的代价。例如，如果某个人离开企业，就会发生招募、选拔和培训的重置成本。人力资源重置成本的着重点是职务重置成本，而不是个人重置成本。

职务重置成本又称人力替换成本，是指现在用一位能在既定职位上提供同等服务的人来代替占有该职位的人必须付出的代价。职务重置成本有取得成本、开发成本和遣散成本三种要素。取得成本和开发成本可以用历史成本进行计量，这里不再赘述，以下只分析遣散成本。

遣散成本是指任职者离开企业所发生的成本。它包括遣散补偿成本、遣散前低效成本和空职成本三个基本要素。这些成本通常应予资本化并进行摊销。然而，当职工被解雇时，这些成本则应作为费用来处理。

（1）遣散补偿成本。它是企业辞退职工，或职工自动辞职时企业所应补偿给职工的费用，包括至离职时应付职工的工资、一次性付给职工的离职金、必要的离职人员安置费等支出。

（2）遣散前低效成本。这是职工即将离开企业而造成的工作或生产低效率损失费用。在职工离职前，由于办理各种离职手续或移交本岗位的工作，其工作效率一般都会降低而造成离职前的低效率损失。这种成本不是支出形式的费用，而是其使用价值降低造成的收益减少。

（3）空职成本。这是职工离职后职位空缺的损失费用。由于某职位空缺可能会使某项工作或任务的完成受到不良影响，从而会造成企业的损失，这种成本是一种间接成本，主要包括由于某职位空缺而引起企业整体效益降低所造成的相关业绩的减少。这种成本与离职成本相同，是隐性成本。

二、人力资源成本的计量模式

人力资源的成本计量是从人力资源投入的角度来确认和计量支出的计量模式，目的在于对人力资源的投资额进行计量，提供人力资源的成本信息。人力资源成本包括取得开发和保全人力资源使用价值而付出的总代价，包括企业实际付出的成本和应承担的损失成本。在内容上涉及人力资源的取得、开发、使用、保障和离职等方面。弗兰霍尔茨将人力资源成本分为取得成本、开发成本和重置成本。会计计量主要解决计量尺度和计量属性两个方面的问题。但由于人力资源价值的许多特性是货币所无法表现的，所以人力资源会计除要用货币计量外，还必须合理地运用非货币尺度来反映。传统的人力资源会计对人力资源成本进行计量主要有历史成本法和重置成本法两种模式。也有学者提出了机会成本法，认为该方法是以员工离职使企业蒙受的经济损失为依据进行的计量方法，比较接近于人力资源的实际经济价值，但与传统会计模式相距较远，导致核算工作繁重。机会成本法主要适用于员工素质较高、流动性较大且机会成本易于获得的企业，如律师事务所、会计师事务所等。下面我们就历史成本法和重置成本法两种主要模式进行详细分析。

（一）历史成本法

历史成本法也称原始成本法、实际成本法，是以取得、开发、维持人力资源时发生的实际支出计量人力资源成本的方法，它反映了企业对人力资源的原始投资，包括人力资源的取得成本、开发成本和维持成本。通常应分为企业职工的招募、选拔、录用、安置等取得成本，职工上岗前教育、岗位培训、脱产培训等开发成本，以及人力资源的工薪、奖励、调剂、保障等维持成本。这些成本的一部分是直接成本，另外一部分属于间接成本。例如，在对企业的新招职工进行培训时，付给接受培训者的工资是直接成本，而负责该项培训工作的管理人员的时间耗费成本则是一种间接成本。

人力资源取得成本是指企业为了满足现在和将来的人力资源需求，在人力资源取得过程中所支付的费用。人力资源的获得并不是无偿的，任何企事业单位都需要按照一定的程序，付出一定的代价，才能得到所需要的人力资源，这些费用构成了人力资源取得成本，主要包括招募成本、选拔成本、录用成本和安置成本。

（1）招募成本

招募成本由企事业单位用于招募人力资源的直接劳务费、直接业务费、间接管理费用、预付费用构成。直接劳务费是在企事业单位内部和外部两方面进行人员招募时发生的招募人员的工资和福利费用。直接业务费由在企事业单位内部和外部两方面进行人员招聘时发生的直接费用构成，包括招聘洽谈会议费、差旅费、代理费、广告费、宣传材料费、办公费、水电费、选拔费及其他支出等。间接管理费用由行政管理费和临时场地设施使用费等构成。预付费用由吸引未来可能成为企事业成员人选的费用构成。招募成本的计量采用原始成本法，其计量公式如下：

招募成本 = 直接劳务费 + 直接业务费 + 间接管理费用 + 预付费用

（2）选拔成本

选拔成本由对应聘人员进行鉴别选择，以做出决定录用或不录用这些人员时所支付的费用构成。一般情况下，主要包括以下几个方面：1）初步口头面试，进行人员初选；2）填写申请表，并汇总候选人员资料；3）进行各种面试或口头测试，评定成绩；4）进行各种调查和比较分析，提出评论意见；5）根据候选人员资料、考核成绩、调查分析评论意见，召开负责人会议讨论决策录用方案；6）最后的口头面试，与候选人讨论录取后职位、待遇等条件；7）获取有关证明材料，通知候选人体检；8）体检。在体检后通知候选人录取与否。以上每一步骤都将发生一定的选拔费用，其成本的计算方法如下：

选拔者面谈的时间费用 =（每人面谈前的准备时间 + 每人面谈所需时间）× 选拔者工资率 × 候选人数

汇总申请资料费用 =（印发每份申请表资料费 + 每人资料汇总费）× 候选人数

考试费用 =（平均每人的资料费 + 平均每人的评分成本）× 参加考试人数 × 考试次数

测试评审费用 = 测试所需时间 ×（人事部门人员工资率 + 各部门代表的工资率）× 次数

（本单位）体检费 =[（检查所需时间 × 检查者工资率）+ 检查所需器材、药剂费]× 检查人数

（二）重置成本法

重置成本法是指在当前物价水平下，假设对企业现有工作人员重新取得、开发、培训及辞退所需发生的代价。重置成本一般包括由于现职雇员的离去而发生的成本，以及获得并开发其替代者所发生的成本。采用重置成本计量模式不但要计算重置人员的实支成本，

还应计算由此发生的机会成本。重置成本是企业组织在从事经济活动中所应尽量避免的成本，管理者应关心员工的利益，把员工视为宝贵的财富，尽量减少由于员工的离去和置换而发生的重置成本的开支。

人力资源重置成本由人力资源的取得成本、开发成本和离职成本三部分组成。其中的取得成本、开发成本与历史成本法中的取得成本、开发成本内容相同，可以看作重新取得和开发一批人力资源的成本。离职成本是指原任离职者离开其岗位和组织所产生的成本，它包括离职补偿成本、离职管理费用、离职前业绩差别成本和空职成本。

人力资源重置成本分为两种情况：一种是从个人的角度，计量企业在现时条件下重新取得或通过培训取得与现有职工的技术水平、素质和工作能力相当的，能提供同等服务的能力，以及以其来代替正在雇用的职工所应发生的全部费用，称为"个人重置成本"，其成本相对较高。另一种则是从职位（工作岗位）的角度，计量企业在现时条件下取得和培训符合特定工作岗位要求的职工来代替目前正在该职位工作的职工所应发生的全部费用，称为"职位重置成本"，其成本相对较低。通常，企业一般比较注重职位重置成本，这是因为企业"重置"职工的目的在于使职工能够胜任特定工作岗位的工作，而不一定要求"重置"的职工具备与被替换下来的职工相同的素质。所以，"与其从重置原来某个人的角度来考虑，倒不如从取得能在特定职位上提供相同服务的替代人的角度来考虑"。

1. 离职补偿成本

离职补偿费用的多少一般没有固定数额，可多可少，甚至没有，主要根据企业和离职者的具体情况而定。但是，我国《劳动法》规定当出现以下三种情况，由于解除劳动合同而使职工离职时，应该依照规定给予劳动者经济补偿。

（1）经劳动合同当事双方协商一致解除劳动合同的。

（2）劳动者患病或非因公负伤，医疗期满后，不能从事原工作，也不能从事由用人单位另行安排的工作的；劳动者不能胜任工作，经过培训或调整工作岗位，仍不能胜任工作的；劳动合同签订时所依据的客观情况发生重大变化，致使原劳动合同无法履行，经当事人协调后不能就变更劳动合同达成协议而解除劳动合同的。

（3）用人单位濒临破产进行法定整顿期间或生产经营状况发生严重困难而依法裁减人员的。

在上述三种情况下，支付给离职者的工资和离职补贴金是根据劳动法及有关的具体规定，按照离职者离职前的工资标准及离职后所应得的保障进行计算。

2. 离职管理费用

职工在离职过程中，企业管理人员与离职职工要进行谈话协商及必要的调查（如为确定离职员工的加权平均工资率而进行的调查），协商同意其离职后还要为其办理离职手续等。进行这些管理活动需要支付一些管理费用。人事部门或其他主管人员的面谈费用成本可用下式计算：

面谈时间成本率 =（与每人面谈前的准备时间 + 与每人面谈所需时间）× 面谈者工资

率×企业离职人数

离职员工本身也有一个时间成本费用问题，这个费用可用以下公式计算：

离职员工的时间费＝每人面谈所需时间×离职员工的加权平均工资率×企业离职人数

此外，其他与离职有关的管理活动，如从员工资料档案和工资单中删除离职人员的资料，收回离职员工手中的设备、工具等也需要发生一些费用，这些费用可以用以下公式计算：

与离职有关的管理活动费用－各部门对每位离职者的管理活动所需时间×有关部门职工的平均工资率×企业离职人数

上述这些管理费用均属于人力资源离职的直接成本，需要直接计入人力资源离职成本。

3. 离职前业绩差别成本（也可称之为离职前的效率损失）

离职前业绩差别成本，是指一个职工在离开某一单位前，由于原有的生产效率受到损失而造成的成本。在离职前，由于离职人员一般会处于不稳定状态，所以他们的工作成绩会呈现下降趋势，这样就出现了他们在离职前与正常时期的业绩有很大差别。这种差别也是离职造成的成本，可以用下列公式进行测算：

差别成本（效率损失）＝正常情况下的平均业绩－离职前一段时间内平均业绩

4. 空职成本

空职成本，是指企业在物色或招聘到离职者的替代人员之前，由于某一职位出现空缺，可能会使某项工作或任务的完成受到不良影响，由此引起的一种间接成本。出现空职不但会影响该职位直接管理的工作，而且会影响与这项工作密切联系的其他工作的成绩。例如在保险公司中，一个理赔调查员调离后，公司在物色新的理赔调查员期间，将损失这个理赔调查员在职期间可能做出的业绩，同时由于这个职位空缺，可能还会影响到其他理赔调查员、调解员、检查员及理赔经理的业绩。这样一来，这个职位空缺带来的成本损失将大于由于该员工离职造成的直接成本损失。这些成本的总额构成了职位空职成本。

重置成本法是以在当前物价条件下重新录用达到现有职工水平的全体人员所需的全部支出为企业人力资源的资产值，它反映了企业于当前市场条件下在现有人员身上所凝结的全部投资，反映了人力资源的现时价值。但采用重置成本作为计量基础也有明显的缺陷：（1）要根据当前的市场状况进行具体估算，脱离了传统的会计模式，难以为人们所接受；（2）加了工作量，因为每一时期都需要对全部人员进行估算，这种增加的工作量能否从增加的信息中得到补偿则毫无把握；（3）对重置成本的估算不可避免地带有很强的主观性，使信息的可比性下降。因此，该方法主要适用于对企业人力资源的预测和决策，一般不用于对人力资源的账簿核算。

人力资源虽然有历史成本和重置成本两种计价标准，而且它们各有优缺点，但我们认为，在能取得历史成本资料的条件下，应尽量采用历史成本计价，理由有三：（1）采用历史成本计价，能使人力资源会计与物质资源会计在计价原则上保持一致。现行会计体系中，固定资产、存货等物质资源都是按历史成本计价的，欲将人力资源纳入会计核算体系，应尽量采用相同的计价基础；（2）按历史成本计价，能取得可核实的客观计算依据，从而得到确切的数据；（3）按历史成本计价核算，便于方便地将现行会计体系中物质资源的核算方法移植到人力资源会计核算上。

但是，历史成本的资料有时却无法取得。例如，目前大多数企业都没有发展人力资源会计核算，人力资源取得和开发支出都没有详尽的历史记录，从现有的零星资料中也难分析出人力资源成本资料。再如，在新建企业或扩大经营时，由国家或有关方面无偿调入职工时，也无法取得人力资源历史成本的资料。在这种情况下，可采用重置成本对现有人力资源进行估价并以此作为人力资源的初始额，在正式建立人力资源会计体系后发生的各项取得成本和开发成本则按历史成本计价入账。事实上，最早实行人力资源会计的巴里公司，正是按照这一方法建立其人力资源会计制度的。

不过，在采用重置成本作为计价标准时，有一个问题值得注意，即为了使今后的核算口径保持一致，在计算重置成本时，应只包括取得成本和开发成本两部分，前述人力资源重置成本中的离职成本，一般不宜计入，离职成本一般只用于分析时的参考。

三、人力资源成本核算

在进行人力资源成本的核算和报告时，应以企业对人力资产的投资为基础计量人力资产的成本，同时将人力资产成本按照人力资源使用期间进行的摊销计入企业生产经营的产品成本或劳务成本。记录资产的累计摊销价值，待人力资产退出企业时将其与人力资源成本相抵，余额就是企业人力资产为企业创造的收益或带来的损失。该余额可以作为企业的收益或损失处理。

此外，为了达到正确计量人力资源原始成本的目的，必须根据人力资源的特点，对人力资源的原始成本进行调整。一般说来，由账面得出的人力资源原始成本，会随着影响预计服务期间因素的改变而发生变化。因为一个较长的预计服务期间，并不意味着"账面成本"的增加。

只有当实际招募和培训过程完全按照事前计划进行时，人力资源原始成本的计量才正确。这样，就有必要将人力资源原始成本的账面价值调整为更具决策价值的成本新型资料。

1. 人力资源账户核算体系

人力资源核算主要涉及人力资产投资、人力资产成本、人力资产摊销和损失的核算。组织人力资产的核算，需要设置和运用以人力资产账户为主的、相互联系的若干账户，包括人力资产取得成本账户、人力资产开发成本账户、人力资产累计摊销账户、人力资本账户和人力资产损失准备账户。

（1）人力资产账户

人力资产账户用于总括反映人力资产的增减变动和结存情况。账户借方登记人力资产的增加，包括取得人力资源的投资成本和开发人力资源的开发成本；贷方登记人力资产的减少，包括遣散、调出、辞职、退休、死亡而减少的人力资产；余额表示现有人力资产的历史成本或重置成本。由于人力资产具有无形资产的特征，因而也可把它视为无形资产，在无形资产账户下设置二级账户对人力资产进行核算。本账户按员工类型设置明细账户，也可按重置员工个人设置明细账户。

（2）人力资源取得成本账户

此账户用于核算人力资源取得成本，属于成本计算类账户，借方登记取得人力资源而发生的招募、选择、雇佣和定岗的成本（投资成本）；贷方登记转入人力资产账户的取得成本。本账户一般无余额，如有借方余额表示尚未转入人力资产账户的成本。

（3）人力资源开发成本账户

此账户用于核算人力资源开发成本，属于成本计算类账户，借方登记开发人力资源而发生的上岗、在职和脱产培训的成本；贷方登记转入人力资产账户的开发成本。此账户一般无余额，如有借方余额则表示尚未转入人力资产账户的成本。

（4）人力资产累计摊销账户

此账户用于总括反映人力资产的累计摊销情况，属于人力资产的备抵账户，贷方登记按照一定的摊销率计算的人力资产摊销额；借方登记因遣散、解雇、辞职、调出、退休等原因而退出企业职工的累计摊销额；贷方余额表示现有人力资产的累计摊销额。人力资产借方余额减去此账户贷方余额则为现有人力资产的摊余价值（净值）。

（5）人力资产损失准备账户

本账户用于核算人力资产损失准备的提取和转销情况，属人力资产的备抵账户，贷方登记按一定比例计提的损失准备，借方登记转销的损失准备，贷方余额表示现有人力资产已计提损失准备。

（6）人力资本账户

本账户用于总括反映人力资本的增减变动和结存情况，属于权益类账户，贷方登记按重置成本计算的人力资源的投资金额而增加的人力资本，借方一般无发生额，贷方余额表示按重置成本计算的现有人力资本。如不设此账户，其相应的核算内容可在资本公积账户中核算。

2. 人力资产核算内容

人力资产核算的内容主要包括人力资产投资的核算、人力资产成本核算、人力资产摊销和损失的核算。

（1）人力资产投资的核算

人力资产投资的核算主要指按重置成本计价的人力投资的核算，如无偿调入人力资源或无法获得投入人力资源的历史成本资料时，采用重置成本核算人力投资额，以确认该人力资产账面价值的核算。在设置人力资本账户时，无偿调入职工，按重置成本借记人力资产账户，贷记人力资本账户；如不设置人力资本账户，则借记人力资产账户，贷记资本公积账户；如果无偿调入职工退回原单位，则做相反的会计分录，冲减人力资产和人力资本。

（2）人力资产成本核算

当取得人力资源而发生取得成本时，借记人力资源取得成本账户，贷记有关取得人力资源而发生的招募、选拔、雇佣、定岗等费用。期末，将其结转至人力资产账户，从而资本化为人力资产。当对取得的人力资源的各种培训发生人力资产开发成本时，借记人力资源开发成本账户，贷记实际支付的各种培训费用。月末，将其结转至人力资产账户，从而资本化为人力资产。

（3）人力资产摊销的核算

企业转入资本化的人力资产，应与固定资产一样，随着使用按其受益情况在各受益期内摊销，计入各期费用之中。由于人力资产的实际使用程度难以直接测定，只能采用平均计算的方法，在摊销年限内平均摊销人力资产预计摊销年限，通常决定于人力资产可使用年限，可按用工合同规定的使用年限而定。人力资产摊销时，借记销售费用、管理费用等有关费用账户，贷记人力资产累计摊销账户。当人力资产使用年限已满而退出企业时，则按累计摊销额借记人力资产累计摊销账户，贷记人力资产账户。如有未摊销净值（人力资产原始成本减累计摊销额之差额），则应将净值记入当期管理费用，借记管理费用账户，贷记人力资产账户。

（4）人力资产损失的核算

人力资产由于种种原因，形成未摊销净值，从而构成企业的一种损失，这种损失可称为人力资产损失。如未满服务期限而提前离职、解雇或调出，未达退休年龄而提前退休，未达受益期限而被提前淘汰，因故提前死亡等都会带来人力资产的损失。如果其损失（净值）数额不大，可作为当期费用处理，记入管理费用账户，如果损失数额较大，则应通过计提人力资产损失准备，设置损失准备账户进行核算。按一定比例计提损失准备时，借记管理费用账户，贷记人力资产损失准备账户。发生人力资产损失时，则按未摊销净值借记人力资产损失准备账户，按累计摊销额借记人力资产累计摊销账户；按原始成本贷记人力资产账户。如果企业不设置人力资产损失准备账户来计提损失准备，则将发生的损失直接记入当期管理费用，即按未摊销净值借记管理费用账户，按累计摊销借记人力资产累计摊销账户，贷记人力资产账户。

第七节　公路工程项目人力资源管理优化

一、公路工程项目人力资源管理存在的问题

1. 公路工程人力资源缺乏

国内经济高速发展，特别是随着国内建筑市场的不断升温，各地方政府不断加大基础设施建设投入，使得人力资源相对缺乏的问题越来越突出。公路工程项目生产的特殊性进一步加大了这一矛盾，这主要由以下几个因素造成：

（1）公路工程施工企业的工程产品一般是在偏僻贫穷的地方，员工的工作、生活条件非常艰苦，现在的施工企业又没有相应的设施与之配套，导致员工的物质生活匮乏，精神生活单调枯燥且压抑。

（2）公路工程施工生产周期长且生产过程带有不间断性。一个工程一般工期在2～5年，这样说长不长、说短不短的生产周期给员工的长期计划带来很大的不便，而工程的不间断性预示着员工少有节假休息时间。

（3）施工企业员工作业都是整日和大型机具打交道，在野外作业又受到自然环境的影响，对员工的安全有一定的威胁。

（4）偏僻落后的环境同时给员工的知识面扩大、接受外界新信息、新知识的途径带来很大的不便，所以给员工的个人成长带来很大的局限性。

（5）由于国有大中型公路工程施工企业从劳动力密集型向管理密集型转轨，公路行业新技术、新材料、新工艺、新方法的大量产生和使用，对高素质技术人员的需求进一步加大。而根据现在国内发达的市场来看，人力资源方面由于总储量、培养周期、市场流动等多种因素的影响，就显得不足，同时受到计划生育大政方针的影响，该问题越来越难以解决，问题可能会越来越严重，人力资源的缺乏与公路工程行业高度增长的人力需求的矛盾会越来越突出，人力资源的管理和利用是影响公路工程行业快速发展的关键性问题。

2. 项目团队队伍的稳定和忠诚问题

（1）项目团队队伍的稳定问题

公路工程施工企业的特性给企业管理带来了诸多的不利影响，项目团队队伍不稳定也给企业造成很大的损失。受建筑施工的艰苦环境和条件的影响，物资得不到充分的满足，长期的枯燥生活使得员工的积极性低落。在这样的精神状态下，必然导致员工工作没干劲。这样一来，公司的生产效率将下降，对企业造成的损失是难以估量的。同时，由于大量使

用农民工的原因，安全风险越来越大，员工稳定性受到极大的挑战。

公路工程施工企业大部分工程在开工之初，可以说是荒郊野岭，施工环境和条件极其艰苦，同时由于该行业是劳动密集型的产业，受气候、地质条件和施工场面等的影响很大，本身就是一项高危险的行业，施工过程中安全管理难度大，一旦出现事故，员工的积极性和稳定性就受到极大的挑战，甚至导致群体事件的发生，工程受到影响而停工。而现实来说，大量使用农民工是毋庸置疑的客观事实，农民工具有小农意识，文化程度低，服从意识和大局意识淡薄，又不可避免地带来了进度管控、安全管理等方面的一系列问题，如何调动农民工的积极性，将其行为进行合理规范，也将成为当前公路工程施工单位要解决的又一课题。

（2）员工对企业忠诚的问题

作为直接在施工一线的承包商员工的工资，待遇同业主、监理和设计等单位员工相距甚远，最艰苦的施工单位员工处于社会分配的底层，导致施工行业的人员不稳定，人心思动，施工企业员工工作热情和对企业的忠诚受到极大的打击，导致进度管理中的员工控制与激励成了施工企业的艰难课题，该难题始终贯穿于整个施工过程。

工程开工后，进度管理就是每个施工企业面临的首要课题，人力资源又相对短缺。进场后要根据工程项目的内容，组织不同工种的人员进入，随着工程进展，将不断引进和派驻各工种人员，员工队伍在施工过程中不断地扩大。这要求：一要及时组织进场足够数量的员工；二是要控制和稳定住进场的员工；三是要激励员工高效完成任务，进而保证工程进度。如何达到上述要求，是施工企业面临的又一艰难课题。同时，作为工程项目重要执行者的项目部队伍中项目经理、各级管理者和技术人员在工作条件艰苦且个人发展受到阻碍时，也会纷纷跳槽寻求更好的发展，企业将面临人才的流失以及信息资料流失带来的损失。

二、工程项目人力资源管理的优化措施

1. 工程项目管理理念上的进一步更新

（1）提高工程项目人力资源的现代化管理水平

现代工程项目管理赋予新时代的特征，要进一步提高工程项目人力资源管理对实现工程项目管理的现代化。尽快与国际项目管理接轨的重要意义：从国际项目管理理论和实践研究的发展成果来看，欧美项目管理知识体系的创新，使人力资源管理在项目管理中的地位不断提升。实践证明：项目人力资源是独特资源，是不可模仿的资源。国际项目管理的发展，也为我国工程项目管理提供了赶超国际项目管理水平的机遇。但是机会来自积累才能升华。我国的工程项目要立足于国际市场，需要工程项目管理模式理念的进一步更新，这样有利于提高我国工程项目管理在国际上的地位，提高工程项目人力资源管理水平，缩短与国际项目管理水平的差距，有利于工程项目人力资源整体素质迅速提高，从而获取竞争优势。对此必须引起理论界、学术界、企业界和业内人士的高度重视。

（2）确立战略性工程项目人力资源管理的观念

国际项目管理的发展，已经提出了新的概念和方法。例如，伙伴关系、系统重组、项目管理流程和组织的方法体系等。美国学者曾经指出，在应对全球化的市场变动中，战略管理和项目管理将起到关键作用。随着项目组织的不断变革，组织发展战略、人力资源管理与项目管理融为一体，将是未来工程项目人力资源管理模式研究的又一课题。

2. 加强建设项目中的人性化管理

要提高项目管理水平，应更加重视项目人力资源管理在项目建设过程中发挥的作用，摒弃过去用经验和传统管理办法替代现代项目人力资源管理的做法，在企业内部大力宣传项目管理的重要性，营造全员学习项目管理知识的氛围，大力推进项目人力资源管理在建设项目中的广泛应用，为建设项目成功实施提供有力保障。

在项目人力资源管理中大力推行人性化管理理念。人性化，也就是尊重他人的愿望、爱好和行为方式等，提供使人心情舒畅、健康的环境和条件。一般来讲，人性化的工作环境是任何员工都期望的。

"情感是人所特有的，它是同社会性的需要与人的意识紧密地联系着的，它是在人类社会发展过程中产生和发展的"。一个好的管理者的管理方式不应是过去的命令式，关注员工家庭生活与工作生活的质量、家庭与事业的平衡，被认为是一种更加符合人性的，也更加有利于提高员工奉献精神的现代管理理念。但是只有人性化，容易造成人员自由散漫，还要有纪律，并能及时纠正员工的错误。

管理人员应尊重员工的专业和工作方式，在工作分配上公平合理是十分必要的。管理人员与员工之间的双向沟通则是各项工作的基础。"没有满意的员工就不会有满意的顾客"已经成为国内外的共识。查阅国外长期成功企业的项目文化体系不难发现，这些企业无论采用何种语言或是表达方式，均将员工视作企业最宝贵的财富，将"以人为本"奉为企业核心的管理理念。考察这些企业的项目人力资源管理模式也不难发现，正在以监督与控制为主的模式转向以领导与激励为主的模式。

因此，企业应将员工视作企业最宝贵的财富，将"以人为本"奉为企业核心的管理理念，把由以往监督与控制为主转向以领导与激励为主。

3. 为促进"模式"的研究与开发投入保障制度

工程项目人力资源管理模式的研究与开发，需要机制的创新和体制的保障。发达国家重视项目管理专业人才的培养和资质认定，并已经形成了相当规模的行业。因此，我们应有一个健全的专业性、学术性组织保持与国际前沿的接触。从战略高度加快我国工程项目人力资源管理理论研究应用研究、能力开发、学科建设的快速发展，以适应我国经济发展的需要。

（1）政策和经费支持

我国应在政策上和经费上对工程项目管理协会进行强有力的支持，将现有的协会充实提高，加强与国内外交流，加强行业性、学术性的活动。例如，发行工程项目管理杂志、组织项目管理人员的培训，以及协助企业进行项目管理专业人员招聘、选择等。

（2）体制保障

我国企业应对大中型工程项目，在组织的战略层次、合作层次和战术层次上提供"模式"的体制保障。实行统一的培训计划、统一的课程设施、统一的教材、统一的月度的培训基金。

（3）项目管理队伍素质的提高

国际项目管理协会为了保证项目管理队伍素质的不断提高，建立了适合各自国情的培训经费保证制度。根据我国国情，必须建立一个由政府、行业、项目管理协会、项目个人和社会参与，共同出资金的具有工程项目管理特色的工程项目人力资源研究与开发投入保障制度，以保证项目组织和人力资源的有效沟通与协调，保证项目目标的实现。

4. 完善推进激励制度建设

宏观、微观调控和激励体系是实现工程项目人力资源管理的重要保证。宏观调控是企业高级项目管理层针对某一大中型项目提出总体决策规划，促进工程项目人力资源管理模式与项目管理战略的有机结合；微观调控是企业中级项目管理层或执行层针对某一大中型项目的实施实行有效协调和控制的重要途径；而激励制度则是激发调动项目所有干系人创造性、积极性和主观能动性，促进项目团队合作的重要手段。宏观、微观调控和激励制度的有机配合，相得益彰，将完善和推进工程项目人力资源管理激励制度建设。

5. 加强项目组织文化工程

大多数组织要形成有自己独特和具体的文化风格，项目组织、项目人员的价值观念、行为标准、使命感、信仰和期望反映在组织方针、工作程序、上下级关系及其他诸多方面。加强项目组织文化建设，使项目组织成员在追求共同的项目目标中逐渐有了共同的价值和信仰，表明项目组织文化已经在发挥作用。这一组织和个人的使命感，甚至形成共同的价值观的过程正是组织文化的产生过程，对项目经常产生直接影响。

由于项目组织的一次性，很难确定自己的组织文化。在我国现阶段，项目组织文化建设应从加强职业道德方面着手，在岗位培训以及各类行政工作中，都应纳入职业道德教育的内容，努力提高全体员工的职业道德水准。职业道德主要包括两方面：一方面是热爱自己所从事的事业、岗位，热爱自己所在的项目。因此，要制定、完善各个岗位的职责标准，使上岗人员知道自己最低限度应达到什么标准。另一方面是钟爱自己的劳动成果，珍惜自己的劳动成果。首先，要制定各工种的技术标准和质量标准。其次，对生产优质产品的和实行优质服务的人员进行奖励，引导全体员工积极创造优质工程。这样，通过不懈的思想教育和制度保证，使全体员工把做好本职工作、提高工作质量变为自觉的行动，项目文化建设就有了强大的动力和活力。

6. 促进人力资源管理的信息化、网络化发展

伴随着信息和网络时代的到来，必要的项目人员库的建立和描述，项目知识、技能和经验的共同享有，项目干系人之间的信息和反馈，组织方法体系各个视图之间的协调等，为工程项目人力资源管理提供了快速便捷的手段。我国一些大中型工程项目信息化、网络

化的研究已取得一定的成效，但是，工程项目人力资源管理模式的研究还需要与先进的管理手段相融合，通过计算机系统的有力支撑，实现工程项目人力资源管理信息化、网络化建设。为此应做到以下几点：

（1）保证信息化建设的资金来源

人力资源管理信息化是一个系统庞大、周期长、投资高的工程，足够的资金投入是实现信息化建设的前提条件，项目应根据自身的经济实力，积极拓宽融资渠道，有计划分步骤地进行信息化建设。

（2）优化业务流程和调整组织结构

随着信息时代的到来，信息传递的速度和效率大大提高，推动着人们价值观念的转变，同时也带来了工作环境流程和制度的相应变革。如公司管理层次大为减少，扁平式、矩阵式的组织结构将成为多数公司的组织形式等。为适应信息时代的要求，推进企业人力资源管理信息化，企业必须优化业务流程和调整组织结构。一方面必须优化人力资源管理工作的业务流程。对招聘、绩效管理、员工培训与发展、员工职业计划与离职等流程都要按照人力资源管理系统的要求进行重新设计，将人力资源有关的分散信息集中在一起进行分析，使优化后的人力资源管理流程规范、科学、合理。另一方面，必须调整企业组织结构和人力资源管理部门的组织结构。在调整过程中，会涉及部门职能的重新划分、岗位职责的调整、权力利益的重新分配等。调整后的组织结构与优化后的业务流程相互适应，有利于保证人力资源管理系统的顺利实施。

（3）复合型的信息化管理人才

推动人力资源管理信息化，人才是重中之重，要把加强员工培训作为推进管理信息化的一项基础工作摆上日程，有针对性地设计培训方案，在培训内容上做到管理理念与技术应用并重，增强培训的实效性，造就一支具有较高水平的信息能力和现代化管理能力的人才队伍。因此，必须从战略发展的高度，充分认识人才培养的重要性、必要性和迫切性，加强对信息化人才的培养和储备，把培养、吸引和用好人才作为一项重大的战略任务切实抓好，以适应现代组织人力资源管理的发展方向。

三、公路工程企业人力资源管理的重点

1. 公路工程企业人力资源管理的首要问题是对项目经理的管理

随着我国社会经济的飞速发展，市场竞争变得越来越激烈，这就对建设施工企业的管理水平提出了更高、更新的要求，公路工程施工企业经营活动的项目特征也越来越明显，以项目的管理与运作为核心来重新构建企业的组织机构，提高企业管理与运作项目的实际能力已经成为现代施工企业的共识。可以毫不夸张地认为，项目管理的水平与能力已经成为衡量现代施工企业核心竞争力的关键因素，项目管理的成败将直接决定企业的命运。公路工程施工项目管理的首要问题是对项目经理的管理，施工项目经理是施工企业法定代表人在项目上的全权委托代理人，作为施工管理全面负责的管理者，他担负着相当重要的作

用，他不仅是整个施工项目的管理中心，而且是施工项目工程人员的核心；他要承担实现项目管理目标的全部责任，对项目实施要进行控制，对项目中人、财、物、技术、信息等所有的生产要素要进行管理，还要协调各方面的关系，在整个施工活动中占有举足轻重的地位。因此，努力做好项目经理的管理工作，是使整个施工项目得以顺利完成的前提。

2．公路工程施工企业人力资源管理的中心问题是建立激励型管理

公路工程企业项目管理水平的高低直接决定着企业的经济效益的好坏。就目前一些施工企业的状况看，项目管理水平不高，相当一部分项目的效益不理想，品牌不多。造成这一状况的一个主要原因就是缺乏有效的激励机制，特别是当前，建筑市场价格竞争日益激烈，低价中标已成趋势，如何建立一个应对市场的有效激励机制来提升项目管理水平，来提高项目管理经济效益和施工企业经济效益，是摆在所有公路工程施工企业面前的一个重要课题。

同其他行业一样，公路工程施工企业也经历了计划经济时代到市场经济时代的过程，由于国有企业计划经济时代的影子及部分人对人员的市场流动不可理解，依然采用了控制性管理，但由于大气候的影响，又没法实现真正的控制，人才流失现象严重，就产生了疑惑：他们怎么啦？实际上，观点应当转变，对人不应当是控制性管理，而应当是激励型管理。激励是积极的，但同时应当纠正一个误区：激励就不需要控制了。正确的做法应该是：在激励的前提下，仍然需要采用严格的管理来实施控制和规范员工行为，以保证团队协作和整体利益，同时也可保证社会公众利益。

3．建立合理有效的薪酬激励机制是员工管理的关键问题

任何企业的发展都离不开对人才的需求，建立合理有效的薪酬激励机制是员工管理的关键问题，而这种激励机制对企业"骨干精英"充分发挥其作用是关键性的。公路工程施工企业由于受公路工程施工的艰苦环境和条件的影响，对"骨干精英"人才的吸引力本身就不大，加上与各行业之间的差别，主要是薪酬差别，导致了公路工程施工企业大量"骨干精英"人才的流失，困扰着施工企业。施工企业应当面对现实，当务之急就是要建立合理有效的薪酬激励机制，缩小与各行业之间的实际薪酬差别，留住人才，用好人才。

4．企业与协作单位的利益合理分割是对协作单位的基础性激励

由于我国经济的迅猛增长，对公路工程建设投资的进一步加大，新建项目的增加，公路工程施工企业不得不引进外部协作单位来共同承担施工任务，这已经是无可争辩的事实。公路工程施工企业与外部协作单位的关系上一度出现误区，认为是寄生关系，以为外部协作单位是寄生于公路工程施工企业的,但忽视了关键问题:企业的部分目标由谁协作实现？如果明白了这个问题，那么两者之间的关系不就是共生关系吗？而共生的双方，都不能死亡，为此，双方就得有共同生存的基本保障。但同时，公路工程施工企业与外部协作单位之间在利益方面又存在矛盾关系。如何进行相互之间利益的分割、利益的分割是否合理就成了合作的基础。因此，对外部协作单位来讲，获得合理的利益是基础性的要求，相反，对企业来讲，利益的合理分割就是对外部协作单位的基础性激励。

5. 企业对农民工激励的关键问题在于安全和薪酬保障

众所周知，目前我国公路工程施工企业的大量施工工作是依靠农民工来完成的，农民工现在还处于马斯洛的生存需要和安全需要阶段，农民工的激励需求主要有薪酬、安全等方面。因此，他们最关注的就是自己的薪酬保障和安全保障，当然在理论上讲，已经不属于激励的范畴，但针对目前的社会现状来讲，薪酬保障和安全保障还仍然是农民工激励的最好手段。公路工程施工企业需要在这两个方面加强管理，给予这个创造了大量社会财富的弱势群体——农民工以安全和薪酬保障。

第九章 公路工程施工项目进度管理及优化

第一节 公路工程施工项目进度管理概述

进度管理工作的好坏直接关系到参建各方的经济利益。进度计划安排合理、跟踪检查适时到位，能够节约时间、降低成本，达到参建各方共赢。

项目管理中一项关键内容就是合理地安排项目进度，它的目的是保证按时完成项目、合理分配资源、提高项目的经济效益。进度管理就是采用科学的方法确定进度目标，编制进度计划和资源供应计划，对制订的进度计划与实际的进度进行管理，控制整个项目的总进度。

一、公路工程施工项目进度管理的概念

1. 公路工程施工进度管理的特点

公路工程的施工生产是劳动过程和自然过程的结合，其施工中受自然条件的影响很大，使其施工组织、施工程序及施工工艺因实施条件的变化而相应地调整与改变。因此，公路工程施工计划管理非常复杂，任何计划不周全或草率从事的施工计划，均会给项目施工管理带来困难，所以应予以足够的重视。施工计划管理是通过计划把承包人项目施工管理的各项工作组织起来，以施工生产活动为主体，制订各项专业性计划并对其进行平衡、协调，监督与控制。公路工程施工计划管理具有下列特点：

（1）计划的被动性

施工任务来源于工程招标市场，施工单位每年有多少任务、性质和规模的大小都很难确定，给计划编制带来被动。要想改变被动局面，必须做好招揽工程任务的预测、调查研究和信息资料的搜集工作，从而提高施工计划的编制质量。

(2)计划的多变性

公路工程项目的多样性、结构工程的复杂性及施工条件的差异性，造成施工中不可预见的因素较多。工程施工现场的分散式劳动力、材料及施工机具设备处于流动供应状态。同时受业主、监理及其他有关单位的影响等均带来施工计划的变化，这种多变性要求编制施工计划时，要留有一定的调整余地。

(3)计划的不均衡性

公路工程结构特点及不同工程部位的施工性质，以及不同季节的影响，都会造成施工计划的不均衡性，为此要求编制施工计划时力求均衡，以取得较好的经济效益。

2. 进度管理的作用

公路建设项目有技术要求高、投资大、建设周期长、涉及面广、干扰因素多等特点。为使项目的进展能达到预期目标，并争取早日投入使用而获取经济效益，针对施工全过程的进度控制是十分必要的。进度管理的目的是要按照承包合同规定的进度和质量要求完成工程建设任务。同时把项目费用控制在预算范围内，为企业获得合理的利润。而要保证进度管理作用的实现需要做好以下几项工作：

(1)对项目工作进行分解

要对项目的进度进行管理，必须首先对项目进行分解，工作分解就是先把复杂的项目逐步一层一层地分解，直到将项目工作拆分成一个个单独的、可执行的工作，形成被称为工作分解结构的 WBS（Work Breakdown Structure），并在此基础上对项目工作进行逻辑关系排序，分配资源、估计工期，然后形成计划。项目工作分解是项目目标进一步明确的前提，也是进行项目进度计划控制的基础。

(2)制订施工进度计划

所谓进度计划是指在工作分解结构的基础上对项目、任务所做出的一系列时间、资源方面的安排。在项目进行之前编制进度计划是一件必要的事情，一方面，进度计划给出了任务在时间上的安排，同时也反映出任务在整个项目中所处的位置、任务由谁来负责完成、需要什么样的资源、任务之间的逻辑关系等。另一方面，通过编制进度计划可以对任务的工期、资源和成本做出优化选择，得出切实可行的进度计划。

在工程投标时，已经按照招标文件或规定编制了粗略的施工方案和进度计划，中标后又根据现场施工条件和合同中的工期，编制出详细的施工进度计划。计划的内容包括确定开工前的各项准备工作、选择施工方法和组织流水作业、协调各个工种在施工中的搭接和配合、安排劳动力和各种施工物资的供应、确定各分部分项工程的目标工期和全部工程的完工时间等。施工计划安排应适当，既不能太紧、又不能太松。计划太紧会造成无法完成，计划太松则不能发挥施工效率。

(3)组织进度计划的实施

施工进度计划报业主审批后必须严格执行，把进度计划布置下去，调配人力、施工物资和资金，确保到位。及时检查和发现影响进度的问题，并采取适当的技术和组织措施，必要时修订和更新进度计划。

（4）与业主保持密切的沟通

定期向业主报告工程进展，对业主提出的"变更指令"和"赶工"或"加快指令"及时做出反应和处理。与业主的良好合作是顺利实施进度计划的一个重要条件。

（5）监督各分包单位的工作，及时协调分包单位的施工配合。

3. 进度管理的系统原理

为了确保工程进度目标实现，承包人要编制年度总目标的计划体系。主要包括：总体进度计划、单项工程进度计划、年度计划、季度月份生产计划，以及与这些进度计划相适应的资源供应计划、资金需求计划、各项生产任务完成报告。

施工进度计划的实施保证从内容上可概括为组织保证、技术保证、合同保证、经济保证，从工程项目建设的参与方来分有承包人、监理和业主的保证。

承包人的项目经理部是进度计划实施的重要保证，是保证系统的组织保证。从项目经理到项目经理部的各职能部门，为确保工程进度目标，要齐心协力、各尽其职，加强内部管理，尤其应注重人、机、料三大要素的优化配置与协调工作。项目经理应将整个工程逐项分解，由粗到细，最后形成月生产计划和周工作计划下达或上报监理，以便实施和监督。对工程进度的控制应派专人记录进度的实际情况，收集反映进度的数据，统计整理汇总实际进度的数据，形成实际进度报表，并将其与计划进度相比较和分析，以利于后续工程施工。不同层次人员有不同的进度控制职责，应做到分工协作，共同组成一个纵横连接的承包商进度控制保证系统。

4. 进度管理的要求

（1）科学预测工程招标市场，确定合理的计划管理目标。

（2）承包签约的项目以合同工期为目标，倒排或正排施工计划。

（3）施工计划管理时既要保证重点工程，又要协调兼顾一般项目。

（4）施工方案、施工工艺及施工顺序均应合理安排。

（5）力求各项工程的施工计划均衡、紧密配合，还应留一定的调整余地，以适应施工中实际变化的情况。

（6）项目施工管理中的各项工作在计划编制上要紧密衔接。

二、公路工程进度管理的基本程序

公路施工项目进度管理是公路工程项目施工管理的中心环节，是一个周期性的循环过程，即编制计划、执行计划、检查计划的结果和计划的偏差及影响因素，采取纠正措施，然后进入下一个循环。

1. 确定施工进度目标

根据施工合同确定的开工日期、总工期和竣工日期，确定施工进度目标，明确计划开工日期和计划竣工日期，并确定项目分期分批的开工、竣工日期。

2. 编制施工进度计划

施工进度计划应根据工艺关系、组织关系、搭接关系、起止时间、劳动力计划、材料计划、机械计划及其保证性计划等因素综合确定。

3. 报送开工申请报告

向监理工程师提出开工申请报告并应按监理工程师下达的开工令指定的日期开工。

4. 实施施工进度计划

承包人实施计划时必须对照原计划进行检查，在工程实施期间，应及时掌握影响和妨碍工程进展的不利因素，促进工程按计划进行。在项目实施过程中，由于外部各种不确定因素的存在，往往会使实际进度与计划进度发生偏差，如不能及时发现并纠正这些偏差，必然会影响项目进度管理目标的实现。因此，当出现进度偏差时，项目管理者应根据项目跟踪提供的信息，对计划进度目标与实际进度达成目标值进行比较，找出偏差及其原因，采取措施调整纠正，并不断预测未来进度状况。

5. 进度计划的调整

跟踪计划的实施并进行监督，当发现工程现场的组织安排、施工顺序或人力和设备与计划进度上的方案有较大不一致时，应对原工程进度计划及现金流动计划予以调整，调整后的工程进度计划应符合工程现场实际情况，并应保证满足合同工期的要求。

6. 进度控制总结

进度控制是指在限定的工期内，以事先拟定的合理且经济的项目进度计划为依据，对整个项目过程进行监督、检查、指导和纠正的行为过程。在施工进度计划完成后，项目经理部应及时进行施工进度控制总结，并编写进度控制报告，可体现在"项目管理工作总结"中。

第二节　公路施工项目进度计划的编制及实施

一、施工进度计划编制的依据及原则

1. 施工进度计划编制依据

公路工程项目施工进度计划是对工程实施过程进行管理的前提。因此，在工程开始施工前，必须制订一个科学、合理的工程项目进度计划，确定一个合理的计划工期。计划工期在确定时应依据：

（1）合同或上级规定的开工、竣工日期。

（2）工程图纸。

（3）各类定额。

（4）劳动力、材料、机械供应情况。

（5）主导工程的施工方案（施工顺序、施工方案、作业方式）。

（6）有关施工现场的水文、地质、气象和经济资料。

（7）已建成的同类工程或相似项目的实际工程进度情况是编制本项目施工进度计划的重要参考资料。

承包商在接到中标通知书后，应认真阅读技术规范设计图纸，并对现场的地形地貌、征地拆迁等情况进行认真调查研究，做好相关的施工组织设计，编制切实可行、符合合同又能指导施工的施工计划。

2. 施工进度计划编制原则

在编制施工进度计划前，必须深入做好调查研究，充分估计可能发生的各种情况；安排进度计划时，应扣除法定的节假日，估计雨季或其他原因需停工的时间，指令工期或合同工期与这些必要的停工时间之差，根据实际安排施工作业时间。另外，还要考虑机械设备、工程材料、劳动力及施工日期上保留一定的机动时间，以防止出现意外时可以进行调整和补救。

在制订施工进度计划时，应该遵循以下原则：

（1）确保工期的原则

以合同工期为目标，符合合同条件及技术规范。根据工程量、业主的总体施工计划和阶段施工计划，编制和调整实施性施工计划，并以此为基础进行生产要素的资源配置，确保工期进度及工程质量。

（2）均衡生产和重点突出的原则

既要保证重点工程，又要兼顾一般项目。对于重点项目，预料可能的施工障碍及变化，着重考虑相应的施工方案和措施，优先安排，重点保障，组织专业化施工，力争提前竣工。其余工程按照均衡生产的原则组织施工。各项工程的施工计划均衡、紧密配合，还应留一定的调整余地，以适应施工中实际变化的情况。

（3）技术创新与管理创新的原则

工程建设中积极推进技术创新和既有技术成果的转化，优化施工方案；积极进行管理创新，工程进度实行实时网络技术，始终把握关键线路。优化生产要素配置，努力提高作业效率，保证施工进度。反映施工组织及施工方法、施工方案、施工工艺及施工顺序均应合理安排。

（4）合理分段、科学组织的原则

结合项目的工程数量和技术要求合理划分作业区段，分段应清楚明了、便于管理，表明施工中全部活动及其他活动的联系，充分利用人力及设备。同时，在施工中，应优化施工组织管理，根据具体情况可采取平行作业、顺序作业或者流水作业的方法组织施工。

3.进度计划的主要作用

（1）通过项目计划确定项目各项任务范围，并制订各项任务的时间表，阐明每项任务必需的人力、物力、财力并确定预算，保证项目顺利实施和目标实现。

（2）可借以确定项目各成员及工作的责任范围及相应的职权，以便按要求去指导和控制项目的工作，减少风险。

（3）通过计划科学地组织和安排，可以保证有秩序地实施，合理地协调项目各工作之间的关系，提高项目的整体效益。

（4）可作为分析、协商及记录项目范围变化的基础。这样就为项目的跟踪控制过程提供了一条基线，用以衡量进度、记录各种偏差及决定预防或整改措施，便于对项目进度进行管理。

二、施工进度计划的编制

1.施工进度计划的主要内容

根据工程项目实施的阶段，工程项目进度计划可分为总体进度计划及年、月进度计划。对于某些重要项目，如桥梁、隧道、立体交叉等，还要单独编制关键工程进度计划。

（1）总体进度计划

工程项目的施工总进度计划是用来指导工程全局的，是工程从开工到竣工各个主要环节的总体进度安排，起着控制工程总体及各个单位工程或各个施工阶段工期的作用。承包商在接到中标通知书之日起，在合同条件约定时间内，提交一份格式和细节都符合监理工程师规定的工程总进度计划以取得监理工程师的同意。总体进度计划的编制可以采用横道图、斜线图、进度曲线或网络计划图，但不论采用何种方式，在总体进度计划中，均应包括工程项目的合同工期，完成各单位工程及各施工阶段所需要的工期、最早开始和最迟结束时间，各单位工程及各施工阶段需要完成的工程量及现金流动估算，各单位工程及施工阶段所需配备的人力和机械数量，各单位工程或分部工程的施工方案和施工方法等。

（2）年、月进度计划

比较大的工程项目需要编制年度和月进度计划，年度进度计划受工程总体进度计划的控制，而月度进度计划又受年度进度计划的控制。

1）年度进度计划

年度进度计划统一安排全年的年度施工任务，确定各项年度生产指标，根据年度季节、气候的不同，合理安排施工进度。因此，在年度进度计划中应反映：本年度计划完成的单位工程及施工阶段的工程项目内容、工程数量及投资指标，施工队伍和主要施工设备的数量及调配顺序，不同季节及气温条件下各项工程的时间安排在总体进度计划下对各分项工程进行局部调整或修改的详细说明等。因此，在年度计划的安排中，应重点突出组织顺序上的联系，如大型机械的转移顺序、主要施工队伍的转移顺序等。首先安排重点、大型、复杂、周期长、占劳动力和施工机械多的工程，优先安排主要工种或经常处于短线状态的工种施工任务，使其能连续工作。

2）月度进度计划

月度进度计划可以确定月度施工任务，如本月施工的工程项目、主要的工程量、由谁完成及其相互的配合，指导施工作业，进行月度施工各项指标的平衡汇总，以便综合衡量完成的工程数量和工程投资，作为考核月度施工进度情况的依据。因此，在月度施工进度计划中应反映以下内容：本月计划完成的各项工程内容及顺序安排，完成本月及各项工程的工程数量及投资额，完成各分项工程的施工队伍及人力和主要设备的配额，在年度计划下，对各单位工程或分项工程进行局部调整或修改的详细说明等。

（3）关键工程进度计划

关键工程进度计划是指在一个公路工程项目中起控制作用的关键工程，如某一桥梁工程、隧道工程或立体交叉工程的进度计划。由于关键工程的施工工期常常关系到整个工程项目施工总工期的长短，因此，在施工进度计划的编制过程中将单独编制关键工程进度计划。关键工程进度计划中应包括以下内容：具体施工方案和施工方法，总体进度计划及各道工序的控制日期，现金流动估算，各施工阶段的人力和设备的配额及运转安排，施工准备及结束清场的时间安排，对总体进度安排计划及其他相关工程的控制、依赖关系和说明等。

2. 施工进度计划的形式及其编制方法

施工进度计划一般用横道图、斜线图、网络计划图等表示。

（1）横道图

横道图又称甘特图，是美国工程师亨利·甘特在第一次世界大战期间创造的一种生产进度表达方法。横道图以时间为横坐标，以各分项工程或施工工序为纵坐标，按一定的先后施工顺序和工艺流程，用带时间比例的水平横道线对应项目或工序持续时间的施工进度计划图表。横道图一般由两大部分组成：左面为主要表格，包括编号、工程名称、施工方法、工程量或工作量的单位及数量等；右面为指示图表，用水平横道线形象地表示出分项工程或施工工序的施工进度，其线条长度代表施工持续时间长短，线条位置表示施工过程，线条上方的数字表示该项目所需的劳动力数量。

横道图可以方便地表达施工计划的总工期和各分项工程或施工工序的持续时间，便于计算完成施工计划所需的劳动力、材料、机械设备及资金等各种资源用量。横道图编制施工进度计划优点是简单、形象、直观、易懂，便于检查和计算资源用量。但横道图不能很好地表达各分项工程或施工工序之间的逻辑关系，无法反映工作的机动使用时间，反映不出关键工作，不能定量分析。计划执行过程中实施计划偏离原计划时，只能进行局部简单调整，施工期限与地点关系无法表达，无法进行施工组织及施工方案的比较与优化。因此，横道图只适用于编制集中性工程进度计划、材料供应计划或简单的工程进度计划。

（2）斜线图

斜线图又称垂直图法或垂直坐标表示法，以纵坐标表示施工工期，横坐标表示里程或工程位置，各施工项目的施工进度则以不同形式的斜线或垂线表示，工程量和简易的施工平面图在其下方表示。

由此可见，斜线图与横道图相似，在斜线图中，各分项工程或施工工序的相互关系、施工紧凑程度及施工速度十分清楚，工程的分布情况和施工日期也十分清楚，可直接确定各时间点上施工队伍所在的施工位置和应完成的工程数量。但斜线图不便于将工序划分很细，不能反映各项目或工作之间的复杂关系，不能确定工作的机动时间及关键工作，不能用计算机进行定量分析，计划的编制及修改工作量较大，不能进行计划方案的比较及优选等。因此，斜线图主要用于里程较长、等级较低、管理较粗的施工组织。

三、项目初始进度计划的优化

初始的进度计划可能在时间方面超出要求，在资源方面出现供不应求或不平衡的情况；或者在时间和资源方面的潜力尚未得到最佳的发挥。因此要使项目进度计划如期实现，并使项目工期短、资源消耗少、成本低，就必须优化和改进初始的进度计划。狭义的进度计划的优化是指对初始网络计划的调整和优化方法，是在初始计划形成后，根据已构建的网络计划模型和各任务的时间参数分别为解决进度计划的工期、成本和资源等问题所做的分析和计算。广义的进度计划的优化，是指在进度计划形成的全过程中对进度计划的优化。进度计划优化的内容包括工期优化、成本优化、资源优化等。

四、施工进度计划的实施

施工项目进度计划的实施就是按施工进度计划开展施工活动、落实和完成计划。施工项目进度计划逐步实施的过程就是项目施工逐步完成的过程。为保证项目各项施工活动，按施工进度计划所确定的顺序和时间进行，以及保证各阶段进度目标和总进度目标的实现，应做好下面的工作：

1. 检查各层次的计划，并进一步编制月（旬）作业计划。
2. 综合平衡，做好主要要素的优化配置。
3. 层层签订承包合同，并签发施工任务书。
4. 全面实行层层计划交底，保证全体人员共同参与计划实施。
5. 做好施工记录，掌握现场实际情况。
6. 做好施工中的调度工作。
7. 预测干扰因素，采取预防控制措施。

第三节　公路施工项目进度计划调整及优化

公路工程进度受自然因素影响较大，尤其是受天气、工艺环节、组织方式、机械等因素的影响很大，实际施工进度往往与计划发生偏差，施工组织及进度控制具有很大的困难和风险。因此，在施工进度出现偏差时，需要动态调整与优化，修改、制订新进度计划并执行，为公路工程施工进度管理提供服务。

一、施工进度计划检查

在施工项目的实施过程中，进度计划的不变是相对的，变是绝对的；平衡是相对的，不平衡是绝对的，实际进度与计划进度完全一致几乎是不可能的。要经常检查施工实际进度情况，与计划进度相比较，要密切关注关键工作，避免造成工作盲目和被动。若出现偏差，应分析产生偏差的原因及对原计划的影响程度，采取一定的措施加强调整后续进度计划，使进度符合目标要求。

进度检查主要是了解工程进度是否发生了延误，即正在施工的各工程或分项工程的实际进度与计划进度相比有无偏差。若正在施工的工程出现延误，则可能会影响后续工程的开工时间及原定工期。因此，需对原工程计划和现金流动计划进行调整，施工进度计划在实施中的调整必须依据施工进度计划检查结果进行。

二、公路工程施工进度偏差识别

进度偏差的识别与分析是项目进度管理的一个重要环节，同时又是进度计划调整的基础。常用的进度偏差识别方法有S形曲线比较法、横道图检查法、香蕉曲线比较法和前锋线比较法。

1. 横道图检查法

横道图比较法是一种反映进度实施进展状况的方法。在项目实施中检查实际进度收集的信息，经整理后直接用横道线并列标于原计划的横道线处，进行直观比较的方法。根据工程项目实施中各项任务的速度不同，以及提供的进度信息不同分为匀速进展横道图比较法、双比例单侧横道图比较法、双比例双侧横道图比较法。

（1）匀速进展是指工程项目中，每项任务的实施进展速度都是均匀的，即在单位时间内完成的任务都是相等的，累计完成的任务量与时间呈线性变化。该方法只适用于任务从开始到完成的整个过程中，其进展速度是不变的，累计完成的任务量与时间成正比。若任务的进展速度是变化的,用这种方法就不能进行实际进度与计划进度之间的比较。

(2)双比例单侧横道图比较法

双比例单侧横道图比较法是适用于任务的进度按变速进展的情况下,实际进度与计划进度进行比较的一种方法。该方法在表示任务实际进度的涂黑粗线同时,标出其对应时刻完成任务的累计百分比,通过该百分比与其同时刻的计划累计百分比来比较任务的实际进度与计划进度。这种比较法,不仅适合于进展速度变化情况下的进度比较,还能提供某一指定时间二者比较的信息。当然,这要求实施部门按规定的时间记录当时的任务完成情况。

(3)双比例双侧横道图比较法

将表示任务进度的涂黑粗线,按检查时间和完成的百分比交替绘制在计划横道线上下两侧,其长度表示该时间内完成的任务量。任务计划完成累计百分比标于横道线上方,任务实际完成累计百分比标于横道线下方的检查日期处,通过两个上下相对的百分比来比较该任务的实际进度与计划进度。

2.S形曲线比较法

对于大多数项目来说,单位时间的资源消耗,通常是中间多两头少,即前期资源消耗较少,中间阶段单位时间投入的资源量较多,在到达高峰后又逐渐减少直至项目完成,累加后的曲线呈S形变化。在S形曲线图上有两条曲线,一条是按计划时间累计完成任务量的S形曲线,另一条是按项目的各检查时间实际完成的任务量绘制的曲线。

(1)S形曲线的概念

S形曲线即工程进度曲线,也称现金流动曲线,因其曲线形状呈S而得名。S曲线以工期为横轴,以累计完成的工程费用百分比或累计完成的工程量的百分比为纵轴的图表化曲线,是针对横道图监控工程进度时,计划进度与实际进度的比较只能在各个分项工程或工作之间,无法对整个工程进度情况进行全局性的管理这一不足而提出的。

一般情况下,项目施工初期应进行临时工程建设或各项施工准备工作,劳动力和施工机械的投入逐渐增多,每天完成的工作量逐渐增加,因此施工速度逐渐加快,即工程进度曲线的斜率逐渐增大,此阶段的曲线呈凹形;在项目施工稳定期间,施工机械和劳动力投入量大而保持不变时,若不出现意外作业时间损失,且施工效率正常,则每天完成的工作量大致相等,这时施工速度近似为常数,工程进度曲线的斜率几乎不变,该阶段曲线接近为直线;在项目实施后期,主体工程项目已经完成,剩下修理加工及清理现场等收尾工作,劳动力和施工机械逐渐退场,每天完成的工作量逐步减少,此时,施工速度也逐步变慢,即工程进度曲线的斜率逐步变慢,此阶段的曲线为凸形。由此可见,一般工程进度曲线大致呈S形。

(2)S形曲线图的作用

由于S形曲线是工程进度曲线也是现金流动曲线,所以,在公路工程项目施工进度及费用管理中均可使用。其在工程中的具体作用如下:

1）判断编制的施工进度计划是否合理

合理的施工进度计划曲线形状大致呈 S 形，劳动力、材料和施工机具设备供应及工程费用使用分配符合一般规律。若工程初期曲线不是凹形，或施工稳定期间曲线不是直线，或工程后期曲线不是凸形等，就说明施工中资源配置违背了一般规律，应对计划进行重新修订。

2）监控施工进度计划

当实际进度按计划进度正常施工时，其实际进度与计划进度曲线相吻合，此时说明实际进度正常。但在进度计划实际中，如果实际进度比计划进度提前，则实际进度曲线用虚线表示，应在 S 形曲线上方，这说明实际施工速度比计划速度快，照此施工，工期会提前。如果实际进度比计划进度滞后，则虚线表示的实际进度在 S 形曲线下方，此时实际进度比计划进度慢，如此施工，工期将延后。

3）工程计量及费用支付的依据

S 形曲线是工程进度与累计完成的工程量或工作量的百分比图表化曲线，也是工程项目实施中进度与现金流动关系曲线。项目实施期间完成了多少工程量或工作量，在实际进度曲线上一目了然，据此可方便地进行中期工程量的计量与支付。

（3）S 形曲线的信息表达

比较两条 S 形曲线可以得到如下信息：

1）项目的实际进度与计划进度比较情况；

2）项目进度超前或拖后的时间；

3）项目实际任务量的完成情况；

4）项目后期的进度预测。

因此，使用 S 曲线能够有效对工程的实际进度进行管理，是判断工程全局进度情况的工具。

三、公路工程施工进度预测

由于公路工程施工过程总是具有很强的随机性和不确定性，实际的施工进程与原始的工程计划可能会存在较大的差异，因此施工需要不断根据实际已经完成的进度内容来调整后期的安排方案，以贴近实际施工过程。已经完成的工程不再具有不确定性，从施工现场采集到这些确定性信息后，根据这些信息对剩余的工程进行预测。在进行公路工程施工进度预测时，应注意以下几点：

1. 进度预测的初始状态根据当前实际施工进度面貌确定。如根据已完成的路基土石方高程、施工时间及顺序形成当前的施工面貌，进行以后工程的预测。

2. 施工参数根据实际施工情况动态调整。在最初的计划制订中，施工参数的选取只能根据经验或者类似工程的数据，如机械配套的选取、设备的数量、服务时间、工序环节等，这样制订的计划可能与实际有一定的出入。现场施工不仅跟机械的性能等有关，还跟操作人员的技术水平、自然因素等相关。因此，在进行后续工作的预测时需要根据实时监控系统反馈的现场施工参数做动态调整分析。

3.进度预测可以从工程初始到全部工序完成为止，涉及整个施工过程的工程进度，也可以根据实际施工过程中的需要，从任意时刻起始，到任意时刻终止的任意时间段进行进度的预测。

这些表明了公路工程施工进度预测和控制工程中，应重视进度控制的动态性、实时性，从而使得预测结果更加符合施工真实情况，实现施工过程的实时控制。针对不同资源水平和施工组织情况，进行施工过程的施工进度、道路行车情况、合理的机械设备配套，对施工进度方案、道路行车运输进行可视化分析，优化施工方案。

四、施工进度偏差分析

施工进度的控制是施工方案优化的关键。基于实时监控的信息，仿真预测未来施工面貌，若与计划存在偏差，分析进度偏差产生的原因并采取相应措施。一般情况下，公路工程进度的调整是不可避免的。因此，应及时了解和掌握工程实际进展情况，分析和检查影响进度偏差的原因，为工程施工进度的调整和控制提供信息依据。进度管理中，尤其要注意对进度偏差的分析，分析步骤如下：

1.分析是否是在施工的关键环节出现了进度偏差。若是，无论偏差大小，都必须及时采取应对措施；若不是，就要进一步比较偏差是否大于总时差。

2.进度偏差与总时差关系分析。进度偏差大于总时差，采取措施进行调整，如果进度偏差小于总时差，进度偏差不影响总工期。接着要进一步分析进度偏差与自由时差的关系。

3.进度偏差与自由时差关系分析。进度偏差大于自由时差，对后续工作有影响。进度偏差等于或小于自由时差，则不影响后续工作。

五、公路工程施工进度计划调整及优化

1.公路工程进度计划调整

在公路工程施工进度控制中，一方面要分析当前形象进度与计划的偏差，另一方面要分析当前施工参数条件下将来的形象进度与计划的偏差，可以根据实际工程施工面貌或动态仿真预测得到的形象面貌与计划形象进度做比较，分析偏差是否存在。若有偏差，则需对施工方案采取适当的调整措施，以尽可能保证计划的施工进度得以顺利实施。

如果发现原有的进度计划已落后，不适应实际情况时，为了确保工期，实现进度控制的目标，就必须对原有的计划进行调整，形成新的进度计划，作为进度控制的新依据。但采取的调整措施到底会对进度带来多大的影响，能否保证工程按期完工等问题仍需要进行分析。可以根据得到调整后的形象进度与计划做比较，分析进度的改善情况，从而评价调整措施的有效性。这样，通过对多个可行的调整方案进行评价分析，从中可寻求出一个较

优的调整方案。通常，调整公路工程进度计划的主要方法有以下几种：

（1）采用内外平衡的方法，加大协调攻关力度，理顺各方关系和管理环节，创造有利于施工的内外环境，采用一定的激励、奖励措施，发挥员工的主观能动性和创造性，合理加大资源配置，科学施工，以达到施工计划进度的目的。

（2）压缩关键工作的持续时间，不改变工作之间的顺序关系，而是通过缩短网络计划中关键线路上的持续时间来缩短已被拖长的工期。具体采取的措施有增加工作面，延长每天的施工时间，增加劳动力及施工机械的数量的组织措施；改进施工工艺和施工技术以缩短工艺技术间歇时间，采取更先进的施工方法以减少施工过程或时间，采用更先进的施工机械的技术措施；提高资金数额，对所采取的技术措施给予相应补偿的经济措施；改善外部配合条件，改善劳动条件等其他配套措施。在采取相应措施调整进度计划的同时，考虑选择费用增加较少的关键工作为压缩的对象。

（3）组织搭接作业或平行作业：不改变工作的持续时间，只改变工作的开始时间和完成时间。这种调整情况有：对于大型工程项目，有多项的单位工程，而这些单位工程之间的制约比较小，从而可调整的副度比较大，因此比较容易采用平行作业的方法来调整进度计划；对于单位工程项目，由于受工作之间工艺关系的限制，可调整的副度较小，通常采用搭接作业的方法来调整施工进度计划。

当工期拖延得太多，或采取某种方法未能达到预期效果，或可调整的副度又受到限制时，还可以同时用这两种方法来调整施工进度计划，以满足工期目标的要求。

在进度管理过程中，若发现有较大延误的事件，应认真处理好这些延误事件。首先，通过进度检查判断其延误是否对工期造成影响。若对工期无影响，一般无须处理，对虽然还未造成工期延误但本身延误较大的非关键工作也要特别关注；若影响工期，要考察工期将拖延多长时间。其次，通过现场记录和有关文件或资料分析这些延误事件的原因或责任，若是非承包商原因造成的工期延误，应及时提出索赔意向书，计算索赔金额和时间；若是承包商自身的原因，对工期延误不大的，要加强内部管理，优化资源配置，争取在后续施工中抢回失去的时间，若对工期影响较大，应及时采取加快进度的措施。

2. 公路工程进度计划优化

项目进度计划就是根据项目实施具体的日程安排，规划整个工作项目的工作进展，其目的就是为了控制时间、节约时间，而项目的严格时间要求决定了进度计划在项目管理中的重要性。工程项目进度计划的优化指对项目进度计划进行调整，使之更加经济、高效，符合项目合同工期及质量要求的过程。对进度计划的优化就是通过不断调整计划的初始方案，在满足各种约束条件下的同时按照某个衡量指标来制订最优的方案，从以上对进度计划的影响因素来看，资源与费用对进度计划的影响最大，在实际工程中也是最为关注的部分。项目进度计划的优化一般可以通过以下几个途径来实现：

（1）在不增加资源的前提下压缩工期。在进行工期优化时，首先应在保持系统原有资源的基础上对工期进行压缩，如果还不能满足要求，再考虑向系统增加资源。在不增加系统资源的前提下压缩工期有两条途径：一是不改变网络计划中各项工作的持续时间，通过改变某些活动间的逻辑关系达到压缩总工期的目的；二是改变系统内部资源配置削减某些非关键活动的资源，将削减下来的资源调到关键工作中去以缩短关键工作的持续时间，从而达到缩短总工期的目的。

（2）平衡资源供应，压缩关键活动工期。从关键路线的定义可以看出，关键路线的长度就是项目的工期，所以要压缩项目工期就必须缩短关键活动时间，将初始网络计划的计算工期与合同指令工期相比较，求出需要缩短的工期，通过压缩关键路线的方法进行多次测试计算，直至符合指令工期的要求为止。

在网络计划中，关键线路控制着任务的工期，因此缩短工期的着眼点是关键线路。但是采取硬性压缩关键工作的持续时间来达到缩短工期的目的，并不是很好的办法。在网络计划的时间优化时，缩短工期主要是通过调整工作的组织措施来实现。可以采取以下几种方法：

1）顺序作业调整为搭接作业。前后工序投入施工的时间间隔（流水步距）越小，施工的搭接程度越高，总工期就越短。

2）对工程项目进行合理排序。如果施工可以分成若干个流水段，不同的流水顺序总工期不同，可以找总工期最短的最优流水次序。

3）相应地推迟非关键工序的开始时间。

4）相应地延长非关键工作的持续时间，而将其人力、物力调到关键工作上去以便达到压缩关键工作持续时间、缩短工期的目的。

5）从计划外增加资源。因为项目进度计划的总工期是由关键线路的长度决定的。因此，要缩短计划工期，必须压缩关键线路，可以通过增加资源投入等方法来达到压缩工期的目的。

其中，后三种方法，当关键线路压缩以后，原来的次关键线路可能成为新的关键线路，如果其长度仍超过规定工期，则还要对这条线路进行压缩，压缩这条线路上的工序施工时间，直到满足规定工期的要求为止。因此，在压缩工期时，应选择那些既是关键工作，又是组成次关键线路的工作来压缩，将会同时缩短关键线路和次关键线路，从而收到事半功倍之效。

第四节 公路工程施工进度管理的总结

国内公路工程建设单位一般采用资本金 30% 的条件，以贷款方式启动项目。由于受还贷压力和自身经济利益的驱动，都要求按计划进行工程控制，甚至要求提前达标完工，也就是对工程进度尽可能地进行压缩。而公路工程受诸多因素的限制，进度影响问题特别突出，这就导致了作为建筑承包商的施工企业的进度风险越来越大，给建筑工程建设进度管理带来巨大的压力，也使得建筑施工企业的进度管理动机越来越成为自觉行为。

工程实践证明，切实有效的进度控制能够准确掌握项目建设所需的时间及各项资源，有利于管理者在项目的实施过程中合理地编制施工进度计划并进行资源调配，进而加快施工进度、降低工程成本。在项目进度的控制中，应该把握以下几点：

一、项目进度管理核心问题是对员工的管理

改革开放以来，我国的经济飞速发展，机械制造技术大步前进，设备国产化进程加快。经济的发展和设备制造成本的降低，使得设备的购置和投入已经不是当前建筑工程施工进度管理的核心问题；特别是进入 21 世纪后，建筑行业发展势头强劲，随着工程设计与施工技术的进步，现代建设工程的规模变得越来越庞大，施工过程也因此成为一项十分复杂的生产活动。施工过程不但要投入大量人工和机械设备，还有大量的施工建筑材料制品的生产、运输、贮存和供应工作，要使人、财、物等各种生产要素统一协调地发挥其效用，其难度与复杂性与日俱增。稍有不慎就有可能出现因窝工而停工，进而影响到整个工程施工的顺利进行。因此，在现代公路工程项目施工中，对人的管理就成了工程进度管理的核心问题。

二、多目标综合管理

在项目的具体管理实施过程中，需要在精确分析了进度、安全、质量、成本四者之间的逻辑关系以及相互影响的基础上，研究在安全、质量、成本约束下如何进行进度优化。以便在项目管理过程中，进度计划的制订和实施均能实现进度目标、安全目标、质量目标以及成本目标的综合优化。然后，根据各项任务目标的要求，精心规划、科学组织、合理安排，对任务目标进行具体分解，并细化到每天、每人，具体落实到每个施工队伍。全员、全过程、全面参与进度控制，每月（周）按时检查施工任务的完成情况，并对检查中存在的实际问题进行分析与研究，及时制订解决办法，并具体落实，实现各项分期目标。

三、项目进度计划的合理编制和实施

在施工过程中,项目经理部应根据项目总体进度计划编制出月进度计划,为了确保计划的实施,坚持召开工程例会,每月月底检查现场施工进展状态,并且和计划进度做比较,做出施工总结。对没能按时完成的施工任务分析其影响进度的关键因素并制订出切实可行的调整措施,加强施工现场的调度与管控力度,加强人员、机械设备、物资材料的调配及供应力度,保证施工活动的有序进行。

施工进度计划实施检查后,应向企业提供进度计划报告。承包商应根据现场提供的每月施工进度记录,及时进行统计和标识,通过分析和整理,每月向总监理工程师及其代表和业主提交一份每月工程进度报告。在施工进度计划完成后,项目经理部应根据施工进度计划、实际记录、检查结果、调整资料,及时对施工进度控制经验、施工进度控制中存在的问题、施工进度计划方法及施工进度控制的意见进行分析和总结。

四、提高进度控制的信息化

在进度控制过程中,应当将工作信息流程与网络技术相结合,使工程项目进度控制高效运行。还有些软件可以实现工程项目进度的可视化,控制或演示工程形象进度和实体结构的完工情况,使项目参与者感官认识工程施工状态,既可监督项目进展状况,又可提高项目实施者的积极性。在我国,许多大型的工程项目实践中,正在使用相关专业软件对项目要素进行科学的控制管理,效果很好。但是,也有很多项目的进度管理没有充分利用相关的项目管理软件,使得管理效率较低。所以,项目进度的信息化管理方面还有待于进一步地学习和提高,以期在今后的项目管理中日趋完善。

第十章 公路工程施工项目生产要素管理

第一节 材料管理

材料管理就是项目对施工生产过程中所需要的各种材料的计划、订购、运输、储备、发放和使用进行的一系列组织与管理工作。做好这些物资管理工作，有利于企业合理使用和节约材料，加速资金周转，降低工程成本，增加企业的盈利，保证并提高建设工程产品质量。

对公路工程项目材料的管理，主要是指在材料计划的基础上，对材料的采购、供应、保管和使用进行组织和管理，其具体内容包括材料定额的制订管理、材料计划的编制、材料的库存管理、材料的订货采购、材料的组织运输、材料的仓库管理、材料的现场管理、材料的成本管理等。

一、公路工程施工项目材料管理计划

项目材料管理计划是对项目所需要材料的预测、部署和安排，是指导与组织施工项目材料的订货、采购、加工储备和供应的依据，是降低成本、加速资金周转、节约资金的一个重要因素，对促进生产具有十分重要的作用。公路工程项目材料管理计划包括材料需求计划、材料使用计划和阶段材料计划。

1. 材料需求计划

材料需求计划是根据工程项目设计文件及施工组织设计编制的，反映完成施工项目所需的各种材料的品种、规格、数量和时间要求，是编制其他各项计划的基础。材料需求计划一般包括整个工程项目的需求计划和各计划期的需求计划，准确确定材料需用量是编制材料计划的关键。材料需求计划是编制其他各类材料计划的基础，是控制供应量和供应时间的依据。但是，材料往往不是一次性采购齐的，需分期分次进行，因此，材料需用计划

也相应划分为材料总需求量计划和材料计划期（季、月）需求计划。

（1）材料总需求量计算

根据不同的情况，可分别采用直接计算法或间接计算法确定材料需用量。

1）直接计算法。对于工程任务明确、施工图纸齐全的工程，可直接按施工图纸计算出分部、分项工程实物工程量，套用相应的材料消耗定额，逐条逐项计算各种材料的需用量；然后汇总编制材料需用计划；再按施工进度计划分期编制各期材料需用计划。

直接计算法的公式如下：

某种材料计划需用量 = 工程实物工程量 × 某种材料消耗定额

式中，材料消耗定额的选用要视计划的用途而定，如计划需用量用于向建设单位结算或编制订货、采购计划，则应采用概算定额计算材料需用量；如计划需用量用工向单位工程承包人和班组实行定额供料，作为承包核算基础，则要采用施工定额计算材料需用量。

2）间接计算法。对于工程任务已经落实，但设计尚未完成、技术资料不全、不具备直接计算需用量条件的情况，为了事前做好备料工作，便可采用间接计算法。当设计图纸等技术资料具备后，应按直接计算法进行计算调整。间接计算法主要有以下几种：

①概算指标法。即利用概算指标计算材料需用量的方法。

当已知某工程的结构类型和建筑面积时，可采用下式概算工程主要材料的需用量：

某种材料计划需用量 = 建筑面积 × 同类型工程每平方米建筑面积、某种材料消耗定额 × 调整系数

当某项工程的类型不具体，只知道计划总投资额时，可采用下式计算工程材料的需用量。

某材料计划需用量 = 工程项目计划总投资 × 每万元产值某材料消耗定额 × 调整系数

但是，由于该方法只考虑了工程的投资报价，而未考虑不同结构类型工程之间材料消耗的差别，故其准确度较差。

②比例计算法。这种方法多用来确定无消耗定额，有历史消耗数据的情况，以相关比例关系为基础来确定材料需用量。其计算公式如下：

$$材料需用量 = 对比期材料实际耗用量 \times \frac{计划工程量}{对比期实际完成工程量} \times 调整系数$$

式中，调整系数一般可根据计划期与对比期生产技术组织条件的对比分析、降低材料消耗的要求、采取节约措施后的效果等来确定。

③类比计算法。多用于计算新产品对某些材料的需用量。它是以参考类似产品的材料消耗定额，来确定该产品或该工艺的材料需用量的一种方法。其计算公式如下：

材料需用量 = 工程量 × 类似产品的材料消耗量 × 调整系数

式中，调整系数可根据该种产品与类似产品在质量、结构、工艺等方面的对比分析来确定。

④经验估计法。根据计划人员以往的经验来估算材料需用量的一种方法。此种方法科

学性差，只限于不能或不值得用其他方法的情况。

（2）材料计划期（季、月）需求计划的编制

按计划期的长短，材料需用计划可分为年度、季度和月度计划，相应的计划期计划也应有三种，但以季度、月度计划应用较为频繁，故而计划期需用计划一般多指季度或月度材料需用计划。计划期计划主要是用来组织本计划期（季、月）内材料的采购、订货和供应等，其编制依据主要是施工项目的材料计划、企业年度方针目标、项目施工组织设计和年度施工计划、企业现行材料消耗定额、计划期内的施工进度计划等。确定计划期（季、月）内材料的需用量，常用以下两种方法：

1）定额计算法。根据施工进度计划中各分部、分项工程量获取相应的材料消耗定额，求得各分部、分项的材料需用量，然后再汇总，求得计划期各种材料的总需用量。

2）分段法。根据计划期施工进度的形象部位，从施工项目材料计划中，摘出与施工进度相应部分的材料需用量，然后汇总，求得计划期各种材料的总需用量。

（3）编制步骤

季度计划是年度计划的滚动计划和分解计划，因此，欲了解季度计划，必须先了解年度计划。年度计划是物资部门根据企业年初制订的方针目标和项目年度施工计划，通过套用现行的消耗定额编制的年度物资供应计划，是企业控制成本、编制资金计划和考核物资部门全年工作的主要依据。

月度需求计划也称备料计划，是由项目技术部门依据施工方案和项目月度计划编制的下月备料计划，也可以说是年、季度计划的滚动计划，多由项目技术部门编制，经项目总工审核后报项目物资管理部门。

2. 材料使用计划

材料使用计划即各类材料的实际进场计划，是项目材料管理部门组织材料采购、加工、订货、运输、仓储等材料管理工作的行动指南，是根据施工进度和材料的现场加工周期提出的最晚进场计划。

对于 A 类物资使用计划，应由项目物资部经理根据月度申请计划和施工现场、加工场地、加工周期和供应周期分别报出。材料使用计划一式两份，公司物资部计划师一份，交各专业计划师，按计划时间要求供应到指定地点。B 类物资的使用计划应由项目物资部经理根据审批的申请计划和工程部门提供的现场实际使用时间、供应周期直接编制。C 类物资在进场前按物资供应周期直接编制采购计划进场。

材料供应计划是在确定计划期需用量的基础上，预计各种材料的期初库存量、期末储备量，经过综合平衡后，计算材料的供应量。

材料供应量的计算公式如下：

材料供应量 = 材料需用量 + 期末储备量 – 期初库存量

式中，期末储备量主要是由供应方式和现场条件决定的，在一般情况下也可按下列公式计算：

某项材料储备量 = 某项材料的日需用量 × 该项材料的供应间隔天数 + 运输天数 + 入库检验天数 + 生产前准备天数

二、公路工程施工项目材料管理控制

公路工程所用主要材料有土质材料、砂石材料、水泥、石灰、粉煤灰、水泥混凝土、沥青材料、沥青混合料和钢材等，其供应计划由工程的性质、工期和施工条件决定，同时受材料供应市场情况的影响。建筑材料是公路与桥梁构造物的物质基础。其使用数量庞大、品种繁多、来源不一，而且有些材料可能随着时间的推移或保管不当而产生性质变异，甚至产生严重的后果。例如，石灰的存放时间过长或贮存不当，则其质量下降；水泥存放时间长且贮存不当，则其性质会发生变化甚至报废；炸药、雷管等如保管不当可能导致严重的安全事故；材料的技术性质和规格等如不符合设计要求或规范要求，则构造物将出现严重的质量问题，甚至垮塌导致严重的经济和时间损失与安全事故等。因此，对建筑材料必须进行严格控制。材料管理控制应包括供应单位的选择、订立采购供应合同、出厂或进场验收、贮存管理、使用管理及不合格品处置等。

1. 供应单位的选择

材料供应单位应当是设备齐全、生产能力强、技术经验丰富，具有一定的生产规模，建立有质量保证体系并运行正常的企业。选择和确定材料供应单位是做好材料管理控制的基础。

在采购和加工大宗材料时，还可通过招标、投标办法择优落实供应单位。

2. 订立采购供应合同

采购供应合同是实行材料供应承包责任制的主要形式，是完善企业内部经营机制，加强和提高企业管理水平的主要手段。采购供应合同应具有法律效力，并受到企业内部法规的保护。

一般合同正本一式两份，双方各执一份，以便相互监督和查询，并由双方负责人签字和加盖公章。为确保合同的顺利执行，应建立仲裁机构，及时处理合同执行中的纠纷，维护供需双方的利益。

3. 材料出厂或进场验收

对材料进行验收前，要保持进场道路畅通。以方便运输车辆进入；同时，还应把计量器具准备齐全，然后针对物资的类别、性能、特点、数量确定物资的存放地点及必需的防护措施，进而确定材料验收方式。如现场建有样品库，对特殊物资和贵重物资采取封样，此类进场物资严格按样品（样板）进行验收。

4. 存储管理

材料的存储，应依据材料的性能和仓库条件，按照材料保管规程，采用科学的方法进行保管和保养，以减少材料保管损耗，保持材料原有使用价值。材料储存的基本要求是库存材料堆放合理，质量完好，库容整洁美观。

5. 使用管理

（1）材料领发。施工现场材料领发包括两个方面，即材料领发和材料耗用。控制材料的领发，监督材料的耗用，是实现工程节约，防止超耗的重要保证。

公路工程材料领发须实行限额领料。限额领料，是指在施工阶段对施工人员所使用物资的消耗量控制在一定的消耗范围内。它是企业内开展定额供应，提高材料的使用效果和企业经济效益，降低材料成本的基础和手段。

（2）材料使用监督。材料使用监督就是为了保证材料在使用过程中能合理地消耗，充分发挥其最大效用。材料使用监督可采用、定额供料、限额领料。控制现场消耗，采用"跟踪管理"方法，对物资从出库到运输到消耗进行全过程跟踪管理，保证材料在各个阶段都处于受控状态。中间检查，是指查看操作者在使用过程中的使用效果，进行奖罚。

第二节 施工机械管理

施工机械设备是实现施工机械化的重要物质基础，是现代化施工中不可或缺的，对施工工程的进度、质量、费用、效益均有直接的影响。我国公路工程建设机械化施工的程度和水平正在逐步提高，因此，加强对机械设备的管理就尤显重要。

公路工程施工必须坚持贯彻"质量第一"的方针，工程质量是核心，是生命线。为了确保工程质量，我们实施全面质量管理控制，而施工机械设备与质量息息相关，是确保质量的关键因素之一。例如，为建设高质量的高速公路水泥混凝土路面，就应尽可能使用现代化大型机械滑模摊铺施工技术，滑模摊铺机及其配套设备则是此新型施工技术的关键。实践证明施工机械设备的控制是实现成本、质量、进度控制目标的非常重要的基础性工作之一。

一、公路工程施工项目材料管理计划

随着建筑科学技术的发展，建筑工业化、机械化水平正迅速提高，以机械施工代替繁重的体力劳动，已是大势所趋。但机械设备的数量、种类、型号不断增多，并在施工中起的作用越来越大，因此，制订合理的机械设备管理计划已成为工程项目资源管理计划中较为重要的一部分。公路工程项目机械管理计划应包括机械需求计划、机械使用计划和机械保养计划。

1. 机械需求计划

机械需求计划主要用于确定施工机具设备的类型数量、进场时间，可据此落实施工机

具设备来源,组织进场。将工程施工进度计划表中的每一个施工过程每天所需的机具设备类型、数量和施工日期进行汇总,即得出施工机具设备需要量计划。

2. 机械使用计划

项目经理部应根据工程需要编制机械使用计划,报组织领导或组织有关部门审批,其编制依据是根据工程施工组织设计。施工组织设计包括工程的施工方案、方法、措施等。同样的工程采用不同的施工方法、生产工艺及技术安全措施,选配的机械设备也不同。因此,编制施工组织设计,应在考虑合理的施工方法、工艺、技术安全措施时,同时考虑用什么设备去组织生产,才能最合理、最有效地保证工期和质量,降低生产成本。

机械使用计划一般由项目经理部机械管理员或施工准备员负责编制。中小型设备机械般由项目经理部主管经理审批。大型设备经主管项目经理审批后,报组织有关职能部门审批,方可实施运作。租赁大型起重机械设备,主要考虑机械设备配置的合理性。

3. 机械保养计划

机械保养的目的是保持机械设备的良好技术状态,提高设备运转的可靠性和安全性,减少零件的磨损,延长使用寿命,降低消耗,提高经济效益。

(1) 例行保养。例行保养属于正常使用管理工作,不占用设备的运转时间,由操作人员在机械运行间隙进行。其主要内容是保持机械的清洁、检查运转情况、补充燃油与润滑油、补充冷却水、防止机械腐蚀,按技术要求润滑、转向与制动系统是否灵活可靠等。

(2) 强制保养。强制保养是隔一定的周期,需要占用机械设备正常运转时间而停工进行的保养。强制保养是按照一定周期和内容分级进行,保养周期根据各类机械设备的磨损规律、作业条件、维护水平及经济性四个主要因素确定。

机械的修理,是对机械设备的自然损耗进行修复,排除机械运行的故障,对损坏的零部件进行更换修复,可以保证机械的使用效率,延长使用寿命。可以分为大修、中修和零星小修。大修和中修要列入修理计划,并由组织负责安排机械设备预检修计划对机械设备进行检修。

二、公路工程施工机械设备管理现状

目前,公路机械化施工的程度越来越高,机械设备发挥着重要的作用,但是项目设备现场管理不善却是一个非常突出的问题,严重制约了项目管理水平。究其原因,有以下几种:首先,工程项目部追求的是工程的质量、进度和效益,因此在设备的使用过程中,机械设备的管理,维修保养等需要更多地服从于工程施工的需要。这就导致了施工机械在使用过程中经常超负荷工作,维修和保养工作也经常由于施工的需要而不能及时进行。其次,项目职能部门分工不合理,机械保养维修由设备物资部门负责,其他部门的人员特别是一些现场施工人员只管使用设备,却不关心、不爱护设备现象比较严重。最后,机械设备在全寿命周期内,不仅仅参与一个项目的施工,因此由一个项目部进行维修和保养也不尽合理,项目部对机械设备保养、维修的积极性不高,这也导致了设备使用过程中的管理粗放,对机械设备寿命造成较大损害，使很多机械设备不能保持良好的状态，既影响到工程的施工，也容易发生安全事故。

对设备透支使用，表面上是提高设备的利用率，似乎会降低施工成本，其实不然，设备得不到科学的保养维修，导致故障频发，造成停工损失，甚至造成质量事故，损失严重。假如在浇注水下混凝土时，泵机发生故障无法继续工作，则浇注工作停止，没有完成浇注的桩基需要进行处理，会非常麻烦，成本很高。另外，设备使用寿命缩短，会增加固定资产投资。再次，一些起重机械得不到良好的维修保养，会造成重大的安全事故，造成人员伤害。

三、施工现场机械设备的管理

对工程质量要实施全面质量管理控制，同样，对施工机械设备应相应地实施全员施工机械设备管理控制。机械管理控制应包括机械设备购置与租赁管理、使用管理、操作人员管理、出场管理等。机械设备管理控制的任务主要包括正确选择机械，保证在使用中处于良好状态，减少闲置、损坏，提高使用效率及产出水平，机械设备的维护和保养。

1. 全员施工机械设备控制管理

全员施工机械设备控制管理是指采用一系列技术、经济和组织控制管理措施，对施工机械设备实行全过程的综合控制管理的方法，亦叫全面施工机械设备控制管理。其要义在于以下几点：

（1）其目的是使施工机械设备寿命周期费用最低，而其综合效能最高，突出了经济性。

（2）其手段是运用工程技术、财务、经济和现代化控制管理等科学的技术和方法，突出了科学性。

（3）其范围是从施工机械设备的选择、使用，直到报废的全过程，突出了全面性。

（4）其参与的人员有工人、技术人员、管理人员，突出了全员性。

综上所述，全员施工机械设备控制管理是一种先进的科学控制管理方法，它具有经济性、科学性、全面性和全员性的特点。

2. 全员施工机械设备控制管理的内容与主要环节

（1）设计、制造与安装

例如，根据桥梁施工的要求，我们往往要设计桅杆、钢塔架、跨墩门式吊机、门式浮吊、导梁、滑动装置、环道平面承重转体装置等，并需制造和进行安装。

（2）购置、安装

根据工程的需要，我们往往要购置一些施工机械（如压路机、推土机），有的机械像滑模摊铺机及配套设备还需在工地现场安装。

（3）使用

施工机械设备要充分发挥其效能，必须正确地使用和操作。如卷扬机，如果使用不当，则将导致钢索裂断；如果不按操作规程操作，则将导致其损坏和出现严重的事故，造成重大损失。

（4）维护

施工机械设备在使用中，可能由于各种各样的原因而出现故障、损坏，必须加强维护。例如，不对机械的相应部分加润滑油或清洁干净，则将导致机械磨损严重而使使用寿命缩短或使机械的功效下降，甚至不能正常运转工作。

（5）改造

对一些施工机械设备，根据工程的需要，以先进的科学技术给予改造，使其具有更多的功能，大大提高使用效率。

（6）报废、更新

施工机械设备的使用寿命是有限的，到时就应报废。其寿命有以下几层含义：

1）物质寿命（又称自然寿命）

物质寿命是指施工机械设备在使用过程中，由于物质磨损原因所形成的，从开始使用直到物质上不能继续使用为止所经历的整个时间。加强对施工机械设备的维护、保养和修理，能延长施工机械的物质寿命。

2）经济寿命

经济寿命是指施工机械设备在物质寿命后期，其老化会导致使用费用包括能源消耗费、维护保养和修理费用等日益增加，依靠大量使用费用来维持其物质寿命，经济上不一定是合理的。因此，必须依据施工机械设备的使用费用来控制决定是否继续使用下去。这种使用费用最经济的施工机械设备使用时间，即叫经济寿命。

3）技术寿命

技术寿命是指由于科学技术迅速发展，不断出现技术上更先进、经济上更合理的新设备。新设备应用和推广以后，致使原有的设备在物质寿命尚未结束以前就被淘汰。设备从开始使用直到因为技术落后而被淘汰为止所经历的时间，即设备的技术寿命。

在控制中，决定设备的技术改造和更新，要同时考虑设备的三种寿命，进行技术经济分析、比较和论证，然后决策。

3. 全员施工机械设备控制管理的任务

全员施工机械设备控制管理的任务就是通过有效地控制管理好、用好、修好施工机械设备，保证为施工提供所需的最优技术装备，保证施工机械设备经常处于良好的技术状态，并充分发挥其生产能力，搞好施工机械设备的技术改造，使施工生产活动经常建立在最佳的物质技术基础之上，促进施工生产的现代化。

（1）控制做好设备的选择采购、验收、安装调试、合理使用、维护保养、检查修理、更新改造、报废清理、内部转移、调出等各项业务技术工作，完善并严格执行各项有关规章制度。

（2）科学地组织生产，合理配置和有效调度施工机械设备，充分发挥其效能，使各种施工机械设备配套合理、相得益彰，不窝工，不浪费，提高施工机械设备的数量、时间和能力（强度）的利用程度。

（3）在注意节约与提高工效的原则下，有计划地、定期地进行设备的维护与检修，保证机械设备经常处于良好的技术状态。

（4）有计划地对现有施工机械设备逐步进行技术改造和更新，以实现内涵扩大再生产，在技术装配方面努力赶超世界先进水平。

（5）在自力更生的基础上，正确决策，有控制、有计划地重点进口一些关键的技术和先进的施工机械设备，并搞好对进口施工机械设备的学习、研究、消化、翻版、创新工作。

（6）组织对设备使用状况的检查分析，做好施工机械设备的统计、报表等业务工作，建立施工机械技术档案。

（7）施工机械必须满足施工方案与施工工艺流程的要求，特别是机械化施工更应注意。因其对进度、质量、成本和总工期影响极大，因此对施工机械的选择、配套和维持其良好的技术状态，都必须与工程施工方案和工艺流程相适应。施工方案与其相应的工艺流程是决定施工机械及其组配的主要依据之一。

4. 全员施工机械设备控制要点

（1）建立健全并执行全员施工机械设备维修制（TPM）

全员生产维修制（或译作全员参加的生产维修制、全面生产维修制，简称 TPM）的基本精神是全效率、全系统、全员。

全效率是指设备控制管理与维修的目的是应当完成六个方面的任务，即高产量、高质量、成本低、故障少、保证工期、安全生产、操作工人生产情绪饱满。全系统又叫全过程，是指设备维修方式完整系统。全员是指与施工机械设备有关的员工均来参加施工机械设备的控制管理。

（2）建立健全并执行施工机械设备预防维修制度

设备预防维修制度将预防、维护、修理结合起来，并采用多种维修方式。这是我国总结出的一种维修制度。其维修方式主要包括以下内容：

1）日常维修

日常维修包括对设备的检查、清扫、调整、润滑、整理、更换零部件等。

2）事后维修

事后维修是对非重点设备采取故障发生后进行维修及事前无法预计的突出故障进行修理。

3）生产维修

生产维修是事后维修和预防维修相结合的维修方式，即对重点设备采取预防维修，而对一般设备实行事后维修。目的在于在节约维修费用的前提下，保证施工生产的需要。

4）预防维修

对重点设备和一般设备中的重点部位进行预防性维修。

5）改进维修

在设备修理时，同时进行设备的改造、改装，以提高设备的性能、效率、精度、节能性能。

6）维修预防

在进行新设备设计制造安装时，就考虑到提高设备的可靠性、维修性、经济性、多用性。

7）预知维修

预知维修又称预测维修、预报维修。它是在设备监测技术基础上产生的一种新的设备维修技术。

（3）施工机械设备选用的质量控制

选择施工机械设备总的要求是技术上先进、经济上合理、生产上可行、适于企业发展、实现技术进步。

机械设备的选用，应着重从机械设备的选型、机械设备的主要性能参数和机械设备的使用操作要求等三方面予以控制。

1）机械设备的选型

机械设备的选择，应本着因地制宜、因工程制宜，按照技术上先进、经济上合理、生产上适用、性能上可靠、使用上安全、操作方便和维修方便的原则，贯彻执行机械化、半机械化与改良工具相结合的方针，突出施工与机械相结合的特色，使其具有工程的适用性，具有保证工程质量的可靠性，具有使用操作的方便性和安全性。

如从适用性出发，正铲挖掘机只适用于挖掘停机面以上的土壤；反铲挖掘机则可适用于挖掘停机面以下的土壤；而抓铲挖掘机最适宜于水中挖土；推土机由于工作效率高，具有操纵灵活、运转方便的特点，所以用途较广，但其推运距离宜在 100 m 以内；铲运机能独立完成铲土、运土、卸土、填筑、压实等工作，适用于大面积场地平整，开挖大型基坑、沟槽，以及填筑路基、堤坝等工程，但不适于在砾石层和冻土地带及沼泽区工作。

2）机械设备的主要性能参数

机械设备的主要性能参数是选择机械设备的依据，要能满足需要和保证质量的要求。如打桩机械设备的选择，实质上就是对桩锤的选择。要根据工程特点（土质桩的种类、施工条件等）确定锤的类型，然后再定锤的质量。而锤的质量必须具有一定的冲击性能，应使锤的质量大于桩的质量。当桩质量大于 2 t 时，锤的质量也不能小于桩质量的 75%。这是因为，锤重则落距小，"重锤低击"，锤不产生回跳，不至于损坏桩头，桩入土块，能保证打桩质量；反之，"轻锤高击"，锤易回跳，易打坏桩头，桩难以打入土中，不能保证打桩质量。又如，起重机的选择是吊装工程的重要环节。因此，起重机的性能和参数直接影响着构件的吊装方法、起重机开行路线与停机点的位置、构件预制和就位的平面布置等。根据工程结构的特点，应使所选择的起重机的性能参数必须满足结构吊装中的起重量 p、起重高度 B 和起重半径 R 的要求，才能保证正常施工，不致引起安全质量事故。

第三节 资金管理

一、公路工程项目资金管理计划

对项目资金的管理必须编制资金管理计划，以达到强化项目资金在建设工程施工过程中的管理手段和控制能力，合理调配与使用项目资金。公路工程项目资金管理计划应包括项目资金流动计划和财务用款计划，具体可编制年、季、月度资金管理计划。

1. 项目资金流动计划

项目资金流动包括项目资金的收入与支出。项目资金流动计划，即项目收入与支出计划是项目资金管理的重要内容。要做到收入有规定、支出有计划、追加按程序，做到在计划范围内一切开支有审批，主要工料大宗支出有合同，从而使项目资金运营在受控状态。

（1）资金支出计划

无论是业主还是承包商，都越来越重视项目的现金流量，并将它纳入计划的范围。对业主来说，项目的建设期主要是资金支出，所以现金流量计划主要表现为资金支付计划。该计划不仅与工程进度有关，而且与合同所确定的付款方式有关。对承包商来说，项目的费用支出和收入常常在时间上不平衡，对付款条件苛刻的项目，承包商常常必须垫资承包。

工程计划是各工程活动的时间安排，由此确定的成本计划是在工程上按照计划进度确定的成本消耗。但实际上，承包商对工程的资金支出与这个成本计划并不同步。例如，合同签订好后即可进行施工准备，如调遣队伍、培训人员、调运设备和周转材料、搭设施工设施、布置现场等，并为此支付一定费用。而这些费用作为工地管理费、人工费、材料费、机械费等分摊在工程报价中，在以后工程进度款中收回，有时也可作为工程开办费预先收取。

承包商工程项目的支付计划包括人工费支付计划、材料费支付计划、设备费支付计划、分包工程款支付计划、现场管理费支付计划、其他费用计划（如上级管理费、保险费、利息等各种其他开支）。

（2）工程款收入计划

承包商工程款收入计划，即业主工程款支付计划，它与工程进度（按照成本计划确定的工程完成状况）和合同确定的付款方式有关。

1) 在合同签订后，工程正式施工前，业主可以根据合同中工程预付款（备料款、准备金）的规定，事先支付一笔款项，让承包商做施工准备，而这笔款项，可在以后工程进度款中按一定比例扣除。

2）按月进度收款，根据合同规定，工程款可以按月进度进行收取，即在每月月末将该月实际完成的分项工程量按合同规定进行结算，即可得到当月的工程款。但实际上这笔工程款一般要在第二个月，甚至是第三个月才能收取。

根据FIDIC条件规定，月末承包商提交该月工程进度账单，由工程师在28天内审核并递交业主；业主在收到账单后28天内支付，所以工程款的收取比成本计划要滞后1~2个月，并且许多未完工程还不能结算。

3）按工程形象进度分阶段收取。工程项目一般根据工程进展阶段收取工程款。

4）工程完工后收取。由于业主没有资金，事先由承包商垫资，工程款可在工程完工后收取。通常情况下，工程款是由工程本身的直接收益构成的。

（3）现金流量计划

在工程款支付计划和工程款收入计划的基础上可以得到工程的现金流量。它可以通过表或图的形式反映出来。通常，按时间将工程支付和工程收入的主要费用项目罗列在一张表中，按时间计算出当期收支相抵的余额，再按时间计算到该期末的累计余额，并在此基础上绘制出现金流量图。

3. 年、季、月度资金管理计划

项目经理部应编制年、季、月度资金管理（收支）计划，有条件的可以考虑编制旬、周、日的资金管理（收支）计划，上报组织主管部门审批实施。

年度资金管理（收支）计划的编制，要根据施工合同工程款支付的条款和年度生产计划安排，预测年内可能达到的资金收入，要参照施工方案，安排工、料、机费用等资金分阶段投入，做好收入与支出在时间上的平衡。编制年度资金计划，主要是摸清工程款到位情况，测算筹集资金的额度，安排资金分期支付，平衡资金，确立年度资金管理工作总体安排。

季度、月度资金管理（收支）计划的编制，是年度资金收支计划的落实和调整，要结合生产计划的变化，安排好季、月度资金收支。特别是月度资金收支计划，要以收定支、量入为出，要根据施工月度作业计划，计算出主要工料、机费用及分项收入，结合材料月末库存，由项目经理部各用款部门分别编制材料、人工、机械、管理费用及分包单位支出等分项用款计划，报项目财务部门汇总平衡。汇总平衡后，由项目经理主持召开计划平衡会，确定整个部门用款数，经平衡确定的资金收支计划报公司审批后，项目经理部作为执行依据组织实施。

二、公路工程项目资金管理控制

公路工程项目资金管理控制应以保证收入、节约支出、防范风险和提高经济效益为目的，应在财务部门设立项目专用账号进行资金收支预测，统一对外收支与结算。

施工项目资金管理的主要环节如下：资金收入预测；资金支出预测；资金收支对比；

奖金筹措；资金使用管理。

1. 施工项目资金收入的控制要点

投标单位中标后，即与业主签订施工项目的承包合同。而施工单位承包的项目资金是按合同价款收取的。但业主并不是一次性拨付整个项目的资金，而是有一个支付的过程，这个过程一般就是从收取工程预付款（预付款在施工后以冲抵工程价款方式逐步扣还给业主）开始，每月按进度（或按分项、分部工程）在通过质量检验合格和按合同规定计量之后收取工程进度款，到最终竣工结算，按时间（或按分项，分部工程）测算出价款数额，做出项目收入预测表。

资金收入测算控制工作应注意以下几点：

（1）应在项目经理主持下，由有相应水平的职能人员参加，分工负责完成。

（2）加强施工管理与控制，确保工程质量和确保按合同规定的工期要求完工。必须明确：工程质量若达不到合同规定要求，则资金的收入失去了前提；若延误工期，则将被罚款而造成经济损失。

（3）严格按合同规定的结算办法测算每月（或分项、分部工程）实际应收的工程进度款数额，同时要注意收款滞后的时间因素，即按当月完成的工程量计算实际应收的工程进度款不一定能按时收取或全部收取，但应力争缩短滞后时间。

按上述原则测算的收入，形成了资金的收入在时间、数量上的总体概念，为项目资金筹措、加快资金周转、合理安排资金使用提供科学依据。

2. 资金支出预测的控制要点

（1）项目资金支出预测的依据

1）成本费用控制计划；

2）施工组织计划；

3）材料、物资储备计划；

4）相关的定额。

根据以上依据，测算出随着工程的实施，每月（或分项、分部工程）预计的人工费、材料费、施工机械使用费、物资储运费、临时设施费、其他直接费和施工管理费等费用的各项支出，使整个项目的支出在时间和数量上有一个总体概念，以满足资金管理与控制的需要。

（2）项目资金支出预测应注意的控制要点

1）实际上资金支出预测的工作，在投标报价中就已开始做，但不够具体，因为它只是根据招标文件等资料编制的。因此中标后，应进一步根据实际情况，将原报价中估计的不确定因素及可能出现变化的情况进行调整，使资金支出预测更符合实际情况。

2）资金支出的测算是从筹措资金和合理安排调度资金角度考虑的，因此，必须重视资金支出的时间价值及合同实施过程中不同阶段的资金需要。

3. 施工项目资金筹措的控制要点

（1）施工项目的资金来源

1）国家投资；

2）地方投资；

3）银行贷款；

4）国外资金；

5）其他资金来源（如联营投资、股票投资、发行债券等）。

（2）施工过程所需资金来源

施工过程所需要的资金来源，一般是在承包合同条件中规定了的，由业主方提供工程备料款和分期结算工程款等。为了保证生产施工过程的正常进行，在某种情况下，施工方也可能要垫支部分自有资金，但在占用时间和数量方面必须严加控制，以免影响施工企业生产经营活动的正常进行。例如，有的承包人往往在同一时期内可能有多个承包的施工工程，其垫支资金可能是从其他工程或自有资金中取用的，如不严加控制，则可能带来经济损失或影响其他工程的正常施工。

施工项目资金来源的渠道如下：

1）预收工程备料款；

2）已完施工价款结算；

3）银行贷款；

4）施工方自有资金；

5）其他项目资金的调剂占用。

（3）筹措资金的控制原则

1）充分利用自有资金。利用自有资金，调度灵活，不需支付利息，比贷款的保证性强。

2）控制得当，不造成浪费。因此，必须在经过收支对比分析后，按差额筹措资金。

3）控制利息高低选择。必须把利息的高低作为控制选择资金来源的主要标准，尽量利用低利率贷款。动用自有资金时，亦应考虑其时间价值。

（4）资金筹措的方法

1）利用自有资金作为资金筹措的计算方法。

2）利用银行贷款的计算方法。从银行贷款可采用存款抵押、资产抵押或短期透支等方式。

3）资金筹措的动态分析方法。运用资金筹措的动态分析方法，要求编制资金流动计划。其目的是要确定在施工过程中承包人何时需要多少资金，以便进行资金筹措安排和成本控制。一般可按月度计算资金流动量，大型项目也可按季度安排。

资金流动计划由资金投放计划和资金回收计划组成，可用表格或图线形式表示。它们主要分别依据施工总进度计划、工程预算并考虑劳力、材料和设备的投入时间、合同价格及合同中支付条款等分项计算。二者的计算时间划分应一致，以便比较分析。

资金投入计划中一般考虑前期费用、暂定工程费用、人员费用、施工机具费用、材料费用、项目永久设备采购、运达工地和安装试车费用、不可预见费、贷款利息、管理费等。资金回收计划中则考虑工程施工预付款、材料设备预付款、月进度款，最终结算付款、保证金的退还等。

5. 施工项目资金管理控制要点

（1）确定施工项目经理当家理财的中心地位。

（2）项目经理部应按月编制资金收支计划，月终应有执行情况分析总结。

（3）项目经理部应及时向业主收取工程预付备料款，做好分期结算、预算增加账、竣工结算等工作，定期进行资金使用情况和效果分析，不断提高资金管理控制水平。

（4）业主所交"三材"和设备，是项目资金的重要组成部分。项目经理部应设置台账，根据收料凭证及时登记入账，按月分析耗用情况，反映"三材"收入及耗用动态。定期与交料单位核对，保证数据资料完整正确，为及时做好竣工结算创造条件。

（5）项目经理部每月定期召开业主代表、分包供应、加工各单位代表碰头会，协调工程进度、配合关系、资料及甲方供料事宜。

（6）在资金管理控制中，要始终坚持节约的原则。

结　语

要保证路桥工作中的安全性和耐久性，施工方在施工过程中，应该坚持以人为本。注重对实际情况的审查，注重对施工工作人员本身科学文化素养的培养，创新施工理念，完善施工制度，这些措施在一定程度上都会促进我国路桥建设工作的发展，同时也会促进我国交通运输业的发展。我国交通运输业的发展，也会带动我国社会经济的繁荣发展。

随着我国经济建设脚步的不断加快，在发展过程中对于交通运输事业的需求也越来越强烈，因此对于路桥工程项目的需求也越来越大，这就要求需要更多地开展路桥工程施工项目建设，在具体施工建设过程中，加强对路桥工程项目的质量、安全以及进度管理成为当前路桥工程项目施工建设过程中的核心管理内容，正确地认识路桥工程施工项目管理需要，不断加快路桥工程项目施工建设速度，对于推动我国路桥工程项目管理工作有序开展提供了很大的保障。

总而言之，路桥工程在施工的过程中，容易受到各种各样的因素影响，所以相关单位必须要根据项目的实际情况进行创新管理。对于施工单位来说，需要在实际工程施工中加强这方面的管理工作，提高项目技术管理的实效性和科学性，把握施工人员的实际特点，从思想意识上进行一系列的强化措施，从而提高工程项目管理的实效性，减少不必要的施工质量隐患。

参考文献

[1] 王国建. 海绵城市建设理念在市政路桥设计施工中的体现 [J]. 四川水泥 ,2021(08):264-265.

[2] 任经魁. 路桥过渡段路基路面设计要点及沉降处理措施 [J]. 科技风 ,2021(20):95-96.

[3] 张倚. 道路桥梁设计中结构性设计的应用研究 [J]. 居舍 ,2021(19):103-104.

[4] 王伟杰. 道路桥梁设计的现状与改善措施分析 [J]. 居舍 ,2021(18):101-102.

[5] 李杨. 路桥施工中裂缝防治技术措施探讨 [J]. 居舍 ,2021(16):83-84.

[6] 陶嘉. 路桥工程造价管理与控制措施的相关探究 [J]. 企业科技与发展 ,2021(05):229-231.

[7] 杜锐. 浅析我国路桥施工项目的管理问题 [J]. 居舍 ,2021(13):105-106+108.

[8] 李春山. 路桥过渡段路基路面设计要点及沉降处理措施 [J]. 绿色环保建材 ,2021(04):89-90.

[9] 郑国栋. 海绵城市建设理念在市政路桥设计施工中的体现 [J]. 科技创新与应用 ,2021(10):75-77.

[10] 陈泉冲. 路桥过渡段结构设计与施工控制技术研究 [J]. 黑龙江交通科技 ,2021,44(02):51-52.

[11] 杨瑜 , 沈荣丽 , 郭连彬. 刚构矮腿连续 Y 形墩路桥的设计与施工分析探究 [J]. 黑龙江交通科技 ,2021,44(01):240-241.

[12] 王毛仁. 路桥工程项目管理中存在的问题与应对策略研究 [J]. 工程建设与设计 ,2021(01):242-243+247.

[13] 赵正信. 路桥过渡段沉降成因分析与设计、施工控制探讨 [J]. 中华建设 ,2021(01):93-94.

[14] 闫晓辉. 路桥过渡段路基搭板设计与施工研究 [J]. 交通世界 ,2020(36):141-142.

[15] 李元乾. 市政路桥设计与质量控制要点分析 [J]. 运输经理世界 ,2020(11):48-49.

[16] 赵春吉. 路桥过渡段路基路面的结构设计 [J]. 黑龙江交通科技 ,2020,43(09):42-43.

[17] 李明. 路桥工程项目管理模糊综合评价方法研究 [J]. 安徽建筑 ,2020,27(09):232-233.

[18] 王远. 探究路桥设计中的安全性和耐久性 [J]. 黑龙江交通科技 ,2020,43(08):136+138.

[19] 张宇飞. 安全性和耐久性在路桥设计中的应用策略 [J]. 运输经理世界, 2020(05):28–30.

[20] 傅东流. 公路路桥过渡段的设计改进与施工技术的提高 [J]. 工程技术研究, 2020,5(13):218–219.

[21] 张福群. 路桥工程的 BIM 应用与项目管理 [J]. 智能城市, 2020,6(12):94–95.

[22] 杨世春. 路桥施工技术和质量控制策略探讨 [J]. 中国设备工程, 2020(12):207–208.

[23] 李雷雷. 路桥工程施工中路基路面施工技术重点探析 [J]. 四川水泥, 2020(06):41.

[24] 沈国峰. 提高路桥施工项目管理水平的措施探讨 [J]. 绿色环保建材, 2020(06):122+125.

[25] 银燕琼. 探究路桥工程项目管理中存在的问题与应对策略 [J]. 中华建设, 2020(05):54–55.

[26] 方彪. 论路桥项目管理成败的决定性因素 [J]. 人民交通, 2020(03):64–65.

[27] 吴得燕. 基于成本风险控制的路桥项目合同管理策略 [J]. 青海交通科技, 2020,32(01):42–45+75.

[28] 綦大伟, 孙玉婷. 精细化管理在路桥施工项目管理中的作用研究 [J]. 门窗, 2019(21):187.

[29] 李爽. 精细化管理在路桥施工项目管理中的作用研究 [J]. 居舍, 2019(30):138.

[30] 赵艳婷, 肖源超. 论市政路桥工程项目管理中的成本控制经验谈 [J]. 门窗, 2019(18):167+169.

[31] 李坤. 试论基于目标成本管理理念下的路桥施工项目成本管理创新 [J]. 建材与装饰, 2019(17):262–263.

[32] 袁嘉. 试述路桥项目管理在工程建设中的应用 [J]. 城市建筑, 2019,16(14):160–161.

[33] 孙世英. 路桥工程项目合同管理的关键问题及策略研究 [J]. 工程建设与设计, 2019(06):215 216.

[34] 崔颢. 关于路桥工程项目管理的若干探讨 [J]. 门窗, 2019(05):90–91.

[35] 李恩道. 路桥项目施工管理工作面对的难题及应对策略 [J]. 交通世界, 2019(08):127–128.

[36] 张炜. 浅析路桥工程项目管理中存在的问题与应对策略 [J]. 建材与装饰, 2018(31):266.

[37] 任浩. 项目管理在路桥工程施工中的作用 [J]. 工程技术研究, 2018(04):177–178.

[38] 黄柏华. 浅析路桥工程项目管理中存在的问题及应对措施 [J]. 工程建设与设计, 2018(02):242–243.

[39] 冯大山. 论路桥工程施工项目管理 [J]. 科技风, 2017(18):79.

[40] 何平. 浅谈路桥工程项目管理 [J]. 智能城市, 2017,3(09):134.